买菜学堂开课啦！

甘智荣 主编

新疆人民出版总社
新疆人民卫生出版社

图书在版编目（CIP）数据

买菜学堂开课啦/甘智荣主编. --乌鲁木齐：新疆人民卫生出版社, 2015.8
　ISBN 978-7-5372-6288-0

　Ⅰ.①买… Ⅱ.①甘… Ⅲ.①食品－选购－基本知识 Ⅳ.①F768.2

中国版本图书馆CIP数据核字(2015)第165383号

买菜学堂开课啦
MAICAI XUETANG KAIKE LA

出版发行	新疆人民出版总社 新疆人民卫生出版社
责任编辑	张文静
摄影摄像	深圳市金版文化发展股份有限公司
策划编辑	深圳市金版文化发展股份有限公司
封面设计	深圳市金版文化发展股份有限公司
地　　址	新疆乌鲁木齐市龙泉街196号
电　　话	0991-2824446
邮　　编	830004
网　　址	http://www.xjpsp.com
印　　刷	深圳市雅佳图印刷有限公司
经　　销	全国新华书店
开　　本	173毫米×243毫米　16开
印　　张	15
字　　数	150千字
版　　次	2016年4月第1版
印　　次	2016年4月第1次印刷
定　　价	32.80元

【版权所有，请勿翻印、转载】

Preface 序 走进菜市场，体验挑选乐趣

> 即使一个人，也要认真对待每一餐，
> 那么幸福，将会与你越来越近……
> ————题记

膳食平衡、合理科学的饮食方式渐渐为人们所重视。所谓的膳食平衡是指选择多种食材，通过合理的搭配和科学的烹调方式做出的膳食，这种膳食结构不仅能够满足人体对能量和营养成分的需求，甚至还能达到防治疾病的功效。

食物可以分为两类：一类是动物性食物，包括肉类、鱼禽蛋奶及奶制品；另一类是植物性食物，包括谷类、蔬菜、水果、薯类、豆类及豆制品、藻菌类。而在一般人群膳食指南中特别要求"多吃蔬菜水果和薯类"，在中国居民平衡膳食宝塔中，蔬菜、水果类居于金字塔的底端，要求人体每天摄入蔬菜类300～500克，水果类200～400克，由此可见蔬菜类、水果类在维持健康生活方式方面占有重要比例。但是，作为一个注重健康、注重营养的知性白领，一个注重卡路里、关注体重的健身爱好者，一个热衷于食疗、重视家庭营养的新时代家庭主妇，你真的了解菜市场、了解蔬菜那点事儿吗？

你又是不是已经吃腻了外卖、快餐、KFC、麦当劳，想吃点有营养的饭菜的时候，脑袋却立刻出现"菜市场！好脏呀""菜，我不认识几个呀"的画面呢？

你是不是很多次都想像电视上那深情女一号一样，穿上围裙，为心爱的他做一顿爱心便当的时候，一句"你会做菜吗？！连萝卜、胡萝卜都分不清"就给自己抽醒了呢？

你是不是总是被人揶揄"一个女孩子家，连冬吃萝卜夏吃姜都不知道"呢？

现在就是你翻身的机会了！因为……买菜学堂开课啦！不管你是一级菜鸟，还是十级高手，在这里，你都能找到适合自己的采购模式，不再傻傻分不清油菜和芥蓝、青葱和蒜苗，不再傻眼对着满货架的蔬菜却不知如何挑选出新鲜的蔬菜。你还能过一把公共营养师的瘾，掌握各种蔬菜的营养价值、优胜搭配、保存方法和最佳的食用时期，俘获一群朋友、吃货的心！

在《菜鸟入门篇》中，你会刷新以往对菜市场的陈旧观念，你能了解到最潮流、最时尚的买菜方式，你能获得各种关于售菜场所的小规律、各种资讯。根据植物的食用器官和蔬菜色彩两种分类依据，为你轻轻松松归类脑海里的各种蔬菜，并为你总结解析每一类蔬菜食材的主要营养价值和功效，详细的食物搭配原则一一罗列，让你春夏秋冬都不用愁！

在买菜学堂里，本学期的课程分为根茎篇、叶菜篇、瓜果篇、花芽种子篇、藻菌篇、香辛篇、豆腐篇、蛋类篇共九大课程，让你不再感到惆怅，你将懂得某种蔬菜何时盛产，什么季节应该摄入哪些种类的蔬菜，什么人群适宜和忌食哪种蔬菜……买菜学堂就是这样一步步带领你走进菜市场，了解蔬菜，掌控厨房！

现在，你还等什么呢？快快翻开书本，买菜去吧！

目录 / CONTENTS

序 / 走进菜市场，体验挑选乐趣……………003

本书使用方法………………………………008

菜鸟入门必备篇……………………………010

　第一问：我该去哪里买菜去？……………010
　第二问：有哪些蔬菜种类可供挑选？……013
　第三问：我们应该挑选哪一类蔬菜？……016

Lesson 1 Roots
菜篮子课程之 根茎篇

胡萝卜	020
萝 卜	022
洋 葱	025
红 薯	028
马铃薯	031
芋 头	034
茭 白	037
牛 蒡	038
山 药	040
莲 藕	044
芦 笋	047
百 合	049
荸 荠	050
竹 笋	052

Lesson 2 Roots
菜篮子课程之 叶菜篇

小白菜	056
包 菜	057
大白菜	058
菠 菜	062
空心菜	064
甘蓝菜	066
甘薯叶	070
油 菜	072
芥 菜	074
芥蓝菜	076
茼 蒿	078
苋 菜	080
生 菜	082
芹 菜	086

《本书使用方法》

食材名称
食材的通用中文名称、英文名称、别名和通俗名称。

蔬果图鉴
全方位、多角度地展现食材的外观、切面图片，以便更好地辨识食材。

营养价值
根据食材所含有的各种营养成分，分析和说明蔬果的特征、营养价值和食用功效。

根茎

胡萝卜
carrot

胡萝卜以其呈肉质的茎作为蔬菜来食用，肉质轴根多汁，营养成分高，被誉为"小人参"。胡萝卜富含维生素A和β-胡萝卜素，在体内很容易被吸收，可改善用眼过度的疲劳、治疗夜盲症、预防干眼现象和降低血压之效。

① 表皮为橙黄色，薄而细致，可连皮一起食用。
② 肉质为橙红色，中间心部颜色为半透明的。
③ 梗头为靠近地面的部分，梗头有时会带点绿色，但仍可放心食用。

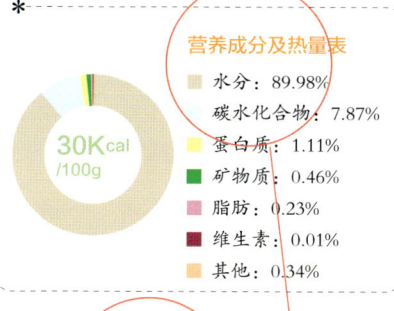

营养成分及热量表
- 水分：89.98%
- 碳水化合物：7.87%
- 蛋白质：1.11%
- 矿物质：0.46%
- 脂肪：0.23%
- 维生素：0.01%
- 其他：0.34%

30Kcal/100g

▶ **胡萝卜的营养价值**

① 胡萝卜含有胡萝卜素，进入机体后可转变为维生A，可预防上皮细胞癌变的过程，治疗夜盲症。

② 胡萝卜素具有造血功能，补充人体所需的血液，有助于改善贫血或冷血症，促进血液循环。

③ 胡萝卜含有植物纤维，在肠道中体积容易膨胀，是肠道中的"充盈物质"，有助于促进新陈代谢，强化肝脏机能及清理肠胃。

▶ **处理保存要领**

① 胡萝卜耐贮藏，可将其加热放凉后，用密封容器保存，冷藏可保鲜5天，冷冻可保鲜5个月。

② 除了当季采收的鲜品外，其他季节基本为冷藏品，上市前的刷洗造成了表皮的损伤，购买后需冷藏保存，尽可能在一周内食用。

③ 烹制时，加入醋会使维生素A原破坏。

盛产时期
12月~4月

处理、保存要领
说明食材的处理方式、保存方法，介绍食材处理和保存的小招数。

营养成分及热量表
根据可食部位，生的食材每100克的各种营养成分含量和热量分析。

盛产时期
说明食材的盛产时期以作为挑选指南之一。

Lesson 7 Roots
菜篮子课程之 香辛篇

葱	216
大蒜	218
姜	220
香菜	221
辣椒	222
红葱头	224
韭菜	225

Lesson 8 Roots
菜篮子课程之 豆制品篇

豆腐	228
百叶豆腐	229
油豆腐	230
豆干	231

Lesson 9 Roots
菜篮子课程之 蛋类篇

鸡蛋	234
鸭蛋	236
皮蛋	237
咸鸭蛋	238
鹌鹑蛋	239
鹅蛋	240

Lesson 5 Roots
菜篮子课程之 花芽种子篇

花菜	174
黄花菜	176
黄豆芽	178
绿豆芽	179
豌豆苗	180
豌豆仁	181
莲子	182
花生	184
芝麻	186
黄豆	187
黑豆	188
红豆	189
绿豆	190
腰果	191
板栗	192
杏仁	193
核桃	194
松子	197

Lesson 6 Roots
菜篮子课程之 藻菌篇

黑木耳	200
银耳	202
海带	204
紫菜	206
香菇	208
金针菇	209
秀珍菇	210
杏鲍菇	211
猴头菇	212

买菜学堂开课啦！

Lesson 3 Roots
菜篮子课程之 瓜果篇

大黄瓜	090
小黄瓜	092
冬瓜	094
茄子	097
甜椒	100
豌豆	102
四季豆	104
豇豆	106
番茄	108
玉米	112
佛手瓜	115
南瓜	116
苦瓜	119
丝瓜	122
秋葵	124

Lesson 4 Roots
菜篮子课程之 水果篇

苹果	128
圣女果	131
香蕉	132
木瓜	135
梨子	138
火龙果	140
西瓜	142
芒果	144
哈密瓜	146
橙子	148
柑橘	150
草莓	152
枣子	154
杨桃	156
葡萄	158
菠萝	160
番石榴	162
柠檬	164
金橘	166
枇杷	167
柿子	168
猕猴桃	170

挑选要领

从食材外观、硬度、气味等各方面介绍食材的挑选方法和要领。

品种群

同一食材的不同品种的图片、名称和外观、营养价值区别介绍。

▶ 挑选要领

① **看整体**：体型圆直不开叉、无裂缝的为佳，体型太大的胡萝卜最好不要挑选。

② **冷藏品胡萝卜**：冷藏品在上市前都要经过刷洗，因此表面会有泛白的刷痕。

③ **看根部**：新鲜的胡萝卜根部饱满不萎缩。

④ **看表皮**：新鲜的胡萝卜表皮清洁无损伤、色泽橙红。

误区

! 胡萝卜不宜生吃，胡萝卜素属于脂溶性维生素，必须在油脂中才能被消化吸收和转化，如果生吃只能起到通便和降低胆固醇的作用，而不能吸收到更多的营养素。

! 胡萝卜不要过量食用，大量摄入胡萝卜素会令皮肤的色素产生变化，变成橙黄色。

! 胡萝卜整根烹饪比切过后再烹饪会多含25%的镰叶芹醇，此种成分有防癌功效。

~胡萝卜其他品种~

【黄色胡萝卜】黄色胡萝卜和一般胡萝卜相比，少了土腥气和微苦味，具有口感温和的特点，与水果搭配，味道更佳。

【紫色胡萝卜】紫色胡萝卜与一般的胡萝卜相比，特性、特征基本上相同，不同的是轴根颜色为紫色，富有抗氧化特性。

【白色胡萝卜】表皮和肉质为白色，肉质根为圆锥形，营养高，甜度高，生熟食均可。

宜忌

☑ 一般人群均可食用。
☑ 更适宜癌症、高血压、夜盲症、干眼症患者以及营养不良、食欲不振、皮肤粗糙者。
☒ 脾胃虚寒者忌食。

扫我看视频！

胡萝卜的刀工　胡萝卜的清洗

食用误区

解释并纠正普遍存在的食材相关的食用误区。

二维码

扫描二维码，观看食材刀工示范视频。

菜鸟入门必备篇

第一问：我该去哪里买菜？

1. 传统市场

传统市场又可称为街市或墟市，西方社会则叫跳蚤市场，它是一种相对于超级市场的卖场，通常在一个社区中会有一个，主要是以零售经营为主的，销售蔬菜、瓜果、禽蛋、水产品、禽蛋、肉类及其制品、粮油及其制品、豆制品、熟食、调味品、土特产等各类农产品和食品，大多数的传统市场主要存在中国大陆的中小城市，像广州的街市则一般是指集中售卖生鲜食物的室内市场，香港、澳门、台湾也还保留着部分的街市。传统市场开放时间较早，一般早上七点钟早已人满为患了，此时多是食堂、饭馆的食材采购人员和家庭主妇，这个时候的蔬菜食材是最新鲜的，但价格相对比较贵；而傍晚下班时分则会迎来又一次的下班人潮，这个时候的蔬菜虽然新鲜度不高，但其价格则是相对便宜，而且接近收市时间，可能还能获得额外赠品喔！

小结
1. 传统市场贩卖的食材新鲜，买家可以真实感受，并可以自行挑选偏好的农副产品；
2. 可以杀价，价格随行而市，购买时可以要求赠品和初步处理食材；
3. 传统市场的环境一般是封闭的，也有露天的，但环境并不让人感到十分舒适，地上较脏乱且有水渍；
4. 市场人潮汹涌，容易发生碰撞，且由于人们互相讲价，所以嘈杂声非常大。

2. 大型超市、生鲜超市、便利店

大型超市又称为综合超市，情侣、家庭购物的首选之地，是采取自选销售方式、品种齐全、满足顾客一次性购齐的零售场所。它可以分为以经营食品为主的大型超市和以经营日用品为主的大型超市，如沃尔玛、家乐福、大润发等大型连锁零售企业，这类综合超市一般选址于商业中心、城乡结合部、住宅区、交通要道，营业面积在 2500 平方米以上，设有与商店营业面积相适应的停车场，有车一族不用担心购物时爱车该何去何从，也不用担心东西太多提不动了，可以尽情扫货！

小结

① 消费环境干净舒适，产品品牌种类涵盖国内外；
② 明码标价，自行挑选，没有嘈杂的杀价呐喊声；
③ 设有停车场，提供大件商品送货上门服务；
④ 打折优惠活动、新产品体验活动，让你受惠多多；
⑤ 商品品牌种类的增加，也在一定程度上加大了分辨真伪的难度；
⑥ 商品明码标价，在某一层面上讲是失去了一部分的选择自由权；
⑦ 节假日期间，国内超市多有出现人头涌涌、水泄不通的现象，引起"出入超市堵、选购商品难、掏钱付账慢"的情况。

3. 网上菜篮子

网上菜篮子——单身狗、宅男宅女的福音，不用再经历一个人拎着一大袋食物的尴尬场面，不用再鄙视超市里前方的甜腻情侣。"网上买菜，送货到家"——一站式服务的新式电子商务平台将日常琐碎的买菜任务简便化、时尚化、透明化，用户可以在线上商城实现网络订购，并享有送货上门服务，如依谷网、鲜直达等购物网站，让你真正体验到"足不出户，鲜菜入口"。

小结
① 简便化、透明化、时尚化的采购模式；
② 足不出户，送货上门；
③ 难以真实感受产品，挑选偏好的农副产品；
④ 对于进口产品的真伪，存在判断困难性。

根据不同颜色分类的蔬菜功效,我们可以粗略地总结为:绿色蔬菜最补钙,紫色蔬菜最抗老,红色蔬菜最抗癌,橘红色蔬菜最护眼,白色蔬菜最杀菌,黑色蔬菜最供血。具体分为以下几大类:

1. 绿色蔬菜

提供大量的钙、镁元素和维生素K,可以有效沉积钙元素到骨胶原,防止骨质疏松。绿色蔬菜颜色越深,镁含量越高,钾、钙、镁元素均能在一定程度上对抗钠元素,有益于防治和控制高血压。

2. 紫色蔬菜

提高女性魅力的首选蔬菜,紫色蔬菜含有丰富的花青素,其良好的抗氧化能力能帮助调节自由基,是预防衰老的好帮手,长期使用电脑或看书的人群应该多摄取。此外,对于减肥人群来说,也要适当多摄取紫色食物,因为紫色食物可适当控制食欲。

3. 红色蔬菜

红色蔬菜所含有的类胡萝卜素,除了能抗癌外,还能增加人体防御系统中细胞的活力,增强免疫力。如:番茄中的番茄红素、辣椒中的辣椒红素均有很好的抗衰老作用,可抑制学习能力和记忆力的衰退。

4. 橘红色蔬菜

含有丰富的胡萝卜素,而胡萝卜素进入人体消化器官后,会转化成维生素A,是目前公认的最安全的补充维生素A的食物。维生素A可以保护眼睛和皮肤的健康,改善夜盲症和皮肤粗糙等状况。

5. 白色蔬菜

白色蔬菜能够起到缓解情绪、调节血压和强化心肌的作用,纤维含量较高且脂肪含量较少,适合于清淡饮食的人群。饮食中增加白色蔬菜还能增加钾、镁等稀缺营养素的摄入量,也能起到杀菌、防癌作用。

6. 黑色蔬菜

黑色蔬菜,如海带、黑木耳、黑芝麻等,给人以味浓质厚的食感,能够刺激人体的内分泌系统,促进唾液、胃液等消化液的分泌,增强胃肠消化功能和增强造血功能。

第三问：我们应该挑选哪一类蔬菜？

蔬菜可以提供人体必需的无机盐、维生素等，特别是胡萝卜素、维生素B_2、维生素C、叶酸、钙、磷、钾等，蔬菜中还含有大量的纤维素，纤维素能刺激肠道的收缩和蠕动，可起到预防便秘的功效。不同种蔬菜其自身的营养成分含量不同，同一种的蔬菜不同时期其营养素的含量也会发生变化，由于其含有的营养素的不同也造就了食用不同的蔬菜具有不同的功效。通过合理的食物搭配，不仅可以弥补某一食材的营养成分的短缺，还可以增强两种或几种食材的共同功效；而不合理的食物搭配，可能会削弱食材本身的营养价值，如果搭配不当，甚至还会出现食物中毒或引起慢性疾病的发生。本书会详细介绍每种蔬菜食材的营养成分、营养价值、盛产时期，再结合接下来介绍的搭配原则，您就可以轻轻松松玩转菜市场和营养食谱了。

相加相乘原则

单一食物营养成分有限或有缺失，或者其营养成分含量不足以发挥抵抗某些疾病的功效，通过两种或多种性味功能相近的食材搭配组合，或弥补缺失的营养成分，或提高了某营养成分的含量和食疗功效，从而实现1+1＞2的效果。如：红豆具有利尿消肿的功效，绿豆也具有利尿除湿的作用，两者搭配食用，能够发挥更好的清热解毒的功效。

相畏相杀原则

相畏是指两种食材搭配食用，一种食材的不良反应或副作用会因另一种食材而降低或消除掉；相杀是指两种食材搭配食用，一种食材的营养价值和功效会因此而削弱，从而降低了食物的营养吸收效率。如：胡萝卜不宜与（白）萝卜一起食用，因为胡萝卜中含有维生素C的分解酶，会破坏白萝卜中的维生素C，因此使两者的营养价值大打折扣。

相恶相反原则

相恶原则类似于相杀原则，而相反原则则是指两种食材搭配食用，会导致副作用或中毒反应的发生。如：菠菜不可以和豆腐一起食用，因为菠菜含有丰富的草酸，而豆腐含有丰富的钙离子，两者相遇会结合生成沉淀，长期以往会引起结石疾病，还会降低豆腐中钙的吸收利用。

四季食用原则

春季昼夜温差大，天气变化多，细菌、病毒等微生物繁殖快，如果我们稍不注意，很容易患上呼吸道疾病、感冒或腹泻，因此，我们应该多摄入富含维生素C、维生素A、维生素E等具有抗病毒功效成分的蔬菜，如西红柿、胡萝卜、芝麻、柑橘等。此时适合多食用新鲜的绿色蔬菜，能够理气化痰、清热润肺，如芹菜、芥菜、大白菜等。春季饮食宜清淡，忌油腻、生冷刺激食物，多食用食用菌类能够增强机体抗病毒能力，增强免疫力，舒舒服服度春季，快快乐乐迎夏天。

夏季天气炎热，机体水分散失多，人体容易受暑湿之毒所侵害，也是肠道传染性疾病的高发期，因此我们应该摄入水分充足、凉性的蔬菜，能够补充水分并消暑解毒、生津止渴，如苦瓜、丝瓜、番茄、芹菜、黄瓜等。也应该多食用白色蔬菜，如大葱、蒜苗、大蒜等具有杀菌功效的蔬菜，能够预防肠道传染病，抑制杀死病菌。夏季，人容易出现食欲不振的情况，可以多食用洋葱、金橘、番茄等能够促进唾液、胃液等消化液分泌，促进肠道蠕动，增进食欲的蔬果。具体有哪些蔬菜具有这些功效，本书会有详细介绍。

秋季气候干燥，空气水分缺失，机体同样缺乏水分，因此，补水成为秋季的首要任务。瓜果类蔬菜含水量高，尤为适合秋季食用，如黄瓜、冬瓜、丝瓜等，梨、甘蔗、柑橘等汁液充足的水果也很适宜在秋季食用。秋季不适宜食用辛辣刺激食品，如葱、蒜、韭菜等，而应该多食用酸味水果和蔬菜，如苹果、葡萄、柠檬、蜂蜜等。秋季也是滋补食疗的好时节，可以多食用芝麻、核桃、白木耳、百合、萝卜等滋补食材，具有清肺化痰、滋润的作用。

冬季天气寒冷，人体免疫力也会相应降低，容易发生感冒、发烧等呼吸道疾病，因此应该多食用具有增强机体免疫力功效的蔬菜。而冬季绿叶蔬菜相对减少，块茎类蔬菜增多，食用马铃薯、胡萝卜、萝卜、番茄等蔬菜，能够摄入较高含量的维生素C、A等多种维生素，增强抵抗力。茼蒿、菠菜、荷兰豆、山药等时令蔬菜也是不错的选择，可以健脾异味、补肾养肺，具有很好的滋补功效。

由此可见，蔬菜也有自己的属性功效，只有了解每一种蔬菜的属性、营养成分、营养价值，我们才能根据季节变化的需求、个人机体需求来选择合时宜的蔬菜品种；只有懂得如何辨别蔬菜以及各种蔬菜的处理方法、适用人群与禁忌，我们才能合理搭配、科学摄入不同的食材，从而达到健康生活或防治疾病的效果。

Lesson 1
[Roots]

菜篮子课程之
根茎篇

根茎类食物是介于粮食与蔬菜之间的食材，如马铃薯、芋头等，含有丰富的淀粉，是很好的供给机体热量的食物。人们常说"春吃花，夏吃叶，秋吃果，冬吃根"，冬季适量吃些应季的根茎类蔬菜，有益健康，对于御寒也有一定的帮助作用，增强免疫力和御寒能力。

根茎
胡萝卜
carrot

胡萝卜以其呈肉质的茎作为蔬菜来食用，肉质轴根多汁，营养成分高，被誉为"小人参"。胡萝卜富含维生素A和β-胡萝卜素，在体内很容易被吸收，可改善用眼过度的疲劳、治疗夜盲症、预防干眼现象和降低血压之效。

① 表皮为橙黄色，薄而细致，可连皮一起食用。
② 肉质为橙红色，中间心部颜色为半透明的。
③ 梗头为靠近地面的部分，梗头有时会带点绿色，但仍可放心食用。

营养成分及热量表

30Kcal/100g

- 水分：89.98%
- 碳水化合物：7.87%
- 蛋白质：1.11%
- 矿物质：0.46%
- 脂肪：0.23%
- 维生素：0.01%
- 其他：0.34%

▶ 胡萝卜的营养价值

1. 胡萝卜含有胡萝卜素，进入机体后可转变为维生A，可预防上皮细胞癌变的过程，治疗夜盲症。
2. 胡萝卜素具有造血功能，补充人体所需的血液，有助于改善贫血或冷血症，促进血液循环。
3. 胡萝卜含有植物纤维，在肠道中体积容易膨胀，是肠道中的"充盈物质"，有助于促进新陈代谢，强化肝脏机能及清理肠胃。

▶ 处理保存要领

1. 胡萝卜耐贮藏，可将其加热放凉后，用密封容器保存，冷藏可保鲜5天，冷冻可保鲜5个月。
2. 除了当季采收的鲜品外，其他季节基本为冷藏品，上市前的刷洗造成了表皮的损伤，购买后需冷藏保存，尽可能在一周内食用。
3. 烹制时，加入醋会使维生素A原破坏。

盛产时期
12月~4月

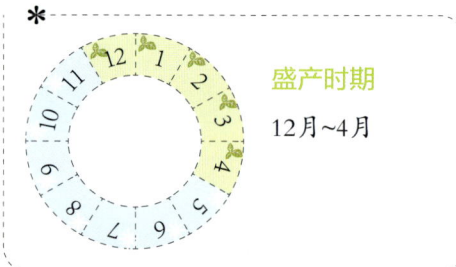

▶ 挑选要领

1. **看整体**：体型圆直不开叉、无裂缝的为佳，体型太大的胡萝卜最好不要挑选。
2. **冷藏品胡萝卜**：冷藏品在上市前都要经过刷洗，因此表面会有泛白的刷痕。
3. **看根部**：新鲜的胡萝卜根部饱满不萎缩。
4. **看表皮**：新鲜的胡萝卜表皮清洁无损伤、色泽橙红。

误区

! 胡萝卜不宜生吃。胡萝卜素属于脂溶性维生素，必须在油脂中才能被消化吸收和转化，如果生吃只能起到通便和降低胆固醇的作用，而不能吸收到更多的营养素。

! 胡萝卜不要过量食用，大量摄入胡萝卜素会令皮肤的色素产生变化，变成橙黄色。

! 胡萝卜整根烹饪比切过后再烹饪会多含25%的镰叶芹醇，此种成分有防癌功效。

~胡萝卜其他品种~

【黄色胡萝卜】黄色胡萝卜和一般胡萝卜相比，少了土腥气和微苦味，具有口感温和的特点，与水果搭配，味道更佳。

【紫色胡萝卜】紫色胡萝卜与一般的胡萝卜相比，特性、特征基本上相同，不同的是轴根颜色为紫色，富有抗氧化特性。

【白色胡萝卜】表皮和肉质为白色，肉质根为圆锥形，营养高，甜度高，生熟食均可。

宜忌

☑ 一般人群均可食用。
☑ 更适宜癌症、高血压、夜盲症、干眼症患者以及营养不良、食欲不振、皮肤粗糙者。
☒ 脾胃虚寒者忌食。

扫我看视频！

胡萝卜的刀工　　胡萝卜的清洗

根茎

萝卜
radish

萝卜品种极多,有绿皮、红皮和白皮等,我们主要的食用部位是根部。萝卜种子、鲜根和叶子均可入药,清热生津、凉血止血。白萝卜性味偏寒凉,能够润肺止咳,调节气血,促进食欲,具有很好的利尿效果,利于减肥。

① 萝卜多为长圆形、球形或圆锥形。
② 外皮绿色、白色或红色。
③ 梗头是萝卜的叶梗,可以食用,颜色翠绿饱满,口感爽脆。

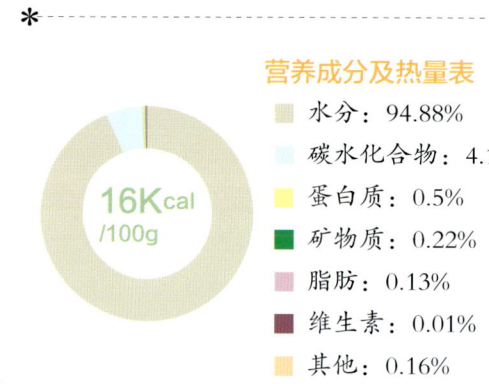

营养成分及热量表

16Kcal /100g

- 水分:94.88%
- 碳水化合物:4.1%
- 蛋白质:0.5%
- 矿物质:0.22%
- 脂肪:0.13%
- 维生素:0.01%
- 其他:0.16%

▶ 萝卜的营养价值

① 萝卜含有的酶类能分解致癌物质亚硝胺,木质素能提高人体巨噬细胞的活力,增强免疫功能,对防癌、抗癌具有重要意义。

② 萝卜中的B族维生素、芥子油和钾、镁等矿物质和粗纤维可促进肠胃蠕动,防止便秘。

③ 食用萝卜可降血脂、软化血管、稳定血压,预防冠心病、动脉硬化、胆结石等疾病。

④ 萝卜性凉味甘,可消积滞、化痰清热、下气宽中、解毒。

▶ 处理保存要领

① 萝卜的表皮有微苦辣味,有些料理时会将其削除,或将其皮厚切一层下来作为腌渍小菜。

② 未经水洗的新鲜萝卜,室温保存即可。不能在一个星期内食用时,宜冷藏保鲜。

③ 若萝卜果肉变黑或变灰,则不能再食用。

盛产时期 12月~3月

▶ 挑选要领

1. **看表皮**：选购表皮带有泥沙、未经水洗的萝卜为佳。
2. **看中心**：出现膨胀心的萝卜，风味会变差。
3. **掂重量**：色泽洁白，体型均匀不歪斜或畸形，拿起来有重量感，用手轻按，越硬越好。
4. **看梗头**：梗头部分鲜绿不萎黄的比较新鲜。

误区

- 生吃萝卜后半小时不宜吃其他食物，以免抗癌活性物质被稀释或被破坏。
- 生萝卜中含有多种抗癌活性物质，这些抗癌活性物质遇热会被破坏，因此，要保持萝卜防癌、抗癌的良好作用，必须生吃细嚼。

宜忌

- ☑ 一般人群均可食用。
- ☑ 头屑多、头皮痒、咳嗽、鼻出血者适宜食用。
- ☒ 弱体质者、脾胃虚寒、胃及十二指肠溃疡、慢性胃炎、单纯甲状腺肿、先兆流产、子宫脱垂者不宜多食。

~萝卜其他品种~

【樱桃萝卜】欧美各地常见的萝卜，体积较白萝卜小，其根、叶均可食用。可以蘸甜面酱生食，口感脆嫩爽口，可以解油腻、解酒。

【青萝卜】表皮灰绿色，入土部分为白色，肉色翠绿，口感香甜脆嫩，稍带辣味，清凉爽口。

【心里美萝卜】表皮上部为淡绿色，下部白色，横切面呈放射状紫红色，肉脆，味甜多汁，热量少，纤维较多。

【明和】根部肥大，根型端直，须根少，皮细白光滑，肉白。

【樱岛大根】裂形叶子，根部肥大，外皮紫红色美艳，肉白色，根型端直整齐，品质细软甜。

【练马大根】日本腌渍萝卜的主要品种，外形修长，水分少，适合制造日本腌萝卜等各种酱菜。

【明利】裂形叶子，叶柄淡紫色，根部肥大，根型端直，须根细少，紫红色皮，肉白，肉质细嫩容易煮烂，口感细嫩。

【青首大根】接近叶子前半部的部分呈浅绿色，外形长筒状，外形均匀，多用于做水煮白萝卜、水煮大根、腌渍、脱水萝卜丝的原料。

【红姑娘】叶柄紫红色，略带有青绿色，根型端直，粉红色皮，肉粉红，肉质微硬，为腌渍加工不加色素的最佳品种。

【甜萝卜（紫香）】裂形叶子，根部肥大，外皮紫红色美艳，肉白色，根型端直整齐，品质细软甜。

【京都辛味】原产于日本京都，味道较辣，形状为椭圆形，最适合磨成萝卜泥来搭配天妇萝等料理。

【圣护院大根】原产于日本人京都市圣护院地区，肉质纤细富有甜味，在关西地区多用来腌制或熬煮。

【守口大根】肉质根表皮白嫩光滑，肉白细嫩，脆甜多汁，无苦味、辣味、无黑心，最适合用甜酒酿腌制。

【好彩头（朱秀）】大板叶，叶柄微绿带红色，紫红色皮，肉红色，根型椭圆，生食品质脆甜微辣，适合观赏、生食和腌渍用。

【黑色菜头】原产于法国，表面黑色，肉质灰黑色，主要用作沙拉。

扫我看视频！

萝卜的刀工

萝卜的清洗

根茎

洋葱
onion

洋葱，主要食用部位是肥大的肉质鳞茎，有特殊的香辣味。洋葱性味温辛，与大蒜相似，含有蒜素和硫化硒，是良好的天然抗癌食品。可用于预防感冒、增强新陈代谢能力，抗衰老，预防骨质疏松，适合中老年人食用。

① 洋葱多呈扁球形或圆球形，外皮有好几层褐色的外膜，起保护作用。
② 顶端：为最靠近叶子处，采收后会将上面残存叶子切除，故会有切过的痕迹。
③ 尾端：靠近地面的部位，可看见根部和泥土。
④ 纵切开洋葱，鳞片肉质，呈白色，稍带红色，有刺激性气味。

营养成分及热量表

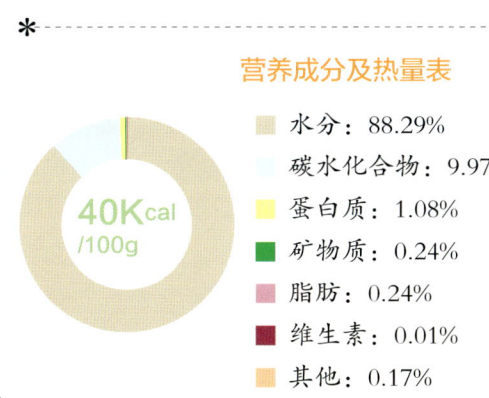

40Kcal /100g

- 水分：88.29%
- 碳水化合物：9.97%
- 蛋白质：1.08%
- 矿物质：0.24%
- 脂肪：0.24%
- 维生素：0.01%
- 其他：0.17%

▶ 洋葱的营养价值

洋葱营养成分十分丰富，含有两种特殊的营养物质——槲皮素和前列腺素A，这两种特殊营养物质，令洋葱具有了很多其他食物不可替代的健康功效：

① 预防癌症：洋葱含有丰富的硒，硒是一种抗氧化剂，能刺激人体免疫反应，从而抑制癌细胞的分裂和生长，还可以降低致癌物的毒性。而槲皮素能抑制癌细胞活性，阻止癌细胞生长。

② 维护心血管健康：洋葱是目前所知唯一含前列腺素A的蔬菜，前列腺素A能扩张血管、降低血液黏度。

▶ 处理保存要领

① 洋葱除了干皮和根儿外都可以吃，烹煮前将其外表的干皮及根部除去，清洗后切片即可烹煮。

② 洋葱非常耐贮存，不需要冷藏，放在通风干燥处即可保存一个月以上。

③ 切开后的洋葱要用保鲜盒装起来或用保鲜膜包裹冷藏，避免水分散失和腐败，并应当尽早食用。

▶ 挑选要领

① **看整体**：体型完整，外皮光泽亮丽没有裂开或损伤。捏起来松软的洋葱内部多会发芽或腐败。

② **看切面**：切开洋葱，如果中心点已变绿，表示快要发芽了，这种洋葱的滋味和口感都会变差。

宜己

- ☑ 一般人均可食用。
- ☑ 特别适合高血压、高血脂、动脉硬化等心血管疾病、糖尿病、癌症、急慢性肠炎、痢疾患者以及消化不良者。
- ☒ 洋葱所含的香辣味对眼睛有刺激作用，患有眼疾、眼部充血时，不宜切洋葱。
- ☒ 凡有皮肤瘙痒性疾病、患有眼疾以及胃病、肺胃发炎者少吃。
- ☒ 洋葱辛温，热病患者应慎食。

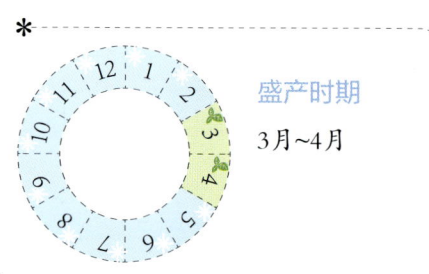

盛产时期
3月~4月

~洋葱其他品种~

【紫皮洋葱】鳞茎外皮红色，肉质鳞片浅紫红色，含水量高，但不耐贮藏。

【红洋葱】脆感佳，辛辣味较不明显，可为生菜沙拉增添色泽且非常爽口。

【白洋葱】白色洋葱没有紫皮洋葱那么辣，滋味清淡水分多，适合烘烤或慢火炖煮。

【黄皮洋葱】葱头黄铜色至淡黄色，鳞片肉质，微黄色，肉质柔软，组织细密，辣味较浓，呈扁圆形。

▶ 洋葱的生活妙用小招数：

① 洋葱磨成泥，用纱布包裹好，轻擦拭头皮，可以治疗皮屑过多的情况。
② 在储物柜或碗柜里放一盆切好的洋葱片，不仅可以赶走蟑螂，还可以防止食物变质。
③ 新装修的房间或新进的家具，油漆味较浓时，可以将切片的洋葱浸泡在一盆冷水中，置于室内，可以有效消除油漆味。
④ 如果皮肤被黄蜂或毛虫蛰了，可以立即用切片的洋葱涂擦，这样可以止痛消毒。如果锋针已经扎进皮肉，则应该先将其拔除后再用洋葱片擦拭，这样才会有效。
⑤ 烹煮土豆时加入几片洋葱，或者用洋葱烹煮的汤水进行熬煮，由于洋葱的香味会渗透到土豆中，这样烹煮出来的土豆味道会更好。
⑥ 洋葱榨汁后，加入汁液一半的水，用此混合液，每隔3~5天喷洒一次花卉，连续3次能够消灭顽固的红蜘蛛。
⑦ 炸过鱼的菜油会有鱼腥味，不利于再次利用，如果放少量的洋葱在油中一同进行油炸，就可以去除腥味。
⑧ 夏天蚊子多的时候，我们在灯旁挂上一小块洋葱，具有驱蚊的效果。
⑨ 感冒的时候，饮用加了洋葱的热汤，可以有助发汗退烧。如有鼻塞，用一小片洋葱抵住鼻孔，洋葱刺激的气味可以促进鼻子瞬间畅通起来。

▶ 切洋葱不流泪的小招数：

① 洋葱放冰箱冷藏后再切，也不会辣眼睛。
② 戴眼镜切洋葱：不管什么眼镜都可以戴上，或者戴上头盔也可以遮挡洋葱刺激眼睛的作用。
③ 捂住鼻子切洋葱：因为洋葱刺激物质是通过眼睛、鼻子吸入后导致流泪的，所以捂住鼻子切洋葱也可以达到不流泪的效果。
④ 在水中切洋葱，水可以把刺激物质隔离分解。但是"旁边放一碗水再切洋葱"或者"洋葱先放在水中一段时间后拿出进行切片"等方法是不能起到很大的作用的。
⑤ 嚼口香糖切洋葱：当嚼口香糖的时候，由于嘴巴不断开合，会形成负压，把眼泪通过鼻梁的小孔吸到口腔，这样眼睛里就不会有太多的眼泪流出来了。

扫我看视频！

洋葱的刀工　　洋葱的清洗

根茎

红薯
sweet potato

红薯外皮秃净，肉质有白色、黄色、紫红色等，富有类似乳汁的黏液，含有黏液蛋白，有助于保持血管壁弹性，防止动脉粥状硬化。红薯生熟食皆可，但是红薯含有大量的淀粉、糖分，所以糖尿病患者不宜多吃。

①红薯分为纺锤形、圆筒形、球形和块形等，皮色有白、黄、红、淡红、紫红等色。
②芽眼：地瓜的芽眼少而不明显，即使发芽了也没有毒性。
③肉色可分为白、黄、淡黄、橘红或带有紫晕等。

▶ 红薯的营养价值

*营养成分及热量表
- 水分：71.3%
- 碳水化合物：25.71%
- 蛋白质：1.91%
- 矿物质：0.46%
- 脂肪：0.21%
- 维生素：0.03%
- 其他：0.38%

110Kcal /100g

1. 红薯中的钾含量较高，钾元素是碱性元素，且具有保护心脏的作用。红薯属于碱性食品，对于经常食用肉类等酸性食品的人群，适时食用红薯有利于保持血液中酸碱度平衡，中和体液，有益健康。

2. 红薯含有丰富的黏液蛋白，能保持关节腔内的润滑作用，保持人体心血管壁的弹性，阻止动脉粥样硬化，提高机体免疫能力。

3. 红薯独有的脱氢表雄甾酮，可以预防结肠癌和乳腺癌。

4. 红薯含有较多的赖氨酸，可以抑制上皮细胞异常分化，促进上皮细胞正常成熟，消除有致癌作用的自由基，起到增强机体免疫力和防癌功效。

5. 红薯含有丰富的膳食纤维，且其纤维质地较为细腻，对肠胃伤害小，能够促进肠道蠕动，促进排便，减少有害肠道致癌物质在体内的滞留时间，降低有害物质浓度，还能减少血液中的含糖量，有效预防糖尿病。

▶ 挑选要领

1. **看整体**：太圆的地瓜不选，选择长条形的、结实的。

2. **光滑度**：表面比较光，没有太多的小坑，光滑。

3. **看颜色**：外皮发红且颜色比较深的是白薯，内部的瓤是白色的；外皮较浅，呈淡淡的红色甚至是土黄色的就是红薯。

4. **看斑点**：表皮呈黑褐色或出现黑色斑点的红薯是受了黑斑病菌的污染，不可食用。

▶ 处理保存要领

1. 红薯的食用方法很多，可直接食用鲜薯或薯干，可以蒸煮食用，但应该适当延长蒸煮时间，好使红薯所含有的"气化酶"被破坏，避免食用后出现不适。

2. 红薯应保存在干燥阴暗处，无需冷藏，但天气回暖容易发芽，开始发芽了，可以将芽摘掉，并尽快食用。

（宜忌）

- ☑ 一般人群均可食用。
- ☑ 红薯补脾益胃，生津止渴，通利大便，适宜大便秘结者。
- ☒ 脾胃虚寒者、腹泻患者和糖尿病人不宜吃红薯，因为红薯的糖分含量很高。
- ☒ 胃病的人不能摄入太多的红薯，以免胀胃。

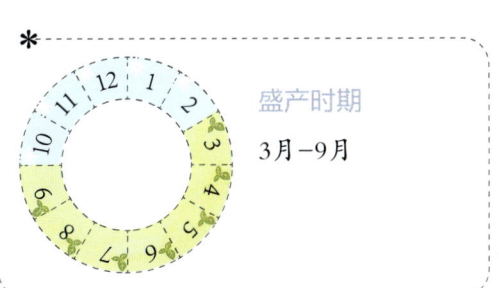

盛产时期
3月—9月

扫我看视频！

红薯的刀工

红薯的清洗

▶ 红薯食用的小误区：

① 红薯不宜生吃，生红薯所含的淀粉结构不易被人体消化道分解，会使大肠的细菌大量繁殖，容易产生胀气与腹泻。

② 减肥人群不宜每顿都只食用红薯，红薯缺乏蛋白质和脂质，因此要搭配蔬菜、水果及蛋白质食物一起吃，才不会营养失衡。

③ 红薯是甜的，因此很多人会误以为食用红薯很容易引起肥胖，但恰恰相反，红薯含有丰富的膳食纤维和亚油酸，脂肪含量低，并能有效阻止糖类转化为脂肪，减少脂肪积累，同时丰富的膳食纤维能够刺激肠道蠕动，促进排便，从而达到瘦身减肥、通便排毒的效果。

④ 红薯最好中午食用，因为其所含有的钙质需要在人体内经过4~5小时进行吸收，而下午的日光照射正好可以促进钙的吸收。

⑤ 尽量不要空腹吃红薯，否则容易出现反酸、烧心，因为红薯含有较高的碳水化合物，有一定甜度，会增加反流的可能性。

⑥ 烂红薯（带有黑斑的红薯）和发芽的红薯均可使人中毒，不可食用。

⑦ 食用凉的红薯容易导致胃腹不适，胃溃疡及胃酸过多的患者也是不宜食用。

~红薯其他品种~

【黄金番薯】肉色呈金黄色、橙黄色，口感有弹性，适合蒸、煮、炸或烤食，略带板栗香味，供制作糕饼点心和提炼淀粉。

【白心红薯】白皮白肉，对季节、气候非常敏感，收成量较低，适合烤和蒸煮，甜度较差。

【红心尾仔番薯】肉色呈橙红色，质地酥软，甜度高，胡萝卜素含量高，品质佳，适合蒸煮食用、烤和食品加工。

【紫薯】肉质紫色至深紫色，水分多，口感细软，还多了一股特别的香味，富含硒元素和花青素。

根茎

马铃薯
potato

马铃薯与小麦、玉米、稻谷、高粱并列世界五大作物。马铃薯呈块茎圆、卵圆或长圆形，马铃薯补气，是利水消肿、润中养胃且易消化的食品，同时也是非常好的高钾低钠食物，适合减肥人群食用。

① 马铃薯为茎块状，扁圆形或球形，无毛或被疏柔毛。
② 外皮白色、淡红色或紫色、黑色。
③ 芽眼：是马铃薯发芽的地方，新鲜的马铃薯芽眼不会突出或变绿。
④ 薯肉为淡黄色或米白色，有些品种具有紫色或黑色的果肉。

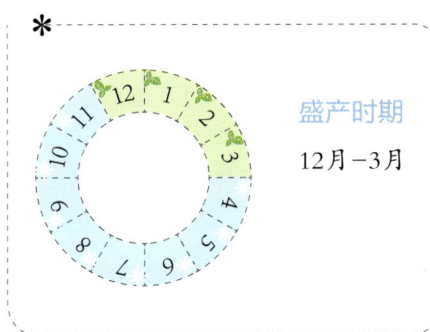

盛产时期
12月-3月

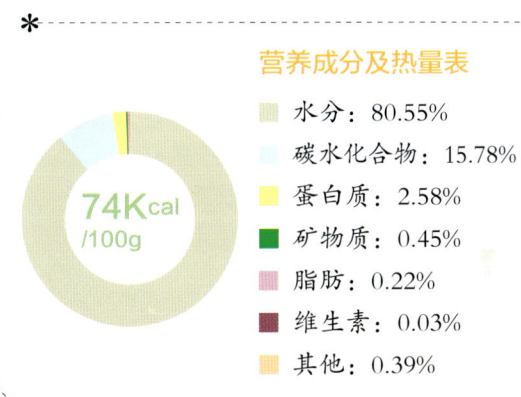

营养成分及热量表

74Kcal /100g

- 水分：80.55%
- 碳水化合物：15.78%
- 蛋白质：2.58%
- 矿物质：0.45%
- 脂肪：0.22%
- 维生素：0.03%
- 其他：0.39%

▶ 马铃薯的营养价值

1. 马铃薯的蛋白质营养价值很高，其品质相当于鸡蛋的蛋白质，且其蛋白质含有18种氨基酸，包括人体不能合成的各种必需氨基酸。

2. 马铃薯是所有粮食作物中维生素含量最全的，更含有禾谷类粮食所没有的胡萝卜素和维生素C，实验证明：0.25千克的新鲜马铃薯便够一个人一昼夜消耗所需的维生素。

3. 马铃薯块茎水分多、脂肪少，单位体积的热量相当低，且马铃薯中的淀粉是一种抗性淀粉，具有缩小脂肪细胞的作用。

4. 马铃薯是非常好的高钾低钠食品，适合水肿性肥胖者食用，加上其钾含量丰富，所以还具有瘦腿的功效。

5. 马铃薯对调解消化不良有特效，是胃病和心脏病患者的良药及优质保健品。其含有丰富的B族维生素以及大量的优质纤维素，具有抗衰老的功效。

▶ 挑选要领

1. **看表面**：劣质马铃薯小而不均匀，有损伤或虫蛀孔洞、萎焉变软、发芽或变绿、有腐烂气味的马铃薯都不宜购买。

2. **看颜色**：马铃薯有黑色类似瘀青的部分，其里面多半是坏的。冻伤或腐烂的马铃薯，肉色会变成灰色或呈黑斑，水分收缩。

3. **按用途**：起皮的马铃薯又粉又甜，适合蒸、炖；表皮光滑的马铃薯比较结实、脆，适合炒丝。

4. **看外形**：选择没有破皮、圆形的马铃薯，且越圆越好削。

宜忌

- ☑ 一般人均可食用。
- ☑ 胃溃疡、十二指肠溃疡、慢性胆囊炎、痔疮引起的便秘者适宜食用马铃薯，具有一定的疗效。
- ☑ 马铃薯和红薯的功效相似，能够促进肠道蠕动，减少脂肪积累，是减肥人群的首选佳品。
- ☒ 孕妇不宜吃马铃薯，因为马铃薯含有生物碱，孕妇经常食用生物碱含量较高的薯类，蓄积在体内就可能导致胎儿畸形，因此，孕妇还是以不吃或少吃薯类为好。
- ☒ 马铃薯虽属于粗粮、健康食品，但糖分含量高，不宜多食。

▶ 处理保存要领

1. 料理前需要先去皮或刷洗干净，整颗蒸煮时，可以保留外皮，待食用前再剥除。

2. 完全隔绝光线、放置冰箱底箱是比较保险的做法，约可保存10~20天。而在寒冷季节，可以室温保存，但需要保证不会接触到光线以免变绿。

3. 马铃薯可炒、炖、炸、煮或制作成马铃薯泥食用，营养价值丰富。

误区

- ❗ 如果发现马铃薯外皮变绿，哪怕是很浅的绿色都不要食用。因为马铃薯变绿是有毒生物碱存在的标志，如果食用会导致中毒。
- ❗ 表皮有损伤活芽点的可用刀挖除1厘米左右再食用。

扫我看视频！

马铃薯的刀工　　马铃薯的清洗

▶ 对付马铃薯褐变的小招数

1. 马铃薯种含有一种叫龙葵素的物质，与空气会氧化产生黑色素，容易使马铃薯变黑，防止其褐变，可以将切片后煮制前的马铃薯放置水中或盐水中浸泡。

2. 切片后的马铃薯如果不是一次性食用的，可在白醋中浸泡一下，再用保鲜膜密封。醋既可以抑制黑色素的产生，又具有杀菌防腐的作用。

3. 切片后的马铃薯片也可浸在糖水中，以隔绝空气，防止褐变。

▶ 知识小专栏

1. 马铃薯如果先削了皮或切片再进行烹煮，部分的维生素C容易从切断面流失，因此，连皮一起蒸煮、烹调是最大程度保留其含有的营养成分的方法。

2. 马铃薯补气，是利水消肿、润中养胃、易消化的食物，适合十二指肠溃疡、营养不良者食用。

3. 虽然对于减肥的人，马铃薯算不上是理想的可口食物，但是对于瘦弱的人而言，却是最佳的食品。

4. 马铃薯含有丰富的粗纤维和维生素A、B_1、B_2，常食用可以预防便秘和防止口腔发炎等病症。

~马铃薯其他品种~

【黄皮马铃薯】马铃薯形状为椭圆形，黄皮、黄肉或白肉，芽眼浅，淀粉含量适中，可以连皮一起吃，煎、煮、炸、烤都可以。

【男爵薯】块茎较圆较小，肉乳白色，但松而粉，并带有淀粉质的甜香，日本人最爱用来做薯饼，煮汤和焗烤也很适合。

【黑色马铃薯】黑色马铃薯呈现黑紫色，含有大量的花青素，具有抗衰老的作用。

【红皮马铃薯】为椭圆形，红皮黄肉，一般连皮一起食用，口感比黄皮马铃薯更富有弹性。

根茎

芋头
taro

芋头性甘辛，含有丰富的膳食纤维，既能增加胃肠饱食感，又可以减少热量的摄取，控制血糖，改善糖尿病症状。芋头煮糖水、蒸煮蘸酱食用或热炒均适宜。芋头表皮有大量的草酸钙，容易引起过敏，因此去皮时应戴上手套。

①芋头表皮呈褐色，干燥粗糙。
②梗头为芋头的绿色茎，俗称芋槐，可作为蔬菜食用。
③尾端水分较多，是芋头口感较差的部分。
④槟榔心芋的果肉是灰白色，带有紫红色斑纹，煮熟后具有香气。

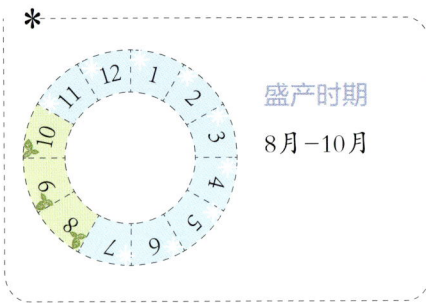

盛产时期
8月-10月

营养成分及热量表

123Kcal /100g

- 水分：69.0%
- 碳水化合物：26.4%
- 蛋白质：2.5%
- 矿物质：0.6%
- 脂肪：1.1%
- 维生素：0.01%
- 其他：0.39%

▶ 芋头的营养价值

1. 芋头富含蛋白质、钙、磷、铁、钾、镁、钠、胡萝卜素、烟酸、维生素C、B族维生素、皂角苷等多种成分，所含的矿物质中，氟含量较高，具有洁齿防蛀、保护牙齿的作用。

2. 芋头含有一种黏液蛋白，被人体吸收后能产生免疫球蛋白（抗体球蛋白），可提高机体的抵抗力，也可用来防治肿瘤及淋巴结核等病症。

3. 芋头为碱性食品，能中和体内积存的酸性物质，调整人体的酸碱平衡，起到美容养颜、乌黑头发的作用，还可用来防治胃酸过多症。

4. 芋头含有丰富的黏液皂素及多种微量元素，可帮助机体改善因微量元素缺乏引起的生理异常。

▶ 挑选要领

1. **看整体**：选择结实、体型匀称、大小适中即可，若拿起来重量轻则表示水分少。
2. **看切口**：芋头的切口汁液若呈粉质，肉质香脆可口。若呈液态状，肉质就不蓬松。
3. **看表皮**：表皮干燥，没有斑点损伤的。

▶ 处理保存要领

1. 芋头食用方法很多，如煮、蒸、烤、炒、烩、炸均可，最常见的是把芋头煮熟或蒸熟后蘸糖吃。
2. 芋头生食有小毒热，不宜食用过多，容易引起闷气或胃肠积滞。
3. 芋头适合于阴凉处存放，放进冰箱反而更容易坏，因为芋头不耐低温，鲜采的芋头可保存4~5个月，不过市场上贩卖的芋头多半是已经保存一段时间了，因此应尽快食用，保存时不要超过一个月。

▶ 知识小专栏

1. 芋头的黏液含有蛋白质和半乳聚糖的混合物，以及丰富的食物膳食纤维，使得芋头具有促进排便、消除便秘的功效。总而言之，芋头的粘液是帮助排便的最大推手。
2. 芋头在水田中或低洼湿地皆可种植，适应环境的能力特强，卡路里含量也很低，独特的黏液和糖分可让身体保持温暖，帮助排出多余的钠和水分，并促进消化和活化肠胃功能。
3. 芋头煮糖水、与五花肉焖煮或与其他蔬菜热炒都很适合，若经常食用芋头，可稳定血压，加速胆固醇代谢。

宜忌

- ☑ 一般人群均可食用。
- ☑ 特别适合身体虚弱者食用。
- ☒ 对于有痰、敏性体质者（荨麻疹、湿疹、哮喘、过敏性鼻炎）、小儿食滞、胃纳欠佳，以及糖尿病患者应少食。
- ☒ 食滞胃痛、肠胃湿热者忌食。

扫我看视频！

芋头的刀工　　芋头的清洗

▶ **处理小招数**

① 芋头削皮后,如果不是即时食用,必须浸泡在水中。

② 生芋汁易引起局部皮肤过敏,可用姜汁擦拭即可。

③ 芋头含有难消化的淀粉质和草酸钙结晶体,而草酸钙具有苦味且会使皮肤过敏,但是经过烹煮后就会消失。

④ 芋头去皮方法:将带皮的芋头装进小口袋里(只装进半袋),用手抓住袋口,将袋子在水泥地上摔几下,再把芋头倒出,便可以将芋头皮全部脱下了。也可以戴上手套在流动的水中进行削皮。

⑤ 清洗掉外皮的淤泥,入锅水煮3分钟,从热水中拿出后立刻放入冷水里,再拿出来时外皮就能轻松去除了,但注意不必煮到熟透,因为这只是削皮处理。

~芋头其他品种~

【槟榔芋】球茎长椭圆形,深褐色,肉白色,有咖啡色斑纹,淀粉含量高,香味浓,故名香芋。槟榔芋是芋头中的上上品,其芋头可直接食用。

【安徽绩溪水芋】表皮深褐色,肉质为淡白色,质地细腻滑口,具有糯性。

【奉化大芋艿】个头大而皮薄、肉质粉、糯滑可口,可蒸、烤、炒、煮等,做法多样。

【红芋】叶柄淡紫色,芽鲜红色,母芋较大,近圆形,皮厚,褐色,肉白色,含淀粉较多,品质优。

【九头芋】叶柄绿色,球茎倒卵形,褐色,肉白色,肉质滑,味淡,口味略优于白芋、红芋。

【白芋】叶柄为绿色,发芽为白色,其他形态基本同红芋。

根茎
茭白
wild rice stem

茭白分为双季茭白和单季茭白，茭白热量低、水分高，烹调的调味要清淡，平常热炒、煮汤或凉拌皆宜，夏季煮熟冷却后蘸酱或做成沙拉，都是一道营养美味的食品。食用后易有饱足感，是人们喜爱的减肥佳品。

① 笋壳：翠绿的笋壳如泡棉般，对茭白笋有保护的作用。
② 笋头：笋头是茭白浸在水田中的部分，纤维也会较其他部位来得多些。
③ 茭白肉：白色，有淡色小点，有些茭白的果肉会带有黑点。

盛产时期
7月~8月

▶ 茭白的营养价值

① 茭白可治疗四肢浮肿、小便不利。
② 茭白利尿止渴、解酒毒，补虚健体，医用茭白中的豆甾醇能清除体内活性氧，阻止黑色素生成，软化皮肤，润滑皮肤。

营养成分及热量表

17Kcal /100g

- 水分：93.85%
- 碳水化合物：4.15%
- 蛋白质：1.28%
- 矿物质：0.26%
- 脂肪：0.13%
- 维生素：0.01%
- 其他：0.32%

▶ 挑选要领

① **有外壳**：外壳翠绿有光泽，切口处粉白有淡色小点为佳。

② **无外壳**：去壳的茭白，表面光滑无皱，外形饱满、大小适中即可。

③ **看体型**：选择体型小一点的茭白，其纤维较少较嫩。

▶ 处理保存要领

① 茭白钾含量丰富，慢性肾衰竭患者食用前要先烫过。
② 茭白连同包装可保存约7~10天。

扫我看视频！

茭白的刀工　　茭白的清洗

根茎

牛蒡
burdock

牛蒡含有的木质素具有很好的抗菌作用，也能协助排毒，可预防妇女怀孕期间的腰酸背痛和便秘。牛蒡可炒食、煮食、生食或加工成饮料，牛蒡中的胡萝卜素含量比胡萝卜还要高，多吃牛蒡能清除体内毒素。

① 外皮：外皮细而薄，含有许多营养素。
② 前端：前端可切去1~2厘米之后，再切成薄片或细丝，炒煮皆宜。
③ 切面为粉白色，纤维明显，一旦切开接触空气会马上变色。

营养成分及热量表

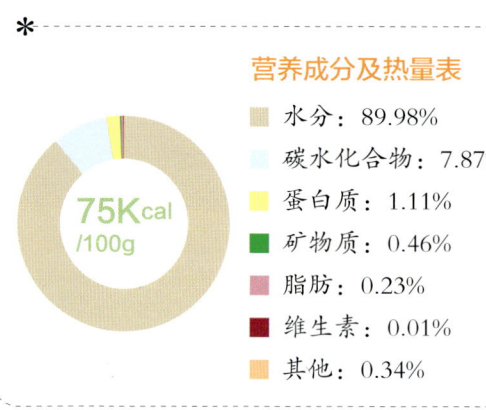

75Kcal/100g

- 水分：89.98%
- 碳水化合物：7.87%
- 蛋白质：1.11%
- 矿物质：0.46%
- 脂肪：0.23%
- 维生素：0.01%
- 其他：0.34%

▶ 牛蒡的营养价值

1. 牛蒡全植物含抗菌成分，其叶含抗菌成分最多，主要抗金黄色葡萄球菌。
2. 牛蒡根中含过氧化物酶，能增强免疫机制活力，清除体内氧自由基，阻止脂褐质色素生成和堆积，抗衰防老。
3. 牛蒡含有的牛蒡苦素能抑制癌细胞中磷酸果糖基酶的活性，牛蒡甙元也有抗癌活性，还具有抗老年性痴呆作用。此外，牛蒡含黄酮甙类化合物，对恶性肿瘤具有一定的抗性。
4. 牛蒡含有菊糖，可帮助益生菌在肠道内活跃，促进消化。牛蒡含有多种酚类植化素，能提升肝脏的代谢能力与解毒功能，进而促进血糖、血脂的代谢。

▶ 处理保存要领

1. 牛蒡体长，宜切半用牛皮纸或塑料袋装好，放在冰箱冷藏室的最下层即可。
2. 如果买回来的牛蒡还带有叶子，必须先将叶子切除再保存，否则叶子会继续吸收水分。
3. 牛蒡煮熟后分装在塑料袋中，再放入冷冻库中保存，如此能延长保存期限。
4. 保存过久，牛蒡已风干枯萎，先放在水中一段时间后再烹调。

根茎

山药
yamaimo

山药块根圆柱形，含有丰富的淀粉和蛋白质，可食用，是常见的药食两用的中药材。山药盛产于冬季，性味甘平，滋阴养气，常吃可以强健脾脏、滋补肾功能，适合体质虚冷、精力减退、长期生病的人食用。

① 普通山药略呈圆柱形，弯曲而稍扁，长15~30厘米，直径1.5~6厘米。
② 面黄白色或淡黄色，有纵沟、纵皱纹及须根痕，偶有浅棕色外皮残留。
③ 体重质坚实，不易折断，断面白色，粉性。无臭，味淡微酸，嚼之发黏。

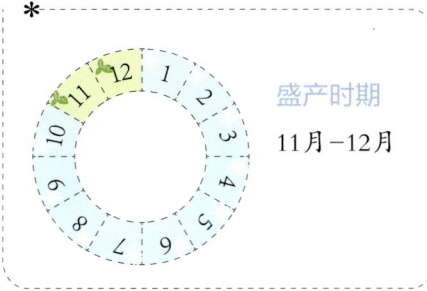

盛产时期
11月-12月

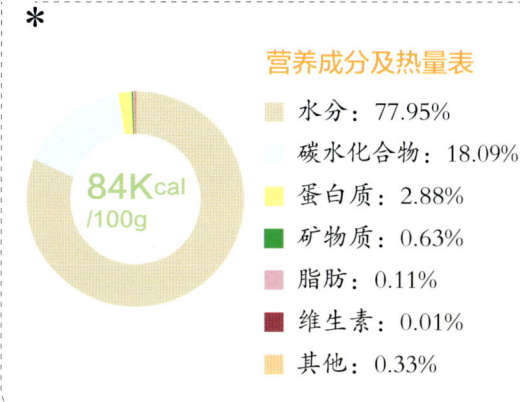

营养成分及热量表
- 水分：77.95%
- 碳水化合物：18.09%
- 蛋白质：2.88%
- 矿物质：0.63%
- 脂肪：0.11%
- 维生素：0.01%
- 其他：0.33%

84Kcal/100g

▶ 山药的营养价值

① 山药所含的淀粉糖化酶，能够分解淀粉，且含量是萝卜的3倍，有利于改善脾胃消化吸收功能。

② 滋肾益精。山药富含黏蛋白、淀粉酶、皂苷、游离氨基酸、多酚氧化酶等物质，为病后康复食补之佳品。

③ 益肺止咳。山药含有皂苷、黏液质，有润滑、滋润的作用，故可益肺气、养肺阴，治疗肺虚痰嗽久咳之症。

④ 预防心血管病。山药几乎不含脂肪，而且所含的黏蛋白能有效预防心血管系统的脂肪沉积，防止动脉过早发生硬化。山药含有皂苷能够降低胆固醇和甘油三酯，对高血压和高血脂等病症有改善作用。

⑤ 山药富含食物纤维，黏性强，有助于消化吸收，提振食欲。

▶ **挑选要领**

1. **长度**：表皮淡褐色，无根须，直径如1元硬币，长度60厘米以上粗细均匀较好。

2. **直径**：若直径超过3厘米，表皮粗糙须根长，表示肉质松散，口感较差，不宜购买。

3. **粗细**：用手握住牛蒡较粗的一端，牛蒡自然垂下并呈现出弯曲的弧度表示牛蒡新鲜。

4. **重量**：掂量牛蒡的重量，同等大小的越重越好，表示内部没有空心，口感较好。

宜忌

适用人群与禁忌

- ☑ 牛蒡具有降血压、健脾胃、补肾壮阳之功效，适宜肾虚体弱者食用。
- ☑ 适宜便秘者食用，因为牛蒡的纤维中含有一种特殊的酵素，这种酵素可以帮助肠内有益的细菌成长。
- ☑ 牛蒡含有极多的铁质，具有极高的造血能力，可以防止贫血，适合血压高的人食用。
- ☒ 牛蒡属于寒凉之品，有滑肠通便作用，虚寒型体质、容易腹胀腹泻的人要慎用。

~牛蒡其他品种~

【柳川理想】根长75厘米，根势均匀，直径3厘米左右，裂根少，肉质柔嫩，富含香气，食味佳。

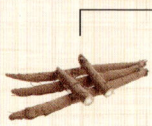
【渡边早生】根型较粗，肉质较软，容易糠心，涩味少，颇具有香气。

【松中早生】根型直立，肉质根中，不容易空心，品质优良。

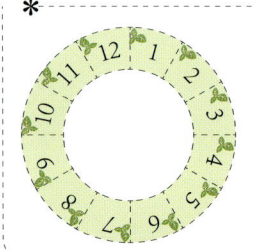

盛产时期
全年

牛蒡的刀工

牛蒡的清洗

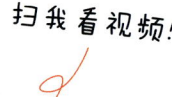
扫我看视频！

宜忌

- ☑ 一般人群均可食用。
- ☑ 打算冬季进补的人：秋冬进补前吃点山药，更利于补品的吸收。
- ☑ 男女肾亏者：山药含有多种营养素，有强健机体、滋肾益精的作用。但凡肾亏遗精、妇女白带多、小便频数等患者，皆可食用。
- ☑ 减肥的MM：山药含有的热量少，营养多，含有丰富的粗纤维，容易增加人的饱腹感，起到控制进食欲望的作用。而且山药的脂肪含量很低，因此，山药是瘦身的好帮手。
- ☑ 手脚发凉的女性：中医认为，手脚冰凉与体质虚弱有密切关系，而山药具有很好的补中益气、养血作用，特别适合手脚发凉症患者。
- ☑ 消化不良者：山药含有淀粉酶、多酚氧化酶等物质，有利于脾胃消化吸收功能，不论脾阳亏，还是胃阴虚，皆可食用。临床上常用于治脾胃虚弱、食少体倦、泄泻等病症。
- ☑ 肺虚咳嗽者：山药含有黏液质，有润滑、滋润作用，可治疗肺虚痰嗽、久咳之症。
- ☑ 山药盛产于冬季，常食用可以消除疲劳，对于精力减退、长期生病、虚弱体质的症状特别有效。
- ☑ 山药生食的排毒效果较佳，可调节体内机能的运转作用。
- ☒ 山药有收涩作用，故大便燥结者不宜食用，另外有实邪者忌食山药。
- ☒ 山药不可一次吃得太多，容易胀闷，个别人会有过敏反应。

~山药其他品种~

【细毛山药】根呈圆柱形，皮薄，表皮黄色、有细毛，有黄褐色斑痣；肉质细白，含有粘液质、皂苷、胆碱、精氨酸、淀粉酶等。

【红皮白肉山药】长棍棒型，长60~100厘米，皮略呈紫红色，肉白，薯体粗短不易受损，口感佳，切开后不易变色。

▶ 挑选要领

1. **看切面**：山药的横切面肉质应呈雪白色，这属于新鲜的颜色，还要注意山药断面应带有黏液，外皮无损伤。

2. **看表面**：切面呈黄色似铁锈的，或者表面有异常斑点的山药切勿购买，因为这可能已经感染过病害。

3. **看须毛**：看须毛，须毛越多的，山药口感更粉，山药多糖更多，营养也相对更好。

4. **掂重量**：掂量山药重量，大小相同的山药，较重的更好。

▶ 对付山药汁引起瘙痒的小招数

1. 去皮的时候，戴上一次性的手套或者套上塑料袋，这样就可以避免了。

2. 削皮前，倒点醋在手中，搓一搓再削皮，山药就伤不到你了。如果手部有未愈伤口，则不可采用此方法。

3. 如果已经引起发痒，可先用清水冲洗，然后抹干水渍，搽上一点风油精并加以轻轻搽拭，可消除瘙痒感。

4. 如果不小心山药汁接触了皮肤，可以涂抹生姜进行止痒。

5. 当双手因刮山药而感到奇痒难耐时，可用加入了少许食醋的清水搅拌均匀后进行洗手，也可以止痒。

6. 用肥皂洗手后，擦一些白酒在手上，让其自行挥发，挥发后再用肥皂洗手，也可以止痒。

7. 如果双手因为刮芋头、山药皮而发痒时，可以将双手放在炉火上方略烤一下，可以止痒，但要注意不要灼伤双手皮肤。

▶ 处理保存要领

1. 每次切下满足食用的量，去皮后即可进行煮制。

2. 剩下的山药可用纸巾将表面擦干，保持干燥，再用牛皮纸或保鲜膜包裹，置于冰箱底层，或放牛奶的位置，可保存10~20天。

▶ 知识小专栏

1. 一般人认为可以吃山药来保持长寿，有"神秘的食物"之称。又因山药深埋土中，不易受农药污染，因此，又将它视为清洁又健康的蔬菜。

2. 山药是营养充沛又非常理想的主食，很适合减重者食用。减重的人经常节食而造成营养不良，山药含有大量的淀粉、蛋白质、纤维素、脂肪及矿物质，可供给人体所需的营养。

~山药其他品种~

【日本薯蓣】表面呈黄白色或淡黄色,有纵皱纹及须根,质地结实不易折断,折断面为白色,粉性。

【水山药】主要是指目前江苏、安徽等地所产的山药,它的茎通常带有紫红色,含淀粉和蛋白质,块茎长圆柱形,长可达1米多。

【麻山药】块茎为长圆柱形,茎常带有紫红色,无毛,横截面呈白色,适用于身体虚弱、精神倦怠、食欲不振、消化不良等人群。

【参薯】块茎大,有长圆柱形、圆锥形、球形等,外表皮通常为紫黑色或褐色,折断面为白色带紫色。

【白皮白肉山药】长棍棒形,长60~100厘米,皮黄褐色,肉白色,体粗,口感佳,适合熟食和加工处理。

【灵芝山药】外皮淡黄褐色,须根很少,外形变化较多,下宽上窄的酒壶状,也有长得比较短粗的、长棒状的,还有薯肉肥厚的短扁状的。

【铁棍山药】与普通山药相比,黏度大,水分少,毛须略多,特有暗红色"锈斑"。粉性足、质腻,折断后横截面呈白色或略显牙黄色,入水久煮不散。

【淮山药】茎通常带紫红色,含有丰富的淀粉和蛋白质,块根圆柱形,微土腥气。

扫我看视频!

山药的刀工　山药的清洗

根茎

莲藕
lotus root

莲藕肥大有节，中间有一些管状小孔，折断后有丝相连，藕微甜而脆，其根叶花果均可滋补入药，莲藕磨制成粉具有开胃清热、消食止泻等功效。莲藕汁具有清凉退火的效益，而煮熟的藕性味甘温，益血补心。

①表皮：黄褐色有小点，煮熟后会变成暗黑色。
②果肉：色泽偏淡粉红色，体型肥大的孔洞比较大，适合用来做填塞料理。
③藕节：莲藕间凹陷部位料理前须切除。

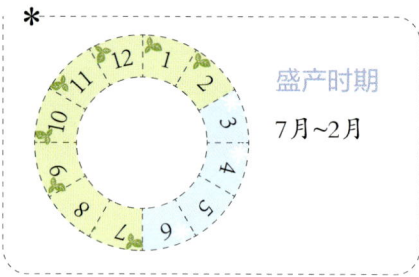

盛产时期
7月~2月

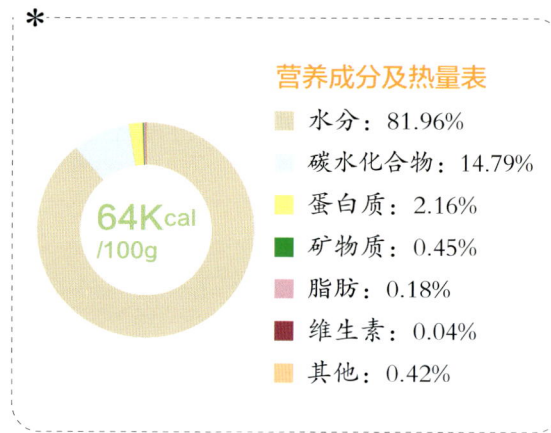

营养成分及热量表
- 水分：81.96%
- 碳水化合物：14.79%
- 蛋白质：2.16%
- 矿物质：0.45%
- 脂肪：0.18%
- 维生素：0.04%
- 其他：0.42%

64Kcal/100g

▶ 莲藕的营养价值

① 莲藕富含淀粉、蛋白质、维生素B、维生素C、脂肪、碳水化合物和钙、磷、铁等多种矿物质，肉质肥嫩，口感甜脆。生食能凉血散瘀，熟食能补心益肾，可以补五脏之虚，强壮筋骨，滋阴养血，还能利尿通便，帮助排泄体内的废物和毒素。

② 吃藕能起到养阴清热、润燥止咳、清心安神的作用，与花生结合，长期食用还能清热祛痘，滋润皮肤，保持脸部光泽，有益生肌。

③ 莲藕含铁量较高，常吃可预防缺铁性贫血；莲藕富含维生素C和膳食纤维，对肝病、便秘、糖尿病等虚弱病症颇有裨益；其含有的丹宁酸有收缩血管和止血的作用，对瘀血、吐血、尿血、便血者及孕妇、血友病人极为合适。

▶ 挑选要领

① **看藕节**：选择藕节短、藕身粗的为好，从藕尖数起第二节藕最好。

② **看表面**：食用莲藕挑选外皮呈黄褐色，肉肥厚而白的，若发黑有异味则不宜食用。

③ **带泥巴**：带有泥巴的莲藕，虽然清洗比较麻烦，但是会比较新鲜。

④ **清洗过的**：清洗过的莲藕，要选择表皮颜色微红、有清香者。

▶ 处理保存要领

① 没切过的莲藕，或者带有土的莲藕可以直接放置于阴暗通风处保存。

② 已经清洗干净的，或者切过的莲藕，可在切口处覆以保鲜膜，并用干净的袋子装好，放进冰箱冷藏保鲜。

③ 如果莲藕不多，可用水缸来储存。将莲藕洗干净后放入盛清水的缸里，每星期换水一次，可以存放2个月左右，仍然是白嫩鲜脆。

④ 还可以将洗干净的莲藕放进装有10%~15%的盐水中浸泡，可保存5个月以上。

⑤ 将莲藕切成薄片，用醋腌制为凉拌菜，约可保存1星期左右。

⑥ 用清水将莲藕表皮上的泥土刷洗干净，去皮后，如果莲藕节洞内也有泥沙，切片后也可以再保存。

宜忌

- ☑ 一般人均可食用。
- ☑ 对于肝病、便秘、糖尿病等一切有虚弱之症的人十分有益。
- ☑ 对于瘀血、吐血、尿血、便血的人极为合适。
- ☒ 由于藕性偏凉，故孕妇不宜过早食用，一般产后1~2周后再吃藕可以逐瘀。

▶ 知识小专栏

① 莲藕含有维生素C、铁等，有效滋补经血、镇定安眠。孕妇产前产后皆可饮用莲藕汁，具有清凉退火的效益。

② 莲子含有维生素、蛋白质、糖类，具有养心健脾的功效，并能够清热除烦，养血宁神。

③ 鲜莲藕榨汁饮用能舒清肝热、润肺、凉血止血，加入雪梨汁混合饮用，还能改善热咳的症状。

▶ **莲藕烹饪提示**

① 煮藕丝忌用铁器，以免引起食物发黑。

② 藕可生食、烹煮食用、捣汁饮，或晒干磨粉煮粥。

③ 藕熟食适用于炒、炖、炸及做菜肴的配料，如"八宝酿藕"、"炸藕盒"等。

④ 平时食用藕时，人们往往去除藕节不用，其实藕节是一味极好的止血良药，其味甘、涩、性平，含丰富的鞣质、天门冬素，专治各种出血，如吐血、咳血、尿血、便血、子宫出血等症。

⑤ 鲜莲藕顶端香甜脆嫩，可以焯水后凉拌鲜食，第二、三节稍老，可用做炸藕夹，第四节后的各节适用于做藕粉。

~莲藕其他品种~

【苏州花藕】表皮黄白色，肉质为白色，鲜甜爽脆，水分含量高，渣少，适宜生食。

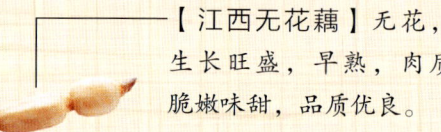
【江西无花藕】无花，生长旺盛，早熟，肉质脆嫩味甜，品质优良。

【南斯拉夫雪莲藕】藕身洁白、粗壮肥大、主藕4~6节，长约1.5~2米左右，生食清脆，淀粉含量高，味甜入口无渣，口感独特。

【白莲藕】是山东省茌平县特产，藕身洁白，口感鲜嫩，脆甜清新，主藕5~6节，长约1.1~1.2米，藕节粗大。

【广州丝苗藕】肉质含淀粉多，尤其适用于制作干藕种和藕种粉，品质优良，产量高。

扫我看视频！
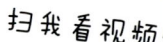

莲藕的刀工

莲藕的清洗

根茎

芦笋 asparagus

芦笋以嫩茎供食用，质地鲜嫩，风味鲜美，富含多种氨基酸、蛋白质、维生素，在国际市场上享有"蔬菜之王"的美称。芦笋属于碱性食物，是很好的抗氧化蔬菜，也是防癌圣品，其含有的叶酸有助于改善贫血、消除疲劳。

① 笋尖：笋尖应饱满，鳞片紧密，芦笋的重要营养素都存在于笋尖的部位。

② 笋头：芦笋最靠近地面的部分，此部位的纤维比较多，可将这一段的外皮削去。

③ 笋枝：表皮翠绿有光泽，越粗壮越佳。

盛产时期
全年均有进口，1~4月才有国产品

营养成分及热量表

19Kcal/100g

- 水分：93.1%
- 碳水化合物：3.69%
- 蛋白质：2.37%
- 矿物质：0.38%
- 脂肪：0.18%
- 维生素：0.01%
- 其他：0.27%

▶ **芦笋的营养价值**

① 芦笋中含有丰富的抗癌元素之王——硒，可阻止癌细胞的分裂与生长，抑制致癌物的活力并加速解毒，使癌细胞发生逆转，刺激机体免疫功能，促进抗体的形成，提高抵抗力。芦笋对膀胱癌、肺癌、皮肤癌有特殊疗效。

② 芦笋叶酸含量较多，故孕妇经常食用有助于胎儿大脑发育。

③ 芦笋所含蛋白质、碳水化合物、多种维生素和微量元素的质量均优于普通蔬菜，而热量较低，这个特点也是现代营养学对保健食品提出的要求。

④ 芦笋含有较多的天门冬酰胺、天门冬氨酸及其他多种营养物质，天门冬酰胺酶是治疗白血病的药物。

▶ 挑选要领

1. **看芦笋直径**：看芦笋底部的直径，大小在1厘米左右的最好。
2. **看芦笋粗细**：选择芦笋时，芦笋上下均匀的最好。
3. **看芦笋长短**：芦笋在20厘米左右的最好，这个长度的芦笋是最嫩最好吃的。
4. **看芦笋的弹性**：掐一掐芦笋的根部，若掐的时候能掐出水来，证明芦笋很鲜嫩。
5. **看芦笋的花头**：上方的花苞还没有开的芦笋才新鲜。
6. 在传统市场买芦笋要在早上，才能买到品质最好的。

~芦笋其他品种~

【白芦笋】白芦笋因埋在土中不见光，所以笋茎粗大，质地比较柔软。

【绿芦笋】与白芦笋相比，由于在生长过程中，笋尖露出地面，经光合作用后呈现绿色，绿芦笋还含有丰富的叶酸，对于孕妇具有补血的作用。

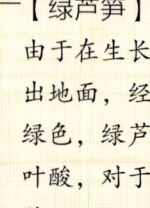

适用人群与禁忌

- ☑ 一般人群均可食用。
- ☑ 高血压病、高脂血病、癌症、动脉硬化患者宜食用。
- ☑ 体质虚弱、气血不足和习惯性便秘者及尿路结石者的首选。
- ☒ 患有痛风者不宜多食。

▶ 处理保存要领

1. 芦笋食用前先将靠近根部老的地方去皮或直接切去，注意芦笋不能生吃。
2. 芦笋不耐贮存，应当日料理，或焯水后冷藏，可保存2~3日。

扫我看视频！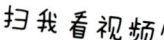

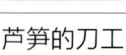

芦笋的刀工　　芦笋的清洗

根茎

百合 lily

百合味甘微苦，性平，含有很多活性的生物碱，具有美白肌肤、促进细胞再生、消除肌肉紧张的功能，其含有的果胶和磷脂类物质，服用后可改善胃疾。百合还能调节女性月经不顺畅，治疗妇女更年期心烦、不适症状。

①根部：百合的食用部分是肉质鳞片，根部不宜食用。

②芽点：百合的中心点是芽点，为发芽的部分，滋味较周围包覆的肉质鳞片差。

营养成分及热量表

162Kcal /100g

- 水分：62.43%
- 碳水化合物：32.35%
- 蛋白质：3.79%
- 矿物质：0.68%
- 脂肪：0.06%
- 维生素：0.01%
- 其他：0.68%

▶ 百合的营养价值

1. 百合含有蛋白质、脂肪、淀粉、钙、磷、铁及多种维生素等营养物质，具有润肺止咳、清热安神等功效。

2. 秋季气候干燥，人容易出现皮肤干裂、口干舌燥、咳嗽少痰等病症，而百合可润肺止咳、清热安神，是上好的滋补保健品。

▶ 挑选要领

1. **球茎**：新鲜的百合应挑选球茎饱满肥厚，瓣匀、肉质厚，色白或呈淡黄色的。

2. **鳞片**：食用百合以鳞片阔而薄者为优；药用百合则反之。

3. **霉变**：选购时还应注意剔除杂质、黑瓣、烂心或霉变者。

▶ 处理保存要领

新鲜百合购买后，一片片剥开，再置于清水中洗去泥土，即可烹制。百合可放置冰箱保鲜储存。

根茎

荸荠
water chestnut

荸荠有"地下雪梨"之美誉，既可作为水果生吃，又可作蔬菜食用。荸荠是低酸性、低蛋白质的蔬菜，性寒凉，有清内热、生津液、开胃口、润燥热的功效，质地松脆，水分足，口感佳，鲜食、煲汤或煮糖水均适宜。

①外皮：深褐色，料理前必须去除干净。
②顶端：顶端有尖尖的芽点，如果浸在水中，会长出绿色的新芽，可作为观赏盆栽。
③果肉：淡淡的乳黄色果肉，带有清香，生食或煮食皆有一股甜味，果肉变黑或褐了就不能食用。若边缘有黄斑，需削除干净。

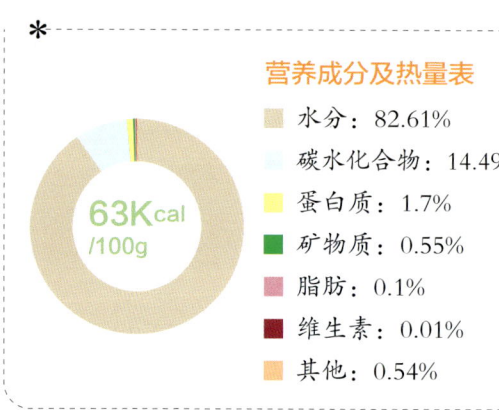

营养成分及热量表
63Kcal /100g
- 水分：82.61%
- 碳水化合物：14.49%
- 蛋白质：1.7%
- 矿物质：0.55%
- 脂肪：0.1%
- 维生素：0.01%
- 其他：0.54%

▶ 荸荠的营养价值

① 荸荠营养丰富，其含磷量是根茎类蔬菜中较高的，能促进人体生长发育和维持生理功能的需要，对牙齿骨骼的发育有很大的好处，特别适宜儿童食用。

② 荸荠中的"荸荠英"抗菌成分，对降低血压也有一定效果。

③ 荸荠质嫩多津，可治疗热病津伤口渴之症，可作为尿路感染患者的食疗佳品。

▶ 处理保存要领

① 荸荠外皮和内部附着较多细菌或寄生虫，不宜生吃，应洗净煮熟后食用。

② 洗净的荸荠带皮煮熟后放在盐水浸泡，冷水漂净后便能快速剥皮。

③ 带皮的荸荠可用纸袋或报纸包好，置于冰箱可保存7~10天。

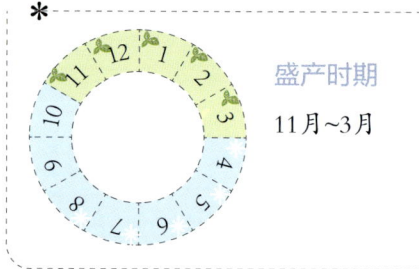

盛产时期
11月~3月

▶ **挑选要领**

1. **看整体**：优质的荸荠以皮薄、肉白，芽粗短，无破损，略带泥土的为好。

2. **看表皮**：表皮一般呈淡紫红色或紫黑色，若表皮呈不正常的鲜红色，不宜购买。

3. **闻气味**：若有刺鼻的味道或异味，最好不要购买，因为可能是被浸泡处理过的。

4. **摸荸荠**：注意有无变质发软腐败，用手挤荸荠的角，若有黄色的汁液，则不宜选购。

~荸荠其他品种~

【菲律宾大马蹄】球茎大，呈椭圆形，肉质香甜爽口，品质佳，主要用于鲜食。

【桂林马蹄】广西桂林市地方品种，球茎扁圆形，皮红褐色，肉白色，糖分较高，肉质爽脆，以鲜食为主。

【杭荠】球茎为扁圆形，表皮为棕红色，皮薄易剥，甜味，适用于加工制作成罐头或直接食用。

【红马蹄】淀粉含量较少，水分含量多，肉质鲜甜，渣少，适合生食或加工。

【广州马水蹄】球茎扁圆形，皮黑褐色，肉白色，淀粉含量高，以熟食和制作淀粉为主。

宜忌

- ☑ 荸荠性寒，对黄疸、痢疾、小儿麻痹、便秘有治疗作用。
- ☑ 荸荠既可清热生津，又可补充营养，最适用于发烧病人。
- ☒ 荸荠属于生冷食物，不适宜小儿消化能力弱、脾胃虚寒、大便溏泄和有血瘀者。此外，老人家吃多了会气急攻心。

荸荠的刀工

荸荠的清洗

扫我看视频！

根茎

竹笋
bamboo shoot

竹笋是中国传统佳肴，味香质脆，食用和栽培历史极为悠久。竹笋味甘微寒，无毒，具有清热化痰、益气和胃功效。竹笋脂肪含量低、低糖、纤维多，可促进肠道蠕动、改善便秘，是肥胖者减肥的佳品。

盛产时期
全年，春冬季节味道最佳

① 竹笋是竹竿的雏形，外形或短粗或瘦长。
② 纵切面可见中部有许多横隔和周围的肥厚笋肉，笋肉又被笋箨包裹着，笋肉、横隔及笋箨的柔嫩部分均可食用。
③ 笋壳：一般以嫩黄色为主，根部偏黄白色，中部到尖部为棕黄色。

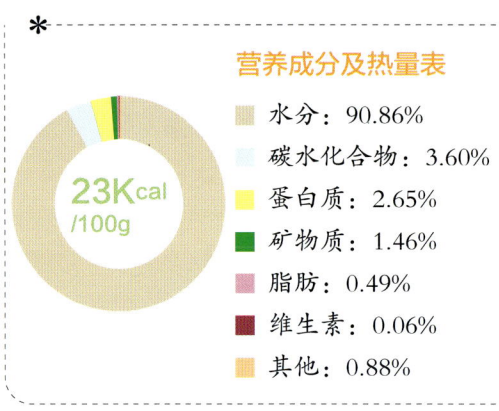

营养成分及热量表
23Kcal /100g
- 水分：90.86%
- 碳水化合物：3.60%
- 蛋白质：2.65%
- 矿物质：1.46%
- 脂肪：0.49%
- 维生素：0.06%
- 其他：0.88%

▶ 竹笋的营养价值

1. 竹笋含有一种白色的含氮物质，构成了竹笋独有的清香，具有开胃、促进消化、增强食欲的作用，可以用于治疗胃胀、消化不良、胃口不佳等病症。

2. 竹笋干寒通利，其含有的植物纤维可以增加肠道水分的贮留量，促进胃肠蠕动，降低肠内压力，其高含量纤维素在肠内可以减少人体对脂肪的吸收，减少与高血脂有关疾病的发病率。

3. 竹笋具有低糖、低脂的特点，富含植物纤维，消痰化瘀滞，可治疗高血压、高血脂、高血糖症，且对消化道癌肿及乳腺癌有一定的预防作用。

4. 竹笋中植物蛋白、维生素含量均很高，有助于增强机体的免疫功能，提高防病、抗病能力。

▶ 处理保存要领

1. 用刀把竹笋从上到下划一刀后剥皮，直至竹笋呈现嫩黄色或嫩绿色，滚刀切成片状即可。

2. 将竹笋轻微煮熟（不能太软），切片冷却后放在冷水中泡着，若第二天还没能吃完，记得换水，可保存好几天。

3. 鲜竹笋也可用盐水泡，泡上8个小时再将其捞起用保鲜膜密封好冷藏即可。

▶ **挑选要领**

① **看颜色**：挑选笋壳深黄色，中到尖部棕黄色而有光泽，表面光洁完整、紧贴笋肉。

② **看形态**：选择笋头扁、笋体弯，这样的嫩者居多，虫蛀、不完整的笋不要选择。

③ **看笋节**：笋头的节要密，笋肉要白，其上的芽眼鲜红色，这样的笋品质好，否则又老又苦。

④ **摸竹笋**：若太湿润，多半已变质，若剥开竹笋发绿，质地像熟了似的，不宜食用。

~竹笋其他品种~

【麻竹笋】外皮没有绒毛，笋皮较粗糙，为淡黄色，口感较粗糙略带苦味。

【桂竹笋】外表光滑没有绒毛，体型笔直，肉质适合用于加工做成笋干类食品。

【毛竹笋】纤维素含量最多的竹笋，食用可防治高血压、肥胖病、糖尿病等疾病，具有一定的保健功效。

【冬笋】夏季孕育，冬季长大挖取的竹笋，外表为嫩黄色，光滑，肉质洁白，幼嫩，营养丰富。

▶ **去除竹笋苦味的小招数**

① 对于鲜竹笋，剥壳切片后，放到锅里煮开15分钟左右，捞起放清水里浸泡，每三四小时换一次清水，笋片比较薄一般一天左右即可食用，厚一点的笋片则可能需要两天时间才能彻底去味。

② 腌渍：将切好的鲜笋或是泡发的干笋，用食盐渍4个小时左右，最好是采用食用粗盐腌渍，腌渍后，倒掉盐水，再用清水冲洗一下，再用清水浸泡，三四个小时换水一次，一般一天左右即可食用。

扫我看视频！

竹笋的刀工　　竹笋的清洗

Lesson 2
[Roots]

菜篮子课程之
——叶菜篇——

叶菜类蔬菜是人体无机盐和维生素的重要来源，尤其是以绿叶蔬菜为代表，含有丰富的维生素C、维生素B_1、维生素B_2、维生素E、胡萝卜素等。其中，菠菜、芹菜、甘蓝等含有丰富的铁质，绿叶菜含有丰富的钙质，大白菜中的锌含量较多。叶菜类蔬菜丰富的膳食纤维和饱含水分的特点，使得其具有很好的促进肠道蠕动的功效。

叶菜

小白菜
pakchoi

小白菜是一种含有多种营养素而脂肪含量低的蔬菜，叶片肥厚，质细脆嫩，含有丰富的膳食纤维，能与食物中的胆固醇结合，进而降低多余的血脂，治疗便秘。其含有的纯植物激素，有助于预防癌症肿瘤、肠道肿瘤或病变症状。

①叶片：依品种不同，有些叶子波浪状，有些平整，颜色有浓绿或金黄等。

②叶柄：叶柄肥厚多汁，白色或绿色。

营养成分及热量表

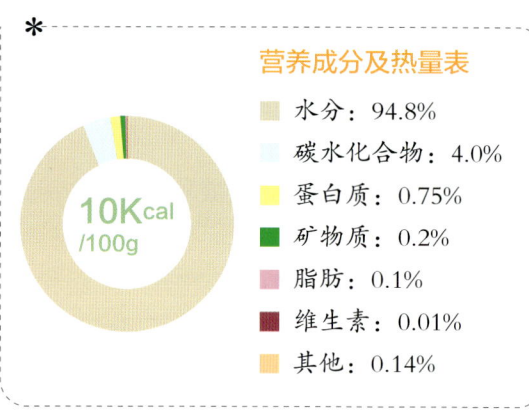

10Kcal /100g

- 水分：94.8%
- 碳水化合物：4.0%
- 蛋白质：0.75%
- 矿物质：0.2%
- 脂肪：0.1%
- 维生素：0.01%
- 其他：0.14%

▶ 小白菜的营养价值

① 小白菜含有丰富的钙、磷，能促进骨骼发育，加速人体新陈代谢，增强机体造血功能。

② 小白菜中丰富的维生素C在体内能形成"透明质酸抑制物"，具有抗癌作用。维生素C具有延缓衰老和使皮肤亮洁的作用。

③ 食用小白菜能改善因火气大而引起的牙龈肿痛、出血等现象，消除体内火气。

▶ 处理保存要领

① 水洗过的小白菜易腐败，应当天食用完。

② 购买未经泡水的小白菜，连外袋也一起放冰箱，可保存约2~3天。

▶ 挑选要领

看整体： 新鲜的小白菜呈绿色、鲜艳而有光泽、无黄叶、无腐烂、无虫蛀现象。注意有无水伤现象。

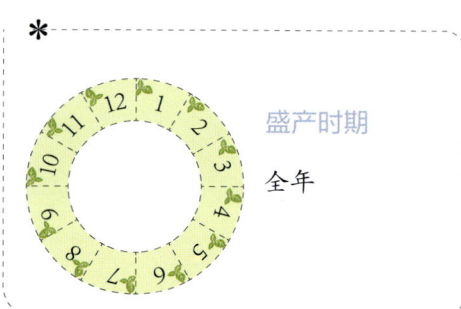

盛产时期 全年

叶菜

包菜
cabbage

包心白菜与高丽菜一样都是属于低热量的蔬菜，是减肥者的最佳食物。包菜是良好的抗癌蔬果，可保护心脏、预防动脉粥样硬化，能降低胆固醇、减轻肝脏的负担。对于糖尿病患者而言，包菜热量低而营养成分多样，适宜食用。

①茎：茎短而不明显，料理前要去除，茎也可用于炖煮高汤。
②内叶：黄白色，纤维少，口感鲜嫩，是主要的食用部分。
③外叶：受到阳光照射的浓绿外叶，非常有营养。

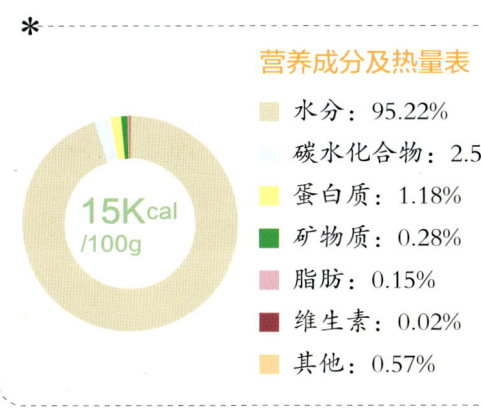

营养成分及热量表
15Kcal/100g
水分：95.22%
碳水化合物：2.58%
蛋白质：1.18%
矿物质：0.28%
脂肪：0.15%
维生素：0.02%
其他：0.57%

▶ 包菜的营养价值

① 维生素B_2、烟酸和锌含量均衡，有助于促进溃疡面愈合，对发烧口渴、口腔溃疡具有食疗功效。

② 多吃白菜可预防乳腺癌，降低胆固醇水平，增加血管弹性，预防某些心血管疾病。

③ 白菜中含有丰富的粗纤维，具有润肠滑道、促进排毒的功效。

▶ 处理保存要领

连同外层的绿叶一起保存，冬天可于室温保存3~7日，冰箱存放约2周左右。

▶ 挑选要领

① **体型**：菜球叶片紧实、饱满的为佳，体型小、畸形的不宜选购。

② **叶片**：外叶翠绿、完整而不枯黄，无水伤腐烂。

盛产时期
11月–5月

叶菜

大白菜
chinese cabbage

大白菜味甘性平，无毒，女性常吃大白菜可以起到很好的护肤养颜的功效，其含有的膳食纤维不但能够润肠，又可促进牙齿成长、骨骼强壮，促进体内排毒，清除内脏积热。大白菜也是属于低热量的蔬菜，是减肥者的优选。

①大白菜菜叶层层包裹在一起形成圆柱形。
②颜色由外至内变化，由绿色变化到白色或淡黄色。

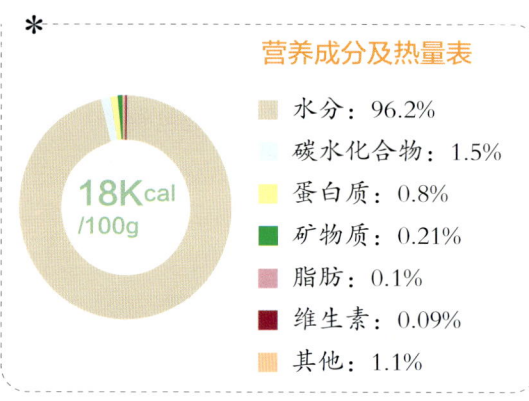

18Kcal/100g

营养成分及热量表
- 水分：96.2%
- 碳水化合物：1.5%
- 蛋白质：0.8%
- 矿物质：0.21%
- 脂肪：0.1%
- 维生素：0.09%
- 其他：1.1%

▶ 大白菜的营养价值

① 大白菜含丰富的粗纤维，能促进肠道蠕动，协助消化，口感香甜清爽，开胃健脾，丰富蛋白质、脂肪、钙磷铁和多种维生素，能补充人体必需营养物质。

② 大白菜含有抗癌防癌的活性成分——吲哚-3甲醇，能够协助体内分解雌激素，可以减少乳腺癌的发生率，其含有的微量元素钼也有防癌抗癌的功效。

③ 大白菜含有丰富的维生素C，有助于防治坏血病，增强机体的免疫能力，保护机体免受自由基的侵害，促进伤口愈合，美化肌肤，对牙龈出血等维生素C缺乏症具有改善作用。白菜也含有丰富的钙质，通过食用白菜能够起到补钙的功效，一杯熟的大白菜汁相当于一杯牛奶的钙含量。

④ 白菜中含有的纤维素和果胶，能有助于人体排出多余的胆固醇，促进排毒。常食白菜，能够清热解毒、利尿通便、养胃生津、除烦解渴，对于感冒发烧、支气管炎、食积、便秘等有治疗作用。

▶ 挑选要领

1. **看颜色**：白色的大白菜口感会甘甜一点，如果是青色的白菜，口味有所不同。

2. **看形状**：选择体型较大的大白菜，则相对其可食用茎叶较多。

3. **看结实度**：选择菜球结实紧密，没有斑点、压碰撞伤、腐烂的大白菜。

4. **看手感**：选择拿在手上较沉的大白菜，水分比较充足，口感更甘甜。

5. **看茎叶**：注意观察茎叶是否饱满、有无腐烂。

▶ 处理保存要领

1. 料理前清洗大白菜，应该将叶片一片片剥下来洗干净。因为其最初生长时不是包卷着的，而是散开着的，会有很多灰尘、寄生虫、虫卵，甚至是一些枯枝叶进去。

2. 种植大白菜过程中，农药使用次数较多，农药容易附着在白菜粗糙的表面，清洗浸泡尤为重要。可以用盐水浸泡叶子，去除杂质和残留的农药。

3. 大白菜保存可以用报纸包裹好，放在阴凉处，可保存一个星期。如果用报纸包裹后用塑料袋密封好放置冰箱，冷藏可保存约两个星期。

4. 大白菜属于寒性蔬菜，因此，体质较虚寒者可在烹调时加入生姜爆香去寒。

盛产时期

11月-5月

宜忌

- ☑ 一般人群均可食用。
- ☑ 肺热咳嗽、便秘者适宜食用。
- ☑ 女性吃大白菜有很好的护肤和养颜效益，其中的纤维素不但能够润肠，又可促进牙齿成长、骨骼强壮，并帮助体内排毒，促进内脏阳气的代谢功能。
- ☑ 老年人体质寒热、经常咳嗽的患者，平日要多食用大白菜，有助于消化，改善肠胃胀满。可治疗干渴、津液不足的病症。
- ☒ 胃寒腹痛、脾胃虚弱、大便溏泄、气虚胃寒者不宜食用。

~大白菜其他品种~

【漳浦白菜】原产于中国福建省漳浦地区,适合生食作沙拉。

【天津白菜】长条形,纤维粗,口感硬,可以炒食、煮食或腌渍泡菜。

【翠玉白菜】原产于中国河北省,外形长,适合炒、勾芡、火锅等料理。

【北京青白】叶子为青绿色,叶肉厚,组织紧密,韧性大,不容易损伤,耐储存。

【玉丰白菜】包被,倒卵球形,浓绿菜色,无茸毛,品质脆嫩、紧实。

【玉田包尖白菜】白菜呈圆锥状,耐贮存,口感鲜嫩甜脆,清心爽口,具有解酒、去油腻的功效。

【娃娃菜】原产于中国华北地区的迷你型结球白菜,主要用来作沙拉、铁板烧用。

【凤珍白菜】株形半开半立,叶身嫩黄绿色,叶面稍皱缩,叶缘稍有波浪起伏,叶柄水白色,稍有叶翼延伸。

【翠阳白菜】包头倒锥球形,球心柱短,叶色浓绿叶厚,平滑无毛。

【花心白菜】半结球白菜,外叶为黄绿色,中心为黄白色,叶柄肉厚,叶部幼嫩,适合炒食、煮食或腌渍泡菜。

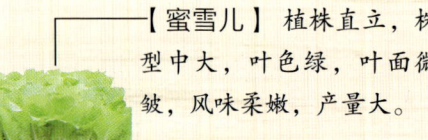
【蜜雪儿】植株直立,株型中大,叶色绿,叶面微皱,风味柔嫩,产量大。

~大白菜其他品种~

【胶州大白菜】 胶州大白菜是中国山东省胶州市的特产之一,俗称胶白,原产于胶州市胶城一带,栽培历史悠久,味道香甜,纤维细。

【绿莺白菜】 属于青梗白菜,叶形中椭圆,青绿色,叶面平滑,叶柄肥厚青绿色,束腰型美。

【水白菜】 水白菜是日本流行的新型蔬菜之一,植株直立,分蘖性强,叶子浅绿色,裂形叶子,茎白色细嫩。

【白梗白菜】 体型似小白菜,叶色浓绿,叶柄中占有相当大的面积是纯白色的,叶肉厚而柔软,适合水煮或腌渍等。

▶ 知识小专栏

① 大白菜最外层的大叶片,可用来做"白菜卷"等料理,里面的叶片适合用来炒食或凉拌,最中间的软嫩的白菜芯则适合用来做成沙拉等生食料理。

② 大白菜本身没有什么特殊的味道,适合与其他食材搭配,叶菜容易煮软,一次可以食用很多,因此,可以使人轻松摄取大量的食物纤维。

③ 大白菜性味甘平,入胃、大肠经,可清除内脏积热,滋润肠胃蠕动。

④ 大白菜可醒酒、清理废气、疏导肺脏、流通气血,对于经常喝酒、有逆胃情况的人,食用大白菜可以将体内的湿气消除掉,简单解酒而醒脑。

扫我看视频!

大白菜的刀工　大白菜的清洗

叶菜

菠菜
spinach

菠菜的主要食用部位为叶片及嫩茎，主根发达，肉质根红色，柔滑容易入口，适宜老年人、幼童、虚弱久病的人食用。对于工作中常用脑和爱美的女性都适宜常吃菠菜，有助于延缓老化、养颜、增强活力。

①菠菜根圆锥状，带红色，较少为白色，茎直立，中空，脆弱多汁，不分枝或少数分枝。
②叶戟形至卵形，鲜绿色，柔嫩多汁，稍有光泽，全缘或有少数牙齿状裂片。

营养成分及热量表

16Kcal/100g

- 水分：93.4%
- 碳水化合物：2.87%
- 蛋白质：2.04%
- 矿物质：0.74%
- 脂肪：0.35%
- 维生素：0.02%
- 其他：0.58%

▶ 处理保存要领

1. 菠菜叶子柔软易烂，采收时的清洗或挤压等均会造成水伤，缩短保存时间，因此，选购的时候应尽量以当日食用量为准。
2. 需要保存时，可用牛皮纸或干净的塑料袋包起来，放置冰箱冷藏，并于1~3天内食用完。

▶ 菠菜的营养价值

1. 菠菜富含铁质，对缺铁性贫血有较好的辅助治疗作用，有补血、止血效用；叶酸可以改善贫血；胡萝卜素则有延缓细胞老化、保护眼睛的作用。
2. 菠菜还含有类胰岛素的物质，能保持血糖的稳定，丰富的粗纤维也有利于排便和协助消化。
3. 菠菜的蛋白质含量高于其他蔬菜，维生素K含量在叶菜类中最高（多含于根部），能用于鼻出血、肠出血的辅助治疗。

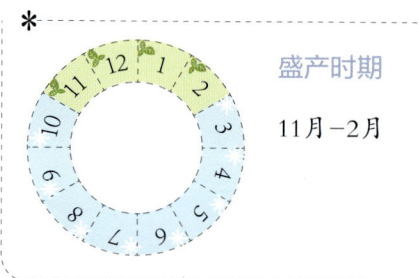

盛产时期
11月—2月

▶ 挑选要领

① **看光泽**：选购菠菜时，看其是否色泽浓绿，根部是否为红色。

② **看颜色**：菠菜叶子出现局部暗黄变色等现象，不要选购。

③ **看茎叶**：娇嫩的菠菜表现为茎叶不老、无抽薹开花等。

④ **看肥厚**：选购叶子厚度较大的菠菜，用手托住根部能够伸张开来的菠菜较好。

~菠菜其他品种~

【荷兰菠菜K4】荷兰进口的优良菠菜品种，叶片颜色亮绿，戟形状的叶子，叶柄长，直立。

【全能菠菜】全能菠菜耐寒性能较强，比一般品种生长快，叶片肥厚，颜色浓绿。

【夏翠菠菜】叶簇较直立，叶片肥厚且大，叶柄比较长，纤维较少，品质佳。

【圆叶菠菜】叶片为卵圆形，肥厚皱缩，含有丰富的蛋白质和粗纤维。

【尖叶菠菜】叶片为尖头形，表面光滑，叶肉较薄，水分少，耐寒性强。

【日本超能菠菜】叶片肥厚且纤维含量少，品质佳，叶柄短，叶片呈阔箭形。

误区

⚠ 菠菜所含的矿物质主要是钙质和铁质，尤其在其根部含量较高，因此，一般认为，菠菜不能与豆腐一起食用，因为菠菜含有大量的草酸，而豆腐含有钙离子，一旦菠菜和豆腐里的钙质结合，就会引起结石，还影响钙的吸收。

扫我看视频！

菠菜的刀工

菠菜的清洗

叶菜

空心菜
water spinach

空心菜茎圆柱形，节间中空，口感脆嫩。空心菜性寒味甘，含有丰富的钙、水分和纤维素，具有清热凉血、利尿除湿等功效。其含有的叶绿素有助于洁净牙齿、清新口气，滋润肤质。常吃空心菜还能改善流鼻血、跌打瘀伤的现象。

① 茎圆柱形，有节，节间中空，节上生根，无毛。
② 叶片形状、大小有变化，卵形、长卵形、长卵状披针形或披针形，顶端锐尖或渐尖，具小短尖头。
③ 根：靠近根约5~10厘米的部分纤维较粗糙可切掉。

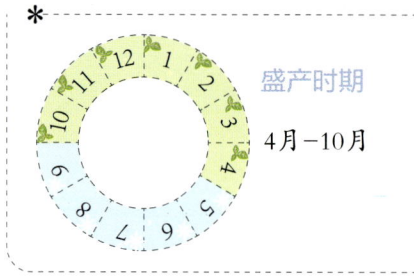

盛产时期
4月-10月

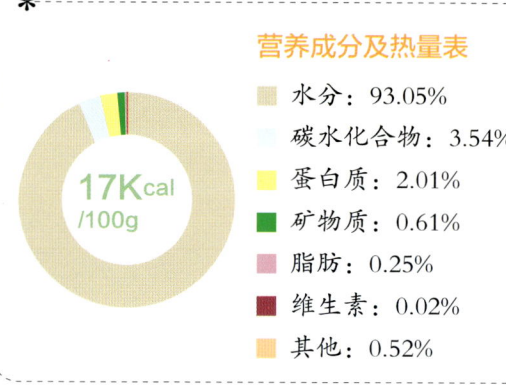

营养成分及热量表
17Kcal/100g

- 水分：93.05%
- 碳水化合物：3.54%
- 蛋白质：2.01%
- 矿物质：0.61%
- 脂肪：0.25%
- 维生素：0.02%
- 其他：0.52%

▶ 空心菜的营养价值

1. 空心菜是碱性食物，并含有钾、氯等调节水液平衡的元素，食用后可降低肠道的酸度，预防肠道内的菌群失调，对防癌有益。

2. 空心菜所含的烟酸、维生素C等能降低胆固醇、甘油三酯，具有降脂减肥的功效。空心菜中的叶绿素有"绿色精灵"之称，可洁齿防龋、除口臭，健美皮肤。

3. 空心菜的粗纤维的含量较丰富，这种食用纤维是纤维素、半纤维素、木质素、胶浆及果胶等组成，具有促进肠道蠕动、通便解毒作用。

4. 空心菜性凉，菜汁对金黄色葡萄球菌、链球菌等有抑制作用，可预防感染，夏季食用还可以防暑解热、凉血排毒、防治痢疾。

▶ 挑选要领

① **完整**：选购空心菜时，最好挑选茎叶比较完整、新鲜细嫩、不长须根的。

② **斑点**：挑选无黄斑、茎部不太长、叶子宽大新鲜的为宜。

~空心菜其他品种~

【柳叶空心菜】茎绿白色，叶片呈柳叶状，叶深绿色，品质柔软，纤维少，生长迅速，味道鲜味。

【竹叶空心菜】是泰国引进的品种，叶片竹叶形，青绿色，梗为绿白色，茎中空、粗壮，向上倾斜生长，嫩枝质脆，品质优良。

【吉安蕹菜】叶片为绿色，呈心脏形状，叶柄微绿色，中空有节，质地柔嫩，纤维少，口感佳。

【泰国空心菜】叶片为大尖叶，叶面平滑，呈嫩绿色，茎中空有节，质地柔嫩，纤维少，品质佳。

【青梗子蕹菜】湖南省的地方品种，叶片为戟形，叶面平滑，呈绿色，茎为浅绿色，质地柔软而薄。

▶ 处理保存要领

① 空心菜尽量当天食用完，避免存放。

② 保存时要先让菜叶松开以免内部腐烂，再用干净的袋子或牛皮纸包起来，放在冰箱于1~2天食用完。

▶ 空心菜食用小常识

空心菜买回来后，很容易失水，从而变得发软、枯萎、颜色暗淡，炒菜前将其放在清水中浸泡半小时，就可以恢复鲜嫩、翠绿的质感。

扫我看视频！

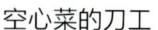

空心菜的刀工　　空心菜的清洗

叶菜
甘蓝菜
kale

甘蓝菜清甜美味，适合炒食、煮汤、腌制泡菜等。甘蓝菜是营养之王，含各种有保护作用的化合物，经常食用甘蓝菜对于轻微的胃溃疡、十二指肠溃疡具有疗愈功效。甘蓝菜热量低、具有抗氧化的医疗作用，是健胃和轻易减重的营养食品。

①茎：短而粗的梗，料理前需去除，梗的切口处变黄或变黑都是不新鲜的蔬菜。

②外叶：深绿色或深紫色外叶，叶大而厚，营养丰富。

③甘蓝菜的主茎粗短，于外叶长约10片左右，心叶开始由内向外生出，互相卷抱形成叶球状，天气越凉冷叶球越紧抱成扁圆形。

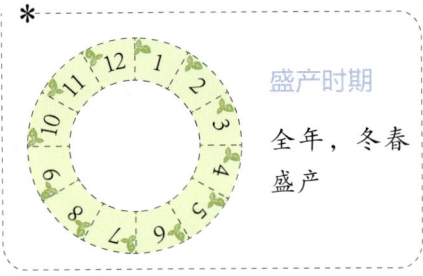

盛产时期

全年，冬春盛产

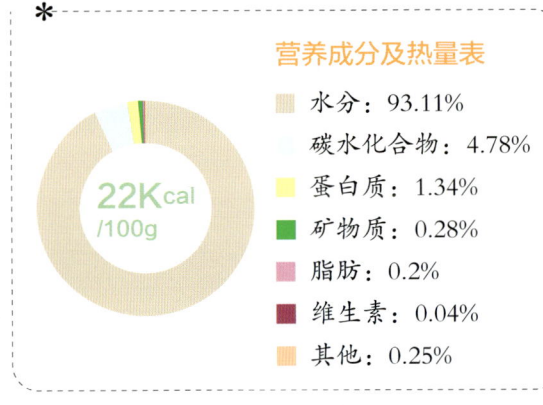

营养成分及热量表

22Kcal/100g

- 水分：93.11%
- 碳水化合物：4.78%
- 蛋白质：1.34%
- 矿物质：0.28%
- 脂肪：0.2%
- 维生素：0.04%
- 其他：0.25%

▶ 甘蓝菜的营养价值

1. 甘蓝能提供一定数量的抗氧化剂——维生素E与维生素A前身物质，这些抗氧化成分能保护身体免受自由基的损伤，有助于细胞的更新。

2. 甘蓝含有丰富的硫元素，对各种皮肤瘙痒、湿疹等具有一定疗效。

3. 甘蓝类蔬菜中含有的色氨酸，能够镇静神经，其含有的微量元素硒，也具有提高情绪的作用。

4. 甘蓝类蔬菜同药物一样能够减轻关节疼痛症状，并且能够防治感冒引起的喉咙疼痛。

5. 甘蓝糖分较低，能够稳定血糖水平，并且具有饱腹感，食用甘蓝菜能够达到饮食减肥的目的。此外，其含有的铁元素能够提高血液中氧气的含量，有助于机体对脂肪的燃烧，从而对于减肥人群大有裨益。

▶ 挑选要领

1. **优良甘蓝**：叶球干爽，鲜嫩，有光泽，结球紧实、均匀、不破裂，不抽薹，没有机械损伤，球面干净，没有病虫害，没有枯烂叶。

2. **次质甘蓝**：结球不紧实，不新鲜，外包叶变黄或有少量虫咬叶。

3. **劣质甘蓝**：叶球焊裂或抽薹，外包叶腐烂，病虫害严重。

宜忌

- ☑ 一般人群均可食用。
- ☑ 甘蓝热量低，糖分低，适宜减重人士食用。
- ☑ 甘蓝含有维生素K，骨折、妇女、老人应多吃甘蓝菜，骨骼更加密实。
- ☑ 肠溃疡的早期患者适宜多食用甘蓝，甘蓝具有止痛、促进愈合的作用。
- ☑ 甘蓝菜含有叶黄素，可有效防止视网膜黄斑退化，视力不佳的老人适宜多食用。
- ☑ 对于常喝酒的人，有修复体内受伤组织的功能。
- ☑ 经常食用甘蓝菜对轻微的胃溃疡和十二指肠溃疡具有痊愈功效，能够减轻胃痛、关节损伤。
- ☑ 甘蓝菜种子更可使人安眠和预防老人痴呆症。
- ☒ 生甘蓝菜含能降低甲状腺功能的化合物，甲状腺病患者若常吃生甘蓝菜，请咨询医生。

▶ 处理保存要领

1. 清洗甘蓝菜时，应该先去除外叶，再将每片叶片分别剥开，浸泡数分钟后，以流水仔细冲洗。
2. 如果保留甘蓝菜的绿色外叶，用干净的纸箱或纸袋装好，室温可保存7~21天。
3. 切开后的甘蓝菜容易脱水，夏秋季节天气炎热，因此，需要用保鲜膜或干净的塑胶袋包好冷藏。
4. 如果将甘蓝菜中间的菜心切除，然后用湿纸巾将菜叶包紧放入冰箱冷藏，只要能尽可能维持纸巾的湿度，菜叶就能较长时间保持清脆新鲜的状态。
5. 甘蓝做法多样，营养价值很高，可以烹炒、汤食、做馅、炝拌、榨汁等。

~甘蓝菜其他品种~

【翠峰甘蓝】呈桃形,外叶少,中肋明显,结球紧实,品质嫩甜。

【抱子甘蓝】主茎较大,环生粒状小甘蓝,每株最多可达百粒,结实坚硬,可做观赏或炒食。

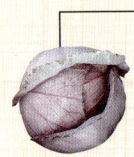
【辉峰甘蓝】大球形,厚扁球形,球色鲜绿,中肋稍细,丰正紧实,品质柔嫩。

【鸡心甘蓝】外叶少、叶片为卵圆形,深绿色,叶球尖头,紧实,味甜多汁。

【高山甘蓝菜】因地处山区气温比较冷,甘蓝菜的尾端较尖,叶子深绿,口感清脆香甜。

【青玉甘蓝】圆球形甘蓝,叶球高圆形,鲜绿有光泽,口感甜糯,外叶直立,开展度中等。

【纯英甘蓝】大桃形,结球期自然尖球,秋色绿,半直立,蜡粉较多,中肋细,球微松,品质柔嫩。

【皱叶甘蓝】叶子的叶脉如皱稠状,叶表面积大,质地细嫩、柔嫩,口感佳,更适合生吃。

【绿秋甘蓝】中大扁球形,叶灰绿色,蜡粉多,品质柔嫩。

【夏秋甘蓝】株形较大,叶色浓绿,厚扁球形,中肋细,紧实,品质脆甜。

【高峰甘蓝】平地扁球形,高冷地尖球形,紧实,球色鲜艳美好,品质脆嫩甜美。

~甘蓝菜其他品种~

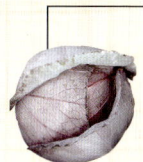

【紫峰甘蓝】 红甘蓝，小圆球形，株形中大，半立性，叶紫色，蜡粉多，球紫红色，紧密结实，专作沙拉和配色用。

【顶峰甘蓝】 株形中矮半开展，叶深绿色，蜡粉多，中大厚扁球形，中肋细，紧实，品质柔嫩。

【羽衣甘蓝】 茎短缩，密生叶片，叶片肥厚，倒卵形，被有蜡粉，深度波状皱褶，呈鸟羽状，可供盆栽观赏和食用。

【紫甘蓝】 外叶和叶球都呈紫红色，叶球紧实、近圆形或圆球形，叶面有蜡粉，叶面光滑，一般作为生菜沙拉配色蔬菜食用。

▶ 知识小专栏

① 甘蓝菜有抗氧化的医疗作用，可增强体内免疫力，减少癌症和心脏病发生的情况，是非常有益身体健康的蔬菜。

② 甘蓝菜性味甘、平，具有抗氧化、健胃功效，也能改善脂肪肝，加速蛋白质的代谢作用。

③ 甘蓝菜富含多种维生素，有抗溃疡因子，能治疗胃和十二指肠溃疡。

④ 甘蓝菜清甜美味，适合炒食、煮汤、生菜、腌制泡菜等，营养价值高，成分中含有多种氨基酸、胡萝卜素和维生素C、E等。

⑤ 甘蓝菜含有丰富的维生素K和纤维素，热量低，是健胃和轻易减重的营养食品。

⑥ 水煮甘蓝菜对血压、胆固醇的降低都具有超强的疗效，钙质含量丰富，能强壮筋骨，尤其对于预防感冒、消除疲劳也都有一定的成效。

⑦ 甘蓝菜的种子可使人安眠和预防老年痴呆症。

⑧ 经常食用甘蓝菜可以改善肝脏功能，促进解毒，预防肝癌以及消化道癌症。

⑨ 对于经常喝酒的人，食用甘蓝菜还能有效修复体内受伤的组织，具有很好的修复功效。也具有改善脂肪肝的作用。

叶菜

甘薯叶
sweet potato vine

甘薯叶是一种优质、营养成分丰富、无污染的绿色蔬菜，我们一般食用的是秋天红薯成熟后长在茎顶端的嫩叶。甘薯叶热量低，富含胡萝卜素、黄酮类化合物，有助于改善眼睛干燥，保护视力，促进乳汁分泌。

①叶柄：叶柄长而明显，纤维多，可食用。
②叶片：颜色翠绿有光泽，地瓜叶的叶片薄而软。

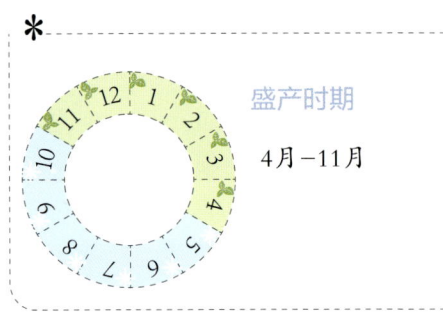

盛产时期 4月-11月

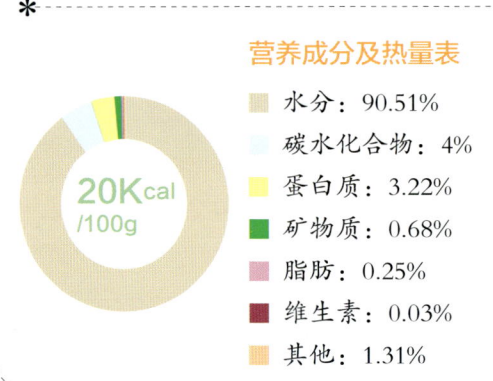

营养成分及热量表

20Kcal/100g

- 水分：90.51%
- 碳水化合物：4%
- 蛋白质：3.22%
- 矿物质：0.68%
- 脂肪：0.25%
- 维生素：0.03%
- 其他：1.31%

▶ 甘薯叶的营养价值

1. 在14种营养成分中，蛋白质、脂肪、热量、纤维素、碳水化合物、钙铁磷、胡萝卜素及维生素C、B_1、B_2、B_3等13项，甘薯叶均居首位。

2. 甘薯叶中有丰富的粘液蛋白，具有提高人体免疫力，促进新陈代谢的作用，常食用有助于延缓衰老。

3. 甘薯叶含丰富叶绿素，能净化血液，促进肠胃蠕动，预防便秘和痔疮。

4. 甘薯叶含比一般蔬菜高5~10倍的抗氧化物，能预防感冒、细胞癌变。

5. 甘薯叶富含钾，有助于控制血压，预防高血压。富含植固醇，可达到与荷尔蒙类似的调节身体机能的功效。

6. 甘薯叶富含黄酮类化合物等物质，能促进乳汁分泌，丰富的维生素A对眼睛具有保护作用。

▶ 挑选要领

叶子鲜绿，切口处没有干瘪或有太多黄叶，嫩芽的地方没有变成黑褐色，就是新鲜的甘薯叶。

▶ 处理保存要领

① 甘薯叶并不是耐贮存的蔬菜，能当天食用的最好是当天食用完。

② 购买后的甘薯叶在保存前先去除捆绑的橡皮筋，让菜叶松开以免内部腐烂，再用干净的袋子或牛皮纸包起来放冰箱，应在2~3天食用完，以免叶子变黄失去新鲜。

~甘薯叶其他品种~

【湘薯18号】叶片绿色而叶脉为绿色带有浅紫色，茎为绿色。

【鲁薯7号】薯叶为心脏形，叶片为绿色，茎绿色带紫色。

【福薯18】叶柄较短，也和嫩梢均无绒毛，口感嫩滑，无苦涩味。

【叶用甘薯】质地较为柔软，清香可口，颜色鲜亮，可在烹炒时加入蒜泥或蒜末以增加香味。

① 甘薯叶的营养非常丰富，叶子翠绿鲜嫩、爽口，大部分营养含量高。

② 甘薯芽苗营养丰富，每100克甘薯秧蔓顶端的10~15厘米及嫩叶、叶柄合称为茎类。

③ 甘薯尖富含蛋白质、胡萝卜素、维生素、铁、钙等营养素。

适用人群与禁忌

☑ 一般人均可食用。

☒ 肠胃消化能力不佳者、肾病患者都不宜过多食用。

扫我看视频！

甘薯叶的刀工

甘薯叶的清洗

叶菜

油菜
cole rape

油菜营养丰富，为低脂肪蔬菜，具有活血化瘀、散血消肿功效。油菜含有丰富的钙质，尤其适宜慢性口腔溃疡、牙龈经常出血的幼童食用。油菜成熟后的种子还可以榨油——菜籽油，而油菜花盛开之时也是一道亮丽的风景线。

①叶柄：叶柄淡绿色，肥厚多汁口感脆。
②叶片：叶片为深绿色，表面光滑有光泽。

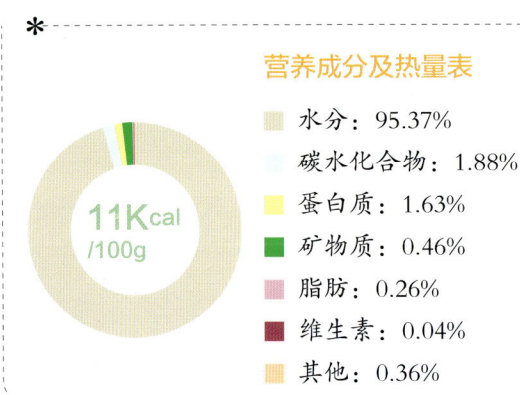

营养成分及热量表
- 水分：95.37%
- 碳水化合物：1.88%
- 蛋白质：1.63%
- 矿物质：0.46%
- 脂肪：0.26%
- 维生素：0.04%
- 其他：0.36%

11Kcal /100g

▶ 油菜的营养价值

1. 油菜中含有的维生素C、胡萝卜素是人体黏膜及上皮组织维持生长的重要营养物质，具有美容作用。

2. 丰富的β-胡萝卜素，进入人体后转换成维生素A，有保护视力的作用。

3. 油菜为低脂肪蔬菜，含有膳食纤维，能与胆酸盐和食物中的胆固醇及甘油三酯结合，并从粪便中排出，减少脂类的吸收，可用于降血脂。

4. 油菜中所含的植物激素，能促进酶的形成，对进入人体内的致癌物质有吸附排斥作用，故有防癌功能。还具有促进血液循环、增强肝脏的排毒机制，对皮肤疮疖、乳痈有治疗作用。

▶ 处理保存要领

1. 油菜的叶子厚实，比其他的叶菜耐贮存，新鲜且未泡水的油菜，使用牛皮纸或干净的袋子包好，放进冰箱可保存约3~5天。

2. 如果购买时，油菜表面潮湿，则是泡过或水洗过的，需要当天使用完。

▶ 挑选要领

1. **掐掐**：挑选叶片直挺、油亮无虫、无黄叶的嫩油菜，两指轻轻一掐即断者为佳。

2. **看看**：油菜多以捆绑或袋装方式贩卖，外观有水伤或黄叶太多的都是不新鲜的。

~油菜其他品种~

【合肥小叶菜】含水量少，纤维少，质地脆嫩，适用于腌渍。

【南京矮脚黄】叶片近圆形，翠绿色，叶柄较短，为白玉色，质地脆嫩多汁。

【青抗一号】叶片为椭圆形，叶片绿而肥厚，叶柄扁凹呈匙形，绿白色。

【上海四月慢】叶片为卵圆形，平滑肥厚，深绿色，叶柄微绿玉色，粗纤维少，口感好。

【白菜型】分为南方油白菜和北方小油菜。北方小油菜叶形椭圆，有明显的琴状裂片，且刺毛多，被有一层薄蜡粉；南方油白菜外形很像普通小白菜，相对北方小油菜，绝大多数不具蜡粉。

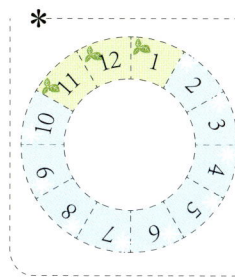

盛产时期
11月-1月

宜忌

- ❌ 吃剩的熟油菜过夜后就不要再吃了，性寒凉易伤脾胃，以免造成亚硝酸盐沉积，易引发癌症。
- ❌ 瘀痘、孕早期妇女、目疾患者、小儿麻疹后期、疥疮、狐臭等慢性病患者要少食。
- ✅ 油菜含有的钙量是绿叶蔬菜中含量最高的品种，尤其适宜慢性口腔溃肠、牙龈经常出血的幼童食用。
- ✅ 油菜中丰富的维生素C、胡萝卜素、钙质，也是孕妇和成长期儿童最佳的营养蔬菜。

叶菜

芥菜
leaf mustard

芥菜是中国著名的特产蔬菜，含有大量的抗坏血酸，是活性极强的还原性物质，能增进大脑中氧分的含量，可激发大脑对氧的吸收，快速解除脑部疲劳，是需要长期对着电脑的工作者的食疗佳品。

①叶柄：淡绿色肥厚，口感脆嫩。
②叶片：深绿色，表面多皱褶。

营养成分及热量表
- 水分：93.25%
- 碳水化合物：3.6%
- 蛋白质：1.51%
- 矿物质：0.47%
- 脂肪：0.17%
- 维生素：0.04%
- 其他：0.96%

16Kcal/100g

▶ 芥菜的营养价值

① 芥菜含有维生素A、B、C、D，有提神醒脑之效，其含大量的抗坏血酸，参与机体重要的氧化还原过程，具有提神醒脑、解除疲劳的作用。

② 芥菜有解毒消肿之功，能抗感染和预防疾病的发生，抑制细菌毒素的毒性，促进伤口愈合。腌制后具有特殊香味和鲜味，能促进胃肠消化功能，增进食欲。

③ 芥菜组织较粗硬，含有胡萝卜素和大量食用纤维素，有明目与宽肠通便的作用。

④ 芥菜具有治疗头痛、缓解感冒的功效。

⑤ 芥菜热量低，膳食纤维含量丰富，能促进肠胃蠕动，改善肠道环境，降低胆固醇。

▶ 处理保存要领

① 使用牛皮纸或干净的袋子包好，放进冰箱约可保存5~7天。

② 包心芥菜因已去除叶子的部分可保鲜较久，包好后放进冰箱约可保存7~10天。

③ 如果芥菜底部有损伤，建议不要清洗，以免受到细菌感染，应直接冷藏保存，在食用时再冲洗。

▶ 挑选要领

① **炒食用**：选购食用叶片的芥菜，要挑选叶片完整有光泽，不要软榻或枯黄。

② **炖汤用**：选购炖汤用的包心芥菜，要选择叶柄新鲜肥厚饱满的。

食用窍门

芥菜焯水和炒的时间不要太长，则可以保持翠绿和嫩甜。

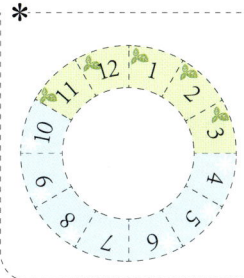

盛产时期

11月-3月

~芥菜其他品种~

【金丝芥菜】叶片无缺刻，鲜绿色，叶柄浅绿色，细长，炒食有特殊清香味。

【皱叶芥菜】叶片具有大裂片或狭长裂片，边缘具有尖齿或缺刻成皱缩状，带有粉霜，有辣味。

【包心芥菜】株形大，叶柄肥短扁阔，叶身较短，结球紧实，肉质柔软肥嫩，无纤维，炒食、加工均可。

【雪里蕻】叶绿色，倒卵形，叶缘有大小锯齿，叶面光滑，无蜡粉和刺毛，叶柄浅绿色。

适用人群与禁忌

- ☑ 一般人均可食用。
- ☑ 尤其适合老年人、习惯性便秘者、食欲不振者、眼科患者食用。
- ☒ 热性咳嗽患者、疮疖目疾、痔疮、便血及内热偏盛者不宜食用芥菜，高血压、血管硬化者也应少食为妙。

芥菜的刀工

芥菜的清洗

扫我看视频！

叶菜

芥蓝菜
cabbage mustard

芥蓝的菜苔柔嫩鲜脆、清甜味鲜，以肥嫩的花苔和嫩叶食用。芥蓝富含脂溶性维生素A、蛋白质且容易消化，小孩老人均适宜食用。其低草酸、高钙特质使得人体更易吸收钙质，其中的维生素B6和叶酸，有助于发育期儿童和青少年骨骼中胶原蛋白的形成。

① 茎：茎直立，有分枝，茎不要太粗，粗大的茎前端的纤维通常会较粗老。
② 叶柄：叶柄与茎部具有相同质感，其叶柄较一般蔬菜来得粗硬些。
③ 茎上部叶长圆形，顶端圆钝，不裂，边缘有粗齿。

营养成分及热量表

18Kcal /100g

- 水分：93.16%
- 碳水化合物：3.27%
- 蛋白质：2.12%
- 矿物质：0.57%
- 脂肪：0.37%
- 维生素：0.08%
- 其他：0.43%

▶ 芥蓝菜的营养价值

1. 芥蓝菜有一定的苦味，能刺激人的味觉神经，增进食欲，还可加快胃肠蠕动，有助于消化。
2. 芥蓝中的金鸡纳霜，能抑制过度兴奋的体温中枢，消暑解热。
3. 芥蓝还含有大量膳食纤维，具有防止便秘、降低胆固醇、软化血管、预防心脏病等功效。
4. 芥蓝能润肠祛热气、清心明目，对肠胃热重、熬夜失眠、虚火上升、牙龈肿胀出血等也有辅助治疗效果。

▶ 处理保存要领

1. 芥蓝并不是耐贮存的蔬菜，叶片很容易黄化，采购时以当日食用为原则。
2. 芥蓝保存前先去除捆绑的橡皮筋，让蔬菜松开，再用干净的袋子或牛皮纸包起来放进冰箱，并于2~3天内食用完毕。

盛产时期 11月-4月

▶ **挑选要领**

新鲜的芥蓝叶片和茎会有一层粉质的光泽，叶片颜色浓绿直挺，有生气，没有萎烂或枯黄。

~芥蓝菜其他品种~

【幼叶早芥蓝】为广州农家品种，叶片卵圆形，深蓝绿色，叶面平滑，多蜡粉，质地爽脆。

【柳叶早芥蓝】广州引进的品种，叶片长卵形，灰绿色，品质细嫩而脆。

【登峰芥蓝】叶片薄而叶肉肥厚，质地脆嫩多汁，很受欢迎。

【佛山中迟芥蓝】叶片为椭圆形，叶面平滑，纤维少，质地脆嫩。

【红脚芥蓝】属于潮汕芥蓝的优质品种，茎根脚处为红色，口感脆甜香软，品质佳。

【"客村铜壳叶"芥蓝】叶片为近圆形，薄而蜡粉少，叶面皱缩，质地细嫩，口感好。

【"三员里迟花"芥蓝】茎较粗壮，叶片近圆形，叶面平滑而蜡粉少，质地脆嫩，风味佳。

【抗热芥蓝】叶片较宽，为卵圆形，灰绿色，属于广州的引进品种。

▶ **去除芥蓝苦味的小招数**

① 用少许盐水焯水一下，炒的时候再放点白糖，则一点都不苦。
② 把水煮开后加上一点米酒，这样既能去除芥蓝的苦涩味，又能提高芥蓝本身的翠绿和香味，加了酒的芥蓝还能使其吃起来的时候更加爽口香甜。
③ 煮芥蓝菜的时候稍微加上一点点糖，也可以减少芥蓝的苦味，而且可以提高芥蓝的香甜味。

叶菜

茼蒿
Crown daisy

茼蒿有蒿之清气、菊之甘香，是一种高价营养的鲜美绿叶蔬菜，适合与姜丝清炒，或汆烫，也可与鲜鱼、肉丸等做成火锅料理。茼蒿的特殊气味，能够促进食欲、理中气、消积开胃，具有安定心宁、滋养脾胃、肠胃的功效。

①茎：茎短而不明显，切开时会渗出白色的乳汁。
②叶片：鲜绿完整而无烂叶，具有淡淡的香气，柔软带有丝绒般的光泽。

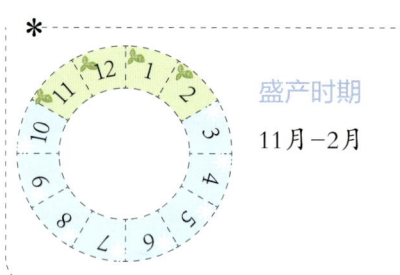

盛产时期
11月－2月

营养成分及热量表

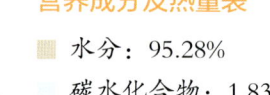

11Kcal/100g

- 水分：95.28%
- 碳水化合物：1.83%
- 蛋白质：1.56%
- 矿物质：0.48
- 脂肪：0.35%
- 维生素：0.01%
- 其他：0.49%

▶ 茼蒿的营养价值

1. 茼蒿营养丰富，除了含有维生素A、维生素C之外，胡萝卜素的含量比菠菜高，并含有丰富的钙、铁，被称为铁钙的补充剂。

2. 茼蒿含有丰富的维生素、胡萝卜素及多种氨基酸，具有养心安神、润肺补肝、防止记忆力减退的功效。

3. 茼蒿特有的挥发油香味，有助于宽中理气，消食开胃，消痰开郁。其所含的粗纤维有助于肠道蠕动，达到通腑利肠的目的。

4. 茼蒿中含多种氨基酸、脂肪及较高含量的钠、钾等矿物盐，能调节体内水液代谢，通利小便，消除水肿。

5. 茼蒿与葱白、豆腐一起煮汤，能有效驱寒，摆脱虚冷。

▶ **挑选要领**

① **粗细**：茼蒿多用于火锅和拌菜，为使叶子和茎秆都能均匀煮熟，最好挑选茎秆粗细适中的。粗茎而又中空的茼蒿大多生长过度，叶子又厚又硬，不宜选购。

② **叶色**：新鲜茼蒿通体呈深绿色，叶子发黄、叶尖开始枯萎乃至发黑收缩的茼蒿，茎秆或切口变褐色的表明放置时间太久了，但切口有一点黄是正常的。

▶ **处理保存要领**

① 茼蒿中的芳香精油遇热易挥发，这样会减弱茼蒿的健胃作用，所以烹调时应注意旺火快炒。

② 汆烫或凉拌有利于胃肠功能不好的人。

③ 购买叶片干爽无水分的茼蒿，茼蒿不耐保存，如果淋过水便容易烂，买回来后要当天食用完。

④ 叶片干爽的茼蒿可用干净的牛皮纸或塑料袋包起来冷藏，并在1~2天内食用。

~茼蒿其他品种~

【大叶茼蒿】别名板叶茼蒿，叶片大而肥厚，叶面皱缩，汤匙形，绿色，有蜡粉，叶肉厚，质地柔嫩纤维少，香味浓，品质好。

【锯叶茼蒿】又称为日本茼蒿，香气较浓，色泽浓绿，叶片纤细如锯齿状。

【裂叶种】又名为山茼蒿，叶浓青色，叶片细裂，香气与苦味较浓。

- ☑ 一般人群均可食用。
- ☑ 适合高血压患者、脑力劳动人士、贫血者、骨折患者等。
- ☒ 茼蒿微寒，可伤脾胃阳气，胃虚腹泻、脾胃虚弱的人不可多食。

扫我看视频！

茼蒿的刀工

茼蒿的清洗

叶菜
苋菜
amaranth

苋菜的茎叶作为蔬菜的食用部位，根、果实及全草均可入药。苋菜高铁高钙，并且不含草酸，常吃苋菜可以有效吸收钙质和铁，促进身体骨质的成长，增加血红蛋白含量，提高携氧能力，滋补气血。

①根：苋菜根部粗大富含营养，可洗净料理。
②叶：有青绿色和紫红斑两种。
③茎：浅绿色的茎虽长但很嫩。

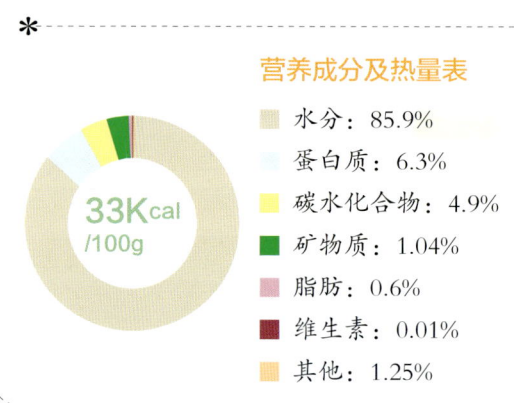

营养成分及热量表
33Kcal/100g
- 水分：85.9%
- 蛋白质：6.3%
- 碳水化合物：4.9%
- 矿物质：1.04%
- 脂肪：0.6%
- 维生素：0.01%
- 其他：1.25%

▶ 苋菜的营养价值

1. 苋菜叶富含容易被人体吸收的钙质，对牙齿和骨骼的生长可起到促进的作用，并能维持正常的心肌活动，防止肌内痉挛，同时富含铁、钙和维生素K，可以促进凝血。

2. 苋菜富含膳食纤维，常食可以减肥轻身，促进排毒，防止便秘，同时常食苋菜可增强体质，故有"长寿菜"之称。

3. 苋菜能补气、清热、明目、滑胎、利大小肠，能促进儿童生长发育，其铁钙含量高于菠菜，为鲜蔬菜中的佼佼者，也适宜于贫血患者。

4. 苋菜中铁和钙的含量比菠菜还要高，且苋菜不含草酸，因此营养素摄入人体后易于吸收。

▶ 处理保存要领

1. 苋菜常用的烹调方法包括炒、焯、拌、做汤或制馅，但烹调时间不宜过长。

2. 炒苋菜时不需要加水，因其本身会出水。

3. 苋菜叶薄而软，不耐贮藏，首选当天使用。用干净的牛皮纸或塑料袋包起来冷藏，并于1~3天内食用完。

▶ 挑选要领

1. **完整性**：叶片完整不碎烂，叶形大而有光泽，表面或叶背没有斑点。

2. **弹性**：拿在手上叶茎具有弹性，能直挺向上。

3. **叶色**：红色品种的苋菜叶色对比明显，白色品种的以青绿为主。

~苋菜其他品种~

【绿苋】叶片绿色，质地较硬，如上海的白米苋、广州的柳叶苋及南京的木耳苋等。

【红苋】叶片紫红色，质地较软，如重庆的大红袍、广州的红苋及昆明的红苋菜等。

【彩苋】叶片边缘绿色，叶脉附近紫红色，质地软，如上海的尖叶红米苋及广州的尖叶花红等。

【大红袍】叶片卵圆形，叶面微皱，呈红色，叶背为紫红色，叶柄微浅紫红色。

【木耳苋】叶片较小，卵圆形，颜色深绿发乌，叶面有皱褶。

【圆叶红苋】叶片为卵圆形或近圆形，叶片稍有皱褶，紫红色有光泽，叶肉厚柔嫩，叶柄红色带绿。

【尖叶红米苋】叶片为长卵形，叶面平，叶边缘为绿色而叶脉附近为红色，叶柄红绿色。

【鸳鸯红苋菜】叶片卵圆形，叶面微皱，叶片上绿下红，叶柄微淡红色，茎绿色带红色，品质佳。

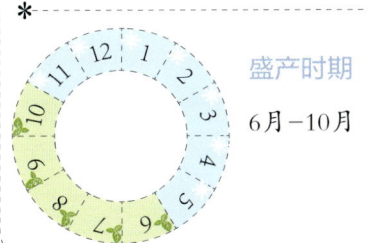

盛产时期 6月-10月

▶ 知识小专栏

苋菜的根含有丰富的矿物质，因此，有外伤或创伤时，可以当成药物外敷。苋菜与小鱼干快炒，还能快速生血，可以加入蒜片进行爆香，可以增添香气。

叶菜

生菜
lettuce

生菜可分为叶用和茎用两种,除了传统的熟食,蔬菜沙拉、生食等形式也逐渐被接受。生菜叶片肥厚,水分充足,口感脆嫩,富含多种维生素和矿物质,对于成长期的孩童而言,常吃生菜有助于强壮骨骼、促进发育。

① 生菜叶子深绿色或紫色,或层层包裹成球形,或叶片细碎卷曲,或如玫瑰花瓣般生长。
② 茎短而不明显,切开会有乳白色汁液。

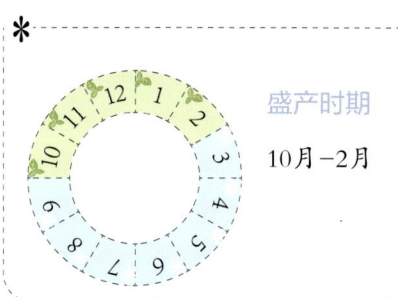

盛产时期
10月-2月

营养成分及热量表

13Kcal/100g

- 水分:95.48%
- 碳水化合物:3.35%
- 蛋白质:0.7%
- 矿物质:0.24%
- 脂肪:0.09%
- 维生素:0.002%
- 其他:0.138%

▶ **生菜的营养价值**

1. 富含维生素C、维生素B_6、叶酸、水分,但热量低,是减肥者首选食物。
2. 常食用生菜可治睡眠不佳、多梦易醒、清热止痛。
3. 生菜中含有生菜素,味苦,能刺激消化,增进食欲,并有镇痛和催眠作用。
4. 生菜中含有一种芳香烃羟化脂,能分解食物中的致癌物质亚硝胺,防止癌细胞的形成,对于消化系统的肝癌、胃癌等有一定的预防作用,也可缓解癌症患者放疗或化疗的反应。
5. 生菜还有增进食欲、刺激消化液分泌、促进胃肠蠕动等功能;经常食用新鲜生菜还可防治缺铁性贫血;生菜钾离子含量丰富,有利于调节体内盐的平衡,对于高血压、心脏病等患者,具有促进利尿、降低血压、预防心律紊乱的作用。
6. 生菜具有催乳汁功效,利小便,可治疗乳房肿胀、痔漏出血和扭伤。

▶ 挑选要领

① **叶片**：叶片鲜绿、叶片完整无病斑、叶脉扁平者为佳。

② **掂重量**：拿在手上，有沉淀感的为好。

▶ 处理保存要领

① 生菜可生食也可烹煮，有多种烹饪方式，但烹调时间不宜过长。

② 生菜通常与蛋黄酱或调味料一起做成沙拉或者三明治。

③ 生菜不宜过多或经常食用，因为生菜中的生菜生化物对视神经有刺激作用，会发生头昏嗜睡的中毒反应，导致夜盲症或诱发其他眼疾。

④ 生菜应该与苹果、梨和香蕉分开存放，以免诱发褐色斑点。

⑤ 生菜冷藏保存时间不宜过长，因为时间长，叶子容易发黄，冷藏前尽量使其保持最大程度的干燥。

⑥ 将生菜的菜心取出，往里塞进一块潮湿的纸巾，再放入冰箱冷藏，菜叶可以很好地吸收纸巾里面的水分，尽量保持纸巾的水分，这样的生吃可以保存较长时间。

⑦ 生菜等叶菜类蔬菜通常无法久放，但如果直接放进冰箱冷藏，叶子很快变黄，因此，可以利用旧报纸，将叶片喷点水，再用报纸包起来，以直立的姿势，茎部朝下放入冰箱进行保鲜，可以有效地延长保存时间。

~生菜其他品种~

【凯撒生菜】颜色、形状丰富多变，具有观赏美，叶质柔软又具有弹性。

【美国大速生】散叶型，叶片皱缩，呈倒卵形，叶缘波状，嫩绿色，品质甜脆。

【日本丸叶王生菜】叶为绿色，叶缘平滑无裂叶，叶片光滑，无蜡粉和刺毛。

【紫叶皱生菜】叶紫红色，皱叶型生菜，叶形特殊，脆嫩，无苦味，适合生食、生菜沙拉、煮食或装饰。

扫我看视频！

生菜的刀工

生菜的清洗

~生菜其他品种~

【火焰生菜】口感脆,即使在弱光条件下,仍能生成激烈的红色。

【皱叶生菜】叶片深裂,叶面皱缩,叶片较薄,叶形散开,颜色有绿色或紫色。

【奶油生菜】叶子呈卵圆形,嫩绿色,叶面较平,质地柔软,口感柔滑,清香味甜。

【美国生菜】叶绿色包被球形,叶片宽阔,外叶开展,口感爽脆,鲜嫩多汁,甜中略带苦味。

【红翠生菜】叶皱,属于皱叶生菜,叶子呈红色至暗红色,颇有观赏价值,可兼作盆栽。

【罗马生菜】类似于结球生菜,可以直接凉拌,不适合炒炖、做汤,质地没有结球生菜那么清爽。

【萝蔓生菜】口感脆脆的,多用于沙拉或汉堡上。

【绿萝蔓】叶大微皱,叶深绿色,品质脆嫩,专作沙拉食用。

【罗莎生菜】紫色散叶,叶片皱而边缘呈紫红色,叶片为长椭圆形,茎极短,口感佳。

【红萝蔓】叶大平滑,板叶中椭圆形,叶淡紫红色,品质脆嫩,沙拉专用品种。

【绿卷须生菜】视觉效果好,多用于生菜沙拉食用。

【A菜(叶生菜)】原产于地中海沿岸,叶呈尖形,味微苦。

▶ 结球生菜清洗小招数

1. 生菜外表粗糙皮薄，一洗就破，用自来水不断冲洗，流动的水可以避免农药渗入到果实中。
2. 洗生菜时，不要把生菜蒂摘掉，去蒂后的生菜若在水中浸泡，残留的农药会随水进入果实内部，造成更严重的污染。
3. 不要用洗涤灵等清洁剂浸泡生菜，这些物质很难清洗干净，容易残留在果实中，造成二次污染。

▶ 知识小专栏

1. 好的生菜又称为"玻璃生菜"，顾名思义，好的生菜虽然没有真正的玻璃那般明净透亮，但是也能说明好的生菜质感越脆，用手掐一下叶子就能感觉得到。叶片不是非常厚，叶面有光泽，而且如果在叶子正面滴上一滴水，水滴不会化开。在叶面有断口或褶皱的地方，不新鲜的生菜会像生了锈斑一般。
2. 生菜含水量高，营养丰富，维生素C、E、B族维生素和膳食纤维以及多种矿物质，属于低脂蔬菜，是减肥人群的食用佳品。此外，生菜能够促进消化、胃肠道的血液循环，协助脂肪、蛋白质等大分子物质消化吸收，对于胆汁的形成具有促进作用，为血液消毒。
3. 莴苣类蔬菜都具有解热、生津的效果，能够清除肠胃火气、促进血液循环、增强新陈代谢。对于成长中的孩童，有增进发育、强壮骨骼、预防便秘之功效。生菜的钾含量高，对于排尿不顺的情形也有一定的改善作用。
4. 我们在做凉拌菜或蔬菜沙拉的时候，多会想到加入生菜，生菜含有丰富的营养成分、纤维素、维生素C等，生菜加入到蔬菜沙拉、蛋糕点心中不但能够起到很好的解腻作用，还能促进肠道的通畅。但是，要注意，生吃蔬菜要注重农药化肥的残留问题，仔细清洗。
5. 生菜除了生吃、清炒，还能与蒜蓉、蚝油、豆腐、菌菇等食材炒食，而不同的搭配，生菜所发挥的功效是不一样的。
6. 生菜含有很好的维生素和矿物质，因此，在栽培过程中容易做到不用农药而获得无公害产品。

叶菜

芹菜
celery

芹菜一般分为水芹和旱芹两种，功能相近，但药用的以旱芹为佳，香气浓郁。芹菜果实籽粒具有香味，可用作佐料。芹菜含铁量高，是缺铁性贫血患者的佳品，也是治疗高血压的主要食品。常饮用芹菜汁，可有效防治痛风和关节炎。

①茎细长、鲜绿色、黄绿色或深绿色，纤维丰富，口感爽脆。
②叶子为近圆形或肾形，裂片状且有钝锯齿边缘，叶片翠绿，亦可食用。

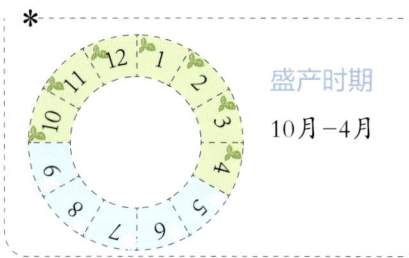

盛产时期
10月-4月

营养成分及热量表

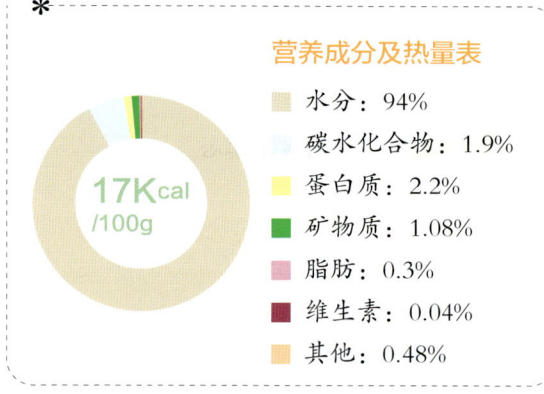

17Kcal/100g

- 水分：94%
- 碳水化合物：1.9%
- 蛋白质：2.2%
- 矿物质：1.08%
- 脂肪：0.3%
- 维生素：0.04%
- 其他：0.48%

▶ 芹菜的营养价值

① 芹菜含有胡萝卜素，维生素A、B₁、B₂、C、P和钙、磷、铁、膳食纤维等营养物质。

② 常食用能够清热解毒、利尿排便、增进食欲、促进血液循环。

③ 芹菜含有芹菜苷、佛手苷内酯，能降低血压血脂，防治动脉硬化，对于痛风、神经衰弱等有改善作用。

④ 芹菜含铁量高，食用可养血补虚，丰富的膳食纤维可促进肠道蠕动，刺激肠胃消化液分泌，也能抑制肠内细菌产生的致癌物质，促进废弃物排出，起到抗癌防癌的功效，加上芹菜具有利尿功效，因此可以起到醒酒保胃的效果。

⑤ 芹菜进入体会产生木质素或肠内脂物质，属于抗氧化剂，因此可以增强皮肤抵抗力，延缓衰老，达到美白护肤的效果。芹菜的高纤维，使其成为理想的减肥食品。

▶ **挑选要领**

① **看茎长**：不宜选择过长且茎深绿色的芹菜。宜选择短而粗壮的茎部，菜叶翠绿的。

② **看叶子**：新鲜的芹菜叶是饱满翠绿，而放置较久会发黄起锈斑、叶子软、尾端翘。

③ **掐一下芹菜**：掐芹菜茎部，容易折断的比较嫩，不易折断的则为老芹菜。

~芹菜其他品种~

【美国白芹】 植株下部叶柄微乳白色，口感佳。

【铁杆芹菜】 叶片深绿色有光泽，叶柄绿色，实心或半实心。

【西芹】 叶柄粗大，实心，质地脆嫩，纤维少，香味浓郁。

【水芹】 全体光滑无毛，为匍匐茎，茎圆柱体，叶片为裂叶卵圆形或菱形披针。

【旱芹】 性凉，味甘苦，具有健胃清热泻热功效，适用于热性体质。

▶ **处理保存要领**

① 清洗应先将其头部的泥土洗干净，再浸泡一段时间后将头部切去，每一分枝进行冲洗。

② 芹菜保存应该将叶子去除后，装进塑料袋放进冰箱进行冷藏保存。

③ 芹菜所含的营养成分多含于菜叶中，因此料理前不要将叶子全部丢弃，只食用茎杆。

扫我看视频!

芹菜的刀工

芹菜的清洗

087

Lesson 3
[Roots]

菜篮子课程之
——瓜果篇——

常见的瓜果类蔬菜有黄瓜、冬瓜、苦瓜、南瓜、丝瓜、茄子、佛手瓜、番茄、茄子、甜椒、玉米、秋葵等，瓜果类蔬菜果肉质地或爽脆或组织致密，口感丰富，还含有各种不同的功效。如番茄含有番茄红素，能够降低热量摄取，减少脂肪积累，丝瓜、苦瓜均具有清凉解暑、解毒通便的作用，紫皮的茄子还含有丰富的维生素B、C，具有很强的抗氧化性。

瓜果
大黄瓜
cucumber

大黄瓜呈酸性，性凉味甘，具有清热利水、解毒消肿、生津止渴功效，富含细纤维，有助于肠胃蠕动、消化吸收。大黄瓜体型大而表面较硬，食用前需要去皮去籽后再料理，多以熟食、煮汤或热炒的方式料理食用。

①表皮：浓绿带有凸起的刺疣。
②尾端：尾端较圆钝的口感较好。
③果梗：黄瓜的顶端带有些许苦味，料理前可将其切去约1厘米左右。
④果肉：淡淡的绿色水分多，种子很硬，需先去除再料理。

▶ 大黄瓜的营养价值

营养成分及热量表
- 水分：96.13%
- 碳水化合物：2.72%
- 蛋白质：0.68%
- 矿物质：0.14%
- 脂肪：0.14%
- 维生素：0.01%
- 其他：0.18%

12Kcal/100g

1. 大黄瓜味甘、甜，性凉，苦、无毒，入脾、胃、大肠，具有除热、利水利尿、清热解毒的功效，主治烦渴、咽喉肿痛、火眼、火烫伤。

2. 大黄瓜中含有丰富的维生素E，可起到延年益寿、抗衰老的作用。

3. 大黄瓜中所含的丙醇二酸可抑制糖类物质转变为脂肪，同时其所含的葡萄糖甙、果糖等不参与通常的糖代谢，因此，糖尿病人以大黄瓜代淀粉类食物充饥，血糖非但不会升高，甚至还会降低。

4. 大黄瓜富含蛋白质、糖类、维生素B_2、维生素C、维生素E、胡萝卜素、尼克酸、钙、磷、铁等营养成分。另外大黄瓜具有美容效果，平和除湿，可以收敛和消除皮肤皱纹，对皮肤较黑的人效果尤佳。

▶ 挑选要领

瓜身笔直、表皮浓绿，瓜体饱满硬实，无外伤的为佳。

大黄瓜的刀工

大黄瓜的清洗

扫我看视频！

▶ 处理保存要领

1. 大黄瓜可生食，也可熟食。
2. 瓜类表皮薄容易脱水，因此，保存时最好连同包装袋或用保鲜膜包好再冷藏，可冷藏约5~7天左右，勿使用报纸包裹，以免油墨渗入。
3. 大黄瓜属于对乙烯敏感的类型，因此不宜和苹果、香蕉、梨等混放在一起，以免加速大黄瓜的成熟和腐烂。
4. 夏天的大黄瓜呼吸旺盛，容易腐烂、长白毛，应放置通风凉爽处保存。

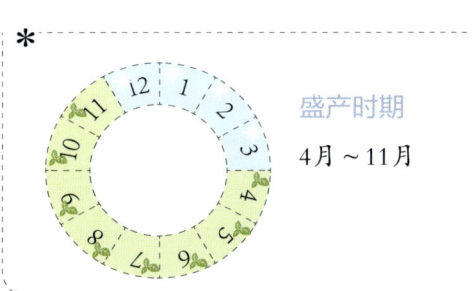

盛产时期
4月~11月

食用误区

! 大黄瓜是很好的减肥水果，但是腌制黄瓜则由于含盐反而会引起发胖。

! 大黄瓜尾部含有较多的苦味素，不要把"黄瓜头儿"全部丢掉，苦味素具有很好的抗癌功效。

适用人群与禁忌

☑ 一般人群均可食用。
☑ 大黄瓜对于糖尿病人而言，是首选食品之一。
☑ 大黄瓜不仅可以美容，也是减肥佳品。
☒ 患有肝病、心血管病、肠胃病以及高血压的人，不适宜食用大黄瓜。
☒ 脾胃虚弱、腹痛腹泻、肺寒咳嗽的老人应少食。

瓜果
小黄瓜
cuke

小黄瓜表皮柔嫩、光滑、色泽均匀、口感脆嫩,瓜味浓郁,经济效益颇高。小黄瓜食用方法多样——生食、熟食、泡菜等,各有风味。小黄瓜还是十分有效的天然美容品,用小黄瓜汁涂抹或黄瓜片敷脸,有助于缓解晒伤的皮肤。

①表皮:浓绿带有凸起的刺疣。
②尾端:带有枯萎的花朵,表示瓜很鲜嫩。
③果肉:淡淡的绿色水分多。

▶ 小黄瓜的营养价值

① 小黄瓜热量低,水分多,还富含维生素A、维生素C、钙、钾等营养素,性寒,具有清热解毒、利尿的功效,夏季食用可消暑解热,缓解口干舌燥之症。

② 小黄瓜含水量极高,且含丙醇二酸,可抑制糖类转化成脂肪,被视为减肥食品。

③ 小黄瓜中所含的丙氨酸、精氨酸和谷氨酰胺,对肝脏病人特别是对酒精性肝硬化患者有一定辅助治疗作用,可供防治酒精中毒。

营养成分及热量表

13Kcal/100g

- 水分:95.66%
- 碳水化合物:2.66%
- 蛋白质:1.06%
- 矿物质:0.22%
- 脂肪:0.19%
- 维生素:0.01%
- 其他:0.2%

▶ 处理保存要领

① 小黄瓜可生食,可熟食。
② 小黄瓜表皮薄,容易脱水,使用保鲜膜来保存小黄瓜时,瓜的表面若有水分应先擦干,否则很容易腐烂。
③ 冷藏约5~7天左右,勿使用报纸以免油墨渗入。

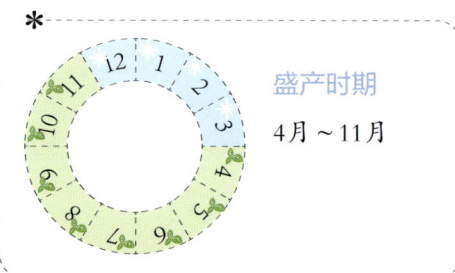

盛产时期
4月~11月

▶ 挑选要领

① **看瓜身**：瓜身笔直，表皮浓绿，刺疣明显，瓜体饱满硬实，无水伤为佳品。

② **看体型**：通常瓜条肚大、尖头、细脖的畸形瓜，是发育不良或存放时间较长而变老。

③ **看颜色**：若表皮泛黄有可能是太热或鲜度较差，瓜条、瓜把枯萎是采摘后存放时间长了，均应避免购买。

常识

食用常识

! 如果在小黄瓜开花结果后，在花朵刚凋萎，尚未完全脱落时，就被采收下来，这种带枯花的小黄瓜就叫做"花胡瓜"或"花瓜"，常将其制成一般早餐佐稀饭吃的酱瓜。

宜忌

- ☑ 一般人群均可食用。
- ☑ 小黄瓜适宜热病患者、肥胖、高血压、高血脂、水肿、癌症，嗜酒者多食。
- ☒ 脾胃虚弱、腹痛腹泻、肺寒咳嗽者都应少吃。
- ☒ 小黄瓜与花生一同食用，可能会引起腹泻。
- ☒ 小黄瓜不宜高温烹饪，在长时间炒或煮的过程中，其营养元素会被破坏掉。

~小黄瓜其他品种~

【新泰密刺】瓜皮薄，瓜肉为浅绿色，适宜生食凉拌，也可炒食、做羹。

【日本小黄瓜】嫩果为乳白色至深绿色，果面光滑，具有白色或褐色的瘤刺。

【碧玉黄瓜】瓜条直立，果肥厚，种子小，无刺，颜色碧绿，口味清香脆嫩。

【荷兰小黄瓜】又名为迷你黄瓜，表皮柔嫩光滑，有浓郁瓜香味，口感脆嫩。

【乳黄瓜】深绿色表皮，果面光滑有黑刺，质地脆爽，口感细嫩，适宜生食和腌制。

【海洋白玉黄瓜】瓜身圆筒形，粗细均匀，浅白绿色，有光泽，刺瘤少，质脆。

瓜果

冬瓜
white gourd

冬瓜是夏秋的重要蔬菜品种之一，在成熟之际，表面会覆有一层白粉状，如冬天的白霜，故得名。冬瓜风味淡美，低热量，具有很好的利尿效果，因此水肿者适宜多吃，但冬瓜性寒，身体较虚弱的或手脚冰冷体质的女性慎食。

① 表皮：表皮淡绿色带有浅色花纹，刚采收的瓜表皮细毛明显。
② 种子：不食用，料理前需将种子去除。
③ 果肉：洁白紧实饱含水分，靠近皮的部分为浅绿色。

▶ 冬瓜的营养价值

1. 冬瓜性寒，瓜肉及瓤有利尿、清热、化痰、解渴等功效，也可治疗水肿、痰喘、暑热、痔疮等症。冬瓜如带皮煮汤喝，可起到消肿利尿、清热解暑的作用。

2. 冬瓜维生素C、钾盐含量高，钠盐含量较低，高血压肾脏病、浮肿病等患者食用，可起到消肿而不伤正气的作用。

3. 冬瓜含有丙醇二酸，能有效地抑制糖类转化为脂肪。冬瓜不含脂肪，热量不高，可以帮助体形健美。存在于冬瓜瓤中的葫芦巴碱，能够帮助人体新陈代谢，抑制糖类转化为脂肪，也是冬瓜减肥降脂的功能因子之一。

4. 冬瓜能抑制体内的黑色素，是天然的美白润肤佳品，此外还具有抑制病毒和细菌的作用。

营养成分及热量表

7Kcal/100g

- 水分：97.16%
- 碳水化合物：2.01%
- 蛋白质：0.43%
- 矿物质：0.21%
- 脂肪：0.06%
- 维生素：0.01%
- 其他：0.12%

盛产时期

4月~10月

▶ 挑选要领

① **表面**：冬瓜的外皮很薄，容易留下划痕，因此挑选时要留意，挑选表面光滑、没有坑包的。

② **冬瓜盅**：根据烹调方式选择，做冬瓜盅的最好选用小冬瓜，大小适合，肉薄汁多瓜瓤大，味道香。

③ **果肉**：切开贩卖的冬瓜片，注意果肉必须雪白紧实，饱含水分，不膨松。泛黄的冬瓜鲜度已经很差，不宜购买。也可以两片进行对比，选择分量重、稍硬的。

④ **冬瓜汤**：煮冬瓜汤的可选择浅绿色表皮的，这种冬瓜表皮白霜较多，肉质薄且松软，容易入味。切块的冬瓜则要选择籽小的，肉质比较鲜嫩。

⑤ **烹煮方式**：做炒冬瓜的选择深绿色表皮，这种冬瓜表皮光滑、肉质厚实，炒制过程不容易出汤。切块的冬瓜则要挑瓜瓤筋络粗糙、瓜籽多、肉质可见浅绿色纹理的，不易出汤。

⑥ **瓜型**：好的冬瓜外形要匀称、没有斑点、肉质较厚、瓜瓤少，用手掂一下，分量重的水分足，肉厚瓤少。反之，分量轻的肉质疏松，水分不足、瓜瓤较多。

▶ 处理保存要领

① 冬瓜可去皮或带皮烹制食用。
② 连同瓜皮、瓜瓤一起冷藏，约可保存3~7天。

冬瓜的刀工

冬瓜的清洗

扫我看视频！

误区

! 主要存在于冬瓜籽中的油酸，具有抑制体内黑色素沉积的活性，是很好的润肤美容成分，同时冬瓜籽含有的蛋白质和瓜氨酸也可以润泽皮肤，因此料理冬瓜时，不要随意丢弃冬瓜籽了。

宜忌

- ☑ 一般人群均可食用。
- ☑ 夏天气候炎热，心烦气躁、闷热不舒服时宜食用。
- ☑ 热病口干烦渴、小便不利者宜食用，水肿型肥胖人群适宜多食。
- ☒ 冬瓜性寒，脾胃气虚、腹泻便溏、胃寒疼痛者忌食生冷冬瓜。
- ☒ 女子月经来潮期间和寒性痛经者忌食生冬瓜。

误区

! 冬瓜皮性微寒而味甘、淡，能清热利水消肿，常用于水肿胀满，尤其适用于湿热所致之小便不利等症。冬瓜皮还可治疗糖尿病，倘能坚持饮服冬瓜皮汤3～6个月，可使糖尿病患者的"三多"（饮多、食多、尿多）症状得到明显的改善。

~冬瓜其他品种~

【青皮冬瓜】果皮为青绿色，肉质为白色，肥厚多汁，质地软滑。

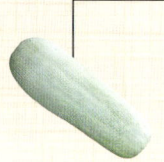
【白壳大冬瓜】果实长圆形，果皮为淡绿色，成熟时蜡粉多，果肉为纯白色，肉质细密。

【黑皮冬瓜】嫩瓜为青绿色，成熟为黑色，形状似炮弹，个头大，肉质厚无空心。

【绿虎冬瓜】果实为椭圆形至长椭圆形，果皮绿色，充分成熟后多蜡粉，适合作冬瓜盅。

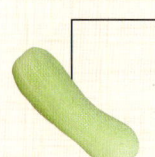
【细长大冬瓜】绿皮细长大冬瓜，成熟时果皮光滑、无果粉。

【灰皮冬瓜】果实为高圆形，外皮为灰白色，有白色蜡粉覆盖，肉厚，肉质致密。

▶ 知识小专栏

由于冬瓜易致心烦，身体较虚弱的女生不能因为减重就一直喝冬瓜汤，尤其是手脚冰冷体质的女性更要慎食。

瓜果

茄子
eggplant

茄子颜色多为紫色或紫黑色，也有淡绿色或白色品种，形状上也有圆形、椭圆、梨形等。茄子肉滑实软嫩、味道芳香清淡，口感佳。茄子性味甘、寒，热量低，不会增加血液中的胆固醇含量，也不容易发胖，很适合减肥者食用。

①表皮：颜色越深越好，颜色转淡的是较老的茄子。
②果蒂：有光泽不萎缩变黄。
③果肉：果肉细白，种子不明显，接触空气后，种子很快变成淡褐色。
④尾端：鲜嫩的茄子尾端呈圆钝性，呈尖形的茄子较老。

营养成分及热量表

20Kcal /100g

- 水分：93.07%
- 碳水化合物：5.19%
- 蛋白质：1.16%
- 矿物质：0.28%
- 脂肪：0.09%
- 维生素：0.01%
- 其他：0.2%

盛产时期 5月~12月

▶ 茄子的营养价值

1. 茄子具有清热活血、消肿止痛功效，常吃茄子对于慢性胃炎、肾炎水肿等疾病都有一定的治疗作用，能有效治疗内痔出血，对便秘也有一定的缓解作用。

2. 茄子含有维生素E，有防止出血和抗衰老功能。茄子还可促进蛋白质、脂质、核酸的合成，提高供氧能力，改善血液流动，防止血栓，提高免疫力。

3. 茄子性味苦寒，有散血瘀、消肿止痛、治疗寒热、祛风通络和止血等功效。茄子富含多种维生素，能够保护血管，常食茄子，可使血液中的胆固醇含量不致增高。

④ 茄子含有的维生素P，是一种黄酮类化合物，可增强血管弹性，防止毛细血管破裂，对防止小血管出血有一定的作用，经常食用茄子，可保护心脏和血管，防止高血压、动脉硬化，预防坏血病及促使伤口愈合。

⑤ 茄子含有葫芦巴碱及胆碱，在小肠内能与胆固醇结合，排出体外，能抑制消化道肿瘤的增殖。

▶ 处理保存要领

① 茄子的表皮有一层蜡质，是一层天然的屏障，因此在保存时，不能碰水、破皮，这样保存起来可以更长久。

② 茄子皮薄表面容易脱水，需连同包装袋或用保鲜膜包起来，放入冰箱冷藏，新鲜茄子可保存3~5天。

▶ 挑选要领

① **看颜色**：好的、嫩的茄子应该是红紫色或黑紫色为主的，颜色比较乌黑光亮，如果茄子颜色暗淡，呈现褐色，说明茄子老了，或者马上要坏了。

③ **看外观**：好的茄子看起来粗细均匀，没有斑点或裂口。圆茄果形扁圆，肉质较紧密，皮薄，口味好，品质佳，以烧茄子吃最好，熬煮凉拌次之；长茄果形细长，皮薄，肉质较松软，种子少，品质甚佳；短茄果型为卵形或长卵形，果实较小，子多皮厚，易老黄，品质一般，凉拌食较好。

② **找花萼**：在茄子的花萼与果实连接的地方，有一条白色略带淡绿色的带状环，这个带状环越大越明显，说明茄子越嫩，越好吃。反之，茄子就比较老了，口味、品质就比较差。

④ **摸茄子**：嫩茄子颜色乌黑，皮薄肉松，籽肉不易分离，重量小，手握有粘滞感；而老茄子颜色光亮光滑，皮厚而紧，籽肉容易分离，重量大，手握会感觉茄身发硬。

常识

- ! 茄碱基本不溶于水，因此用焯烫、水煮等方法都不能去掉茄碱，在烹调时加点醋，有助于破坏和分解茄碱。
- ! 茄碱在老的生茄子中含量较高，如果吃嫩的且量少，可能不会出现明显的急性中毒症状，但不能断言生吃茄子不会中毒，当出现口唇发麻的感觉时，就需要警觉了。
- ! 预防茄碱中毒的最好方法，自然是控制摄入量。

宜忌

- ☑ 一般人群均可食用。
- ☑ 茄子属于寒凉性质的食物，对于容易长痱子、生疮疖的人尤为适宜食用。
- ☑ 茄子具有去痛活血、清热消肿、防止血管破裂等功效，心血管病人适宜食用。
- ☒ 消化不良、容易腹泻、脾胃虚寒、便溏症状的孕妇、哮喘者不宜多食。

~茄子其他品种~

【麻薯茄】身长头尖，颜色较深紫，烹煮后不会很烂，口感有弹性，像麻薯一样。

【长茄】外形又长又大，果皮为亮紫色，具有光泽，茄肉饱满有弹性。

【灯笼红茄】果实为圆球形，紫红色，是灯笼状。

【白茄子】呈长棒形，头尾均匀，果皮白色，着色均匀，光泽度好，萼片绿色，果肉白色、紧实。

【圆茄】又称为圆茄、紫光茄，果皮呈柠檬黄色，外形鲜番茄。

【矮茄】其肉质结实，可用来腌渍、制作成茄子酱。

扫我看视频！

茄子的刀工

茄子的清洗

瓜果

甜椒
pimento

甜椒是茄科辣椒属辣椒的一个变种，与普通辣椒相比，味道不辣，还有红、黄、紫、橙等多种颜色。甜椒是非常适合生吃的蔬菜，不但能自成一菜，还被广泛用于配菜。甜椒含有丰富的维生素C和β-胡萝卜素，具有很强的抗氧化作用。

① 顶端：新鲜的甜椒果蒂完整不萎缩，顶端凹陷的部分容易残留农药，料理时一般去除。
② 种子：米白色没有食用价值，料理前要将种子与内膜去除干净。
③ 尾端：甜椒头大尾小，尾端叶呈凹陷状。
④ 果肉：果肉越厚口感越好。

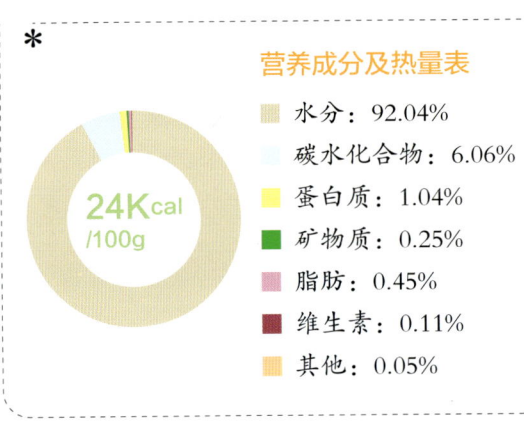

营养成分及热量表
24Kcal/100g
- 水分：92.04%
- 碳水化合物：6.06%
- 蛋白质：1.04%
- 矿物质：0.25%
- 脂肪：0.45%
- 维生素：0.11%
- 其他：0.05%

▶ 甜椒的营养价值

① 甜椒含有维生素A、B、C及胡萝卜素等多种营养物质，具有促进消化、防止便秘、帮助脂肪代谢的功效，富含铁质，有助于造血。

② 甜椒具有明目、提高免疫力、健胃、利尿和防腐的作用。

③ 甜椒所含有的胡萝卜素和维生素D可增进皮肤抵抗力，防止产生斑疹。

④ 夏天食用甜椒可促进脂肪的新陈代谢，避免胆固醇附着于血管，防治坏血病，对于牙龈出血、贫血等有辅助食疗的效果。

⑤ 甜椒中的维生素C和β-胡萝卜素结合，可加强对抗白内障。

▶ 处理保存要领

① 甜椒可生食也可熟食，烹制之前应将根去掉，仔细刮去白色叶脉，在去核前用水焯一下可缩短烹制时间。

② 连同塑料袋一起冷藏，可避免果实脱水变软，保存前擦干甜椒外皮，以免腐烂。新鲜的甜椒约可保存7~10天。

▶ 挑选要领

① **看体型**：体型匀称完整，表面有光泽，无外伤或褐斑，果蒂无腐败、变黑或脱落，果实饱满结实，萎软或暗淡的都不是新鲜的。

② **结实度**：选购时，用手捏一下，外皮越结实的通常果肉也厚，肉薄的捏起来会比较软，果肉越厚吃起来口感越好。

盛产时期

12月~5月

~甜椒其他品种~

【青椒】果实较大，辣味较淡甚至根本不辣，作蔬菜食用而不作为调味料。

【黄甜椒】灯笼形，成熟后转黄色，生长速度快，果实外表光亮。

【红甜椒】果实为红色，果形依品种而异，有纺锤形、圆锥形、方形、羊角、樱桃等形状。

常识

食用常识

! 牙龈出血、眼睛视网膜出血、免疫力低下者，以及糖尿病患者宜食。

! 少食辣味太重的青椒。

宜忌

☑ 一般人群均可食用。

☑ 牙龈出血、眼睛视网膜出血、免疫力低下者以及糖尿病患者均适宜食用。

☒ 溃疡、食道炎、咳嗽、咽喉肿痛者应注意少食。

▶ 知识小专栏

① 春季可多吃些甜椒，对消除春困、恢复体力很有好处。

② 用急火快炒可以使甜椒保持原有的色味。炒甜椒的时候不要添加酱油，否则菜色就会变暗，味道也不清香。

瓜果

豌豆
pea

豌豆荚果长椭圆形或扁形，根据内部有无内层革质膜及其厚度分为软荚及硬荚。种子可呈圆形、圆柱形、椭圆形、扁圆形、凹圆形。豌豆含有大量的糖类和脂肪，兼具菜类和豆类的养分，口感佳，并具有抗菌防癌的功效。

①蒂头：新鲜的蒂头完整，颜色鲜艳；蒂头对豆荚有保护作用，防止脱水。
②豆仁：以食用豆荚为目的时，豆仁小于0.5厘米表示豆荚越嫩。
③豆荚：为主要的食用的部位，两侧带有筋膜，料理前先去除。
④尾端：清洗后将尾端连同筋膜一起去除。

营养成分及热量表

30Kcal/100g

- 水分：87.95%
- 碳水化合物：8.13%
- 蛋白质：3.23%
- 矿物质：0.31%
- 脂肪：0.15%
- 维生素：0.04%
- 其他：0.19%

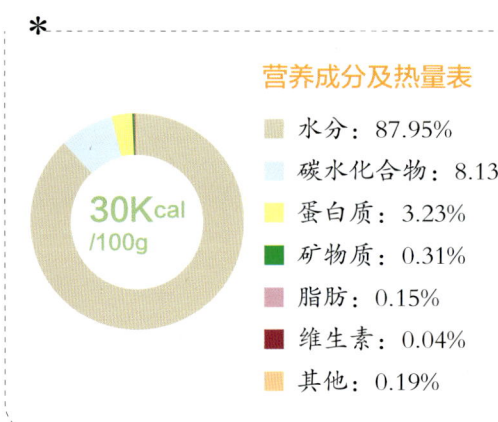

盛产时期
11月~3月

▶ 豌豆的营养价值

① 豌豆中含有一种特有的植物凝集素、止权素及赤霉素A20等，这些物质对增强人体新陈代谢功能有重要作用。

② 豌豆的营养成分以蛋白质为主，其他如糖类、维生素A、B、C，钙、磷、铁等含量也很丰富。豌豆能益脾和胃、生津止渴、和中下气、止泻痢、通利小便，经常食用对脾胃虚弱、小腹胀满、呕吐泻痢、产后乳汁不下、烦热口渴均有疗效。

③ 豌豆性平、味甘，具有和中下气、利小便、解疮毒等功效。

▶ **挑选要领**

① **看豆荚**：选择豆荚扁平、种子不明显、颜色翠绿、表皮完整、无损伤或黄斑。拿起来感觉饱含水分，不会软软的或干瘪的。

② **看荚果**：荚果扁圆形表示正值最佳的成熟度，而荚果正圆形表示已经过老了，筋（背线）凹陷也表示过老。

▶ **处理保存要领**

① 豌豆应煮熟后方可食用。生豆中含有蛋白酶抑制剂、抗维生素等物质，对营养物质的消化吸收有不良的影响。

② 豆类中含有的一些有害物质，如红血球凝集素等，如果不充分地加热破坏它，食用后可能会发生溶血而致命。

~豌豆其他品种~

软荚

硬荚

【菜用豌豆】 种子为白色、黄色、绿色、粉红色，果荚分为硬荚和软荚两分钟，软荚种的果实幼嫩可食，硬荚种的果皮坚韧，不宜食用。

【粮用豌豆】 花紫色或红、灰蓝色，种子暗灰色或有斑纹，又称为麻豌豆，可作为粮食和淀粉用。

宜忌

- ☑ 一般人群均可食用。
- ☑ 脾胃虚弱、小腹胀满、呕吐泻痢、产后乳汁不下、烦热口渴者适宜食用。
- ☑ 豌豆与玉米一同食用，可以起到蛋白质相互补充的作用。
- ☑ 豌豆含有大量的糖类和脂肪，兼有菜类和豆类的养分，是炒菜的主要配料之一。
- ☒ 豌豆不宜与醋同时食用，否则会引起消化不良。

▶ **知识小专栏**

① 豌豆可作主食，豌豆磨成豌豆粉是制作糕点、豆馅、风味小吃的原料。

② 很多优质粉丝是用豌豆等豆类淀粉制成的，在加工时会加入明矾，经常食用会使体内的铝增加，影响健康。

瓜果

四季豆
kidney bean

四季豆荚果形状直或稍弯曲,横断面圆形或扁圆形,表皮密被绒毛;嫩荚呈深浅不一的绿、黄、紫红(或有斑纹)等颜色,成熟时黄白至黄褐色。焯熟凉拌、清炒都很符合人们的口味。四季豆富含维生素B_1,可有效改善脚气病、脚步浮肿现象。

① 筋膜:较熟的豆荚两侧的筋膜纤维多,因此料理前务必去除,嫩荚的筋膜不明显,可以不必去除。

② 蒂头:保护豆荚不会脱水,料理前需要去除,嫩荚很容易折下,老荚则会有筋,可一并去除。

③ 尾端:只要是嫩荚部位的纤维并不明显,可以保留食用。

营养成分及热量表
29Kcal /100g
- 水分:91.4%
- 碳水化合物:5.99%
- 蛋白质:1.96%
- 矿物质:0.3%
- 脂肪:0.17%
- 维生素:0.01%
- 其他:0.17%

▶ 四季豆的营养价值

1. 四季豆中的非水溶性膳食纤维,可促进肠胃蠕动,防止便秘,具有明目、助泻、消水肿的功效。

2. 四季豆含有丰富的蛋白质、维生素C、钙、铁、镁和磷等矿物质,具有美肤、提高注意力、促进生长等作用。

3. 四季豆化湿而不燥烈,健脾而不滞腻,并有调和脏腑、安养精神、益气健脾、消暑化湿和利水消肿的功效。

▶ 处理保存要领

1. 四季豆可单独清炒,或和肉类同炖、焯熟凉拌均适宜。

2. 豆类蔬菜耐储存,购买后连同包装袋一起放入冰箱下层的蔬果箱中,可保存一个星期以上。存放过久的豆荚会老化,表面会产生黄斑,风味变差。

3. 购买散装的四季豆要注意表面不可淋过水,接触水分的豆子表面易产生黄斑,易坏,最好在一两天内食用完。

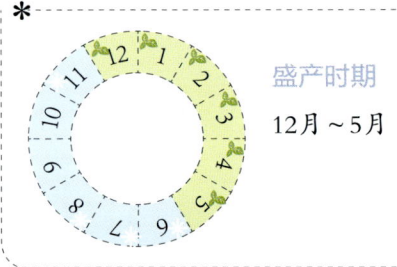

盛产时期
12月~5月

▶ 挑选要领

① **看色泽**：豆荚饱满、肥硕多汁、折断无老筋，色泽嫩绿，表皮光洁无虫痕。

② **看粗细**：肥大的豆荚虽然不一定是老荚，但是豆荚细瘦的口感通常比较嫩。

常识

防止四季豆中毒小招数

⚠ 四季豆有小毒，其有毒成分主要是皂苷和胰蛋白酶抑制物，如果四季豆未煮熟，豆中的皂素会强烈刺激消化道，而且豆中含有凝血素，具有凝血作用。此外四季豆中还含有亚硝酸盐和胰蛋白酶，可刺激人体的肠胃，使人食物中毒，出现胃肠炎症状。为防止中毒发生，四季豆烹煮时间宜长不宜短，要保证四季豆熟透。

⚠ 四季豆食用前可用沸水焯透或热油煸，直至变色熟透，方可安全食用。

~四季豆其他品种~

【早春羊角芸豆】嫩荚为圆棍形，耐旱涝，尤其适宜露地栽培。

【新西兰5号】嫩荚近圆棍形，肉厚纤维少，品质佳。

【丰收一号】嫩荚为浅绿色，稍扁，表皮光滑，且凹凸不平，肉质厚而品质佳。

【绿丰】花白色，嫩荚为深绿色，荚肉厚，纤维少，品质较佳。

【芸丰】嫩荚为淡绿色，成熟后的质地柔嫩，口感佳、品质优。

宜忌

适用人群与禁忌

☑ 一般人群均可食用。

☑ 妇女多白带者，皮肤瘙痒、急性肠炎者更适合食用。

☑ 癌症、急性肠胃炎、食欲不振者适宜食用。

☒ 不适宜腹胀者食用。

四季豆的刀工

四季豆的清洗

扫我看视频！

瓜果

豇豆
cowpea

豇豆可分为长豇豆和饭豇两种，荚果细长，因品种而异，色泽有深绿、淡绿、红紫或赤斑等。每荚含种子，肾脏形，有红、黑、红褐、红白和黑白双色籽等。豇豆富含钙、磷，而不含草酸，易于吸收，有助于防止骨质疏松。

①豆荚：颜色依品种而有不同，但有光泽且表皮无损伤，豆荚带有一层果肉的成熟度刚好。
②豆荚尾端：细尖完整，没有萎缩或枯黄。

▶ **豇豆的营养价值**

① 豇豆含有丰富的维生素B、C和植物蛋白质，能使人头脑宁静，调理消化系统，消除胸膈胀闷，可防治急性肠胃炎、呕吐腹泻，有解渴健脾、补肾止泻、益气生津的功效。

② 豇豆提供易于消化吸收的优质蛋白质、适量的碳水化合物及多种维生素、微量元素等，可补充机体的主要营养素。

③ 豇豆中所含的B族维生素能维持正常的消化腺分泌和胃肠道蠕动的功能，抑制胆碱酶的活性，帮助消化，增进食欲。

④ 豇豆中含有的维生素C能够促进抗体的合成，提高机体抗病毒的作用。

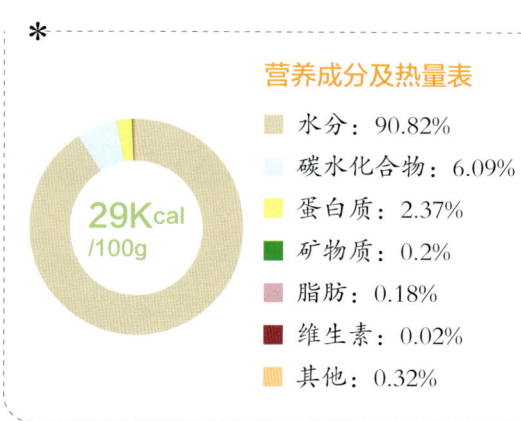

营养成分及热量表
29Kcal /100g
- 水分：90.82%
- 碳水化合物：6.09%
- 蛋白质：2.37%
- 矿物质：0.2%
- 脂肪：0.18%
- 维生素：0.02%
- 其他：0.32%

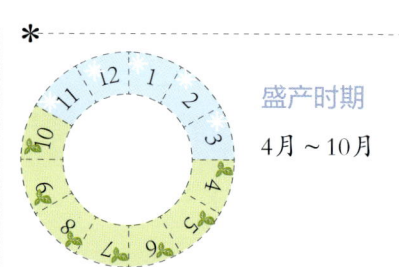

盛产时期
4月～10月

▶ 挑选要领

① **看外皮**：外表有伤痕或者斑点的尽量不要选购，应挑选外表光滑、整齐的。

③ **看长短**：短的豇豆是老豇豆的可能性比较大，建议大家挑选较长的豇豆，一般45厘米左右即可。

⑤ **看顶部**：豇豆上头都会有一个小帽，如果颜色是绿的，那么是新鲜的，如果已经变黄了就是不新鲜的。

② **看颜色**：刚成熟的豇豆是深绿色的，很嫩，放置时间久了，豇豆会变黄，如果豇豆上有黄色的部位大家就不要选购了。

④ **看粗细**：过粗的豇豆应该是很老的了，因此选择的时候尽量挑选中等粗细的，好吃又健康。

▶ 处理保存要领

① 处理豇豆可把豇豆的头去掉一些，然后切断，长短依据个人喜欢，用清水浸泡半个小时后即可煮制。

② 豇豆应在2~3天内食用完看，如需保存，可用塑料袋包装好放入冰箱中冷藏，需要保存4~7天的应用保鲜膜包好。放太久的豇豆会继续老化，滋味变差。

不宜

⚠ 生豇豆中含有两种对人体有害的物质：溶血素和毒蛋白。食用生豇豆或未炒熟的豇豆容易引起中毒，其毒素对胃肠道有强烈的刺激作用，轻者感到腹部不适，重者出现呕吐、腹泻等中毒症状。因此，一定要充分加热煮熟或炒熟，或急火加热10分钟以上，以保证豇豆熟透，有害物质就会分解变成无毒物质。

宜忌

适用人群与禁忌

- ☑ 一般人群均可食用。
- ☑ 尤其适合糖尿病、肾虚、尿频、遗精及一些妇科功能性疾病患者多食。
- ☒ 气滞便结者应慎食豇豆。

▶ 知识小专栏

用刚刚采摘的新鲜豇豆，经沸水煮至熟而不烂时捞出沥干，在太阳下晒干或用机械烤干，待用时拿出经凉水浸泡至软后烹煮食用，其味甘而鲜美。

瓜果

番茄
tomato

番茄味甘、酸，性凉微寒，具有生津止渴、健胃消食、清热解毒、凉血平肝、增进食欲等功效。番茄可以生食、煮食或加工制作成番茄酱等多种食品。番茄含有番茄红素，具有极佳的抗氧化作用，有助于延缓衰老、美容抗癌。

①果蒂：新鲜的番茄果蒂是完整的，但是采收后会继续熟化，因此果蒂呈萎缩干燥，也不会影响风味。
②果皮：表面光滑有光泽，颜色分布均匀。
③种子：可食用。
④果肉：成熟的番茄果肉是红色的，水分多。

▶ **番茄的营养价值**

营养成分及热量表

16Kcal /100g

- 水分：94.55%
- 碳水化合物：4.13%
- 蛋白质：0.77%
- 矿物质：0.26%
- 脂肪：0.05%
- 维生素：0.02%
- 其他：0.22%

盛产时期
全年

① 番茄含有丰富的胡萝卜素、维生素C和B族维生素，含有丰富的抗氧化剂，这些抗氧化剂可以防止自由基对皮肤的破坏，具有明显的美容抗皱的效果。

② 由于番茄中维生素A、维生素C的比例合适，所以常吃可增强小血管功能，预防血管老化。番茄中的类黄酮，既有降低毛细血管的通透性和防止其破裂的作用，还有预防血管硬化的特殊功效，可以预防宫颈癌、膀胱癌和胰腺癌等疾病，还可以美容和治愈口疮。

③ 番茄中含有丰富的谷胱甘肽、胡萝卜素和番茄红素。谷胱甘肽可

抑制黑色素，从而使沉着的色素减退或消失；番茄红素是一种很强的抗氧化剂，可防止自由基、保护血管，有助于展平皱纹，使皮肤细嫩光滑。

④ 番茄中含有一种天然的果胶，食用可以有效地清除体内垃圾。番茄除了食用，还可以外用，番茄汁对肌肤有着很好的滋补作用，不但能消除皱纹和雀斑，还能让肌肤更加完美。同时番茄汁含有苹果酸、柠檬酸等弱酸性成分，这些对肌肤十分有益，能使皮肤保持弱酸性，是使肌肤健康美丽的重要方法。

⑤ 很多专家表明：番茄红素可以帮助人体预防多种癌症的发生，包括乳腺癌、直肠癌、胃癌等，并能降低心血管疾病发生的危险，在提高人体免疫力、预防癌症、活化细胞的同时，还能延缓衰老、美容护肤、塑身。

▶ 处理保存要领

① 成熟的西红柿在2～4℃之间冷藏比较好，10天之内可保持新鲜和营养。温度不宜过低，否则西红柿会失去鲜味，并且很快因冻伤而腐烂。

② 西红柿冷藏过程中会散发出一种叫作乙烯的气体，具有催熟的作用，因此西红柿冷藏时最好单独摆放或用保鲜袋包装好，以免催熟其他蔬果。

③ 番茄的盛产期主要是冬春两季，此季节天气寒冷，室温保存即可。

④ 夏天的番茄需要保存于冰箱中，最好在5～7天内使用完。

▶ 挑选要领

① **看颜色**：自然成熟的西红柿，越红说明越成熟，发育比较充分，比较好吃。

② **看外皮**：外形圆润，皮薄有弹力、结实不松软的为佳，呈棱形或表皮有斑点的不太好。

③ **看底部**：西红柿底果蒂如果圆圈较少，则说明筋少、水分多、果肉饱满，比较好吃；而如果底部圆圈大的西红柿则筋较多，不好吃。

④ **成熟度**：完全青的西红柿还没有成熟，含有番茄碱，如果大量吃，人体会出现恶心等不舒服症状。

招数

识别人工催熟西红柿的小招数

- 看外形：人工催熟的西红柿形状呈多面体或棱形；自然成熟度的西红柿外形圆润。
- 看硬度：人工催熟的西红柿手感较硬；自然成熟的西红柿手感较软，且果蒂周围仍有一些绿色。
- 看内部：人工催熟的西红柿籽粒为绿色，或尚未长籽，果肉无汁无沙；自然成熟的西红柿籽粒为土黄色，果肉为红色，多汁起沙。

宜忌

- ☑ 一般人群均可食用。
- ☑ 患有肝炎、发热口干、暑热烦渴、食欲不振、高血压病、肾脏病、心脏病、眼底出血、癌症、维生素C缺乏症、烟酸缺乏症、糖尿病、牙龈出血等病症者适宜食用。
- ☒ 脾胃虚寒及月经期间的妇女，均不宜生食番茄，因为番茄中含有大量可溶性收敛剂等成分，能与胃酸发生反应，会凝结成不溶解的块状物，容易引起胃肠胀满、疼痛等不适症状。

~番茄其他品种~

【欧洲甜椒番茄】外形、颜色及口感都与甜椒相似，故得名甜椒番茄。

【白玉番茄】果皮薄、水分多、甜度高，膳食纤维含量高。

【梨形番茄】果实小而果型似梨，果实有火红、深黄及粉红色。

【荷兰芝麻绿番茄】果肉为淡黄色、细致、多汁、香味浓郁，维生素C含量高。

【日本黄番茄】无籽、汁少、皮薄、肉质松软，可以做成油渍番茄，烤或作生菜沙拉食用。

【非洲棕杞番茄】果实绿色，低糖营养高，维生素C含量高。

【黄金小圣女番茄】 果型较小，采收后2～4天后食用，口感会更好。

【千禧番茄】 果实圆球形，肉厚而多汁，果实鲜红色，风味甜美。

【黄金小番茄】 又名为橙蜜香，口感极佳，甜度高、果皮薄，果型为长椭圆形，成熟时为橙红色。

【长圆形番茄】 果实有火红色、粉红、深黄等颜色，果型为长圆形，种子分布广泛。

【李形番茄】 果实较小，有黄色、红色、粉红色等不同的果皮颜色，种子少，口感佳。

【串番茄】 又名为穗番茄，果实多为橘红色或红色，有光泽，果肉软而酸甜适中，风味佳。

【直立番茄】 果实为圆球形、扁圆形或扁平形，表面平滑或有菱形，果色有火红色和粉红色。

【桃太郎番茄】 果粒呈椭圆形，末端尖形而非扁形，比一般的品种更美味。

【大叶番茄】 果实为圆形、扁圆形或扁平形等多种，果实为火红、粉红或黄色。

扫我看视频！

番茄的刀工　　番茄的清洗

▶ **知识小专栏**

番茄一般具有极强的抗氧化性，且富含茄红素、单宁酸等，可以保护细胞，具有抗癌作用。有些人易受感冒病毒的侵袭，多吃番茄可产生抗菌能力。此外，番茄还能为人体提供丰富的优质蛋白和许多无机盐、维生素以及微量元素，能增强人的心脏和气血功能。因此，经常食用番茄，对增强心脑血管活力、提高淋巴免疫功能颇有益处。

瓜果

玉米
corn

玉米淀粉含量高，是重要的粮食作物和重要的饲料来源，营养价值超过面粉、大米，是一种颇受欢迎的保健食品。玉米中的玉米黄素可防止视网膜色素氧化，保护眼睛，也能降低胆固醇和促进血液循环。

①外叶：层层包覆的外叶，具有保护作用，颜色越鲜绿，玉米越新鲜。

②玉米粒：宽扁有凹痕的玉米粒比较佟，淀粉质多，口感较硬。

③玉米须：用于利尿、消水肿，具有降血压、血糖的功效，使用前务必要彻底清洗干净才能使用。

营养成分及热量表
- 水分：74.37%
- 碳水化合物：18.43%
- 蛋白质：3.84%
- 矿物质：0.4%
- 脂肪：2.63%
- 维生素：0.01%
- 其他：0.32%

102Kcal /100g

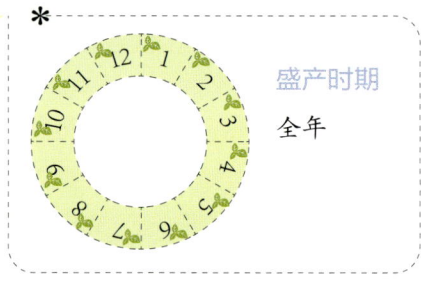

盛产时期
全年

▶ 玉米的营养价值

① 玉米中含有的粗纤维比精米、精面高4～10倍，且含有大量镁，镁可加强肠壁蠕动，促进机体废物的排泄，是减肥人士的首选食物。

② 玉米含有的叶黄素、玉米黄质能够保护眼睛中叫黄斑的感光区域，预防老年性黄斑变性和白内障的发生，还能抑制抗癌药物对人体的副作用，刺激大脑细胞，增强脑力和记忆力。

③ 玉米中含有丰富的不饱和脂肪酸，它和玉米胚芽中的维生素E协同作用，可降低血液浓度，并防止其沉积于血管壁中，因此对于冠心病、动脉粥样硬化、高脂血症及高血压等都有一定的预防和治疗作用。

④ 玉米中含有的异麦芽低聚糖、核黄素、维生素等营养物质对于预防心脏病、癌症等疾病有很大的好处。

⑤ 玉米所能提供的钙，几乎与乳制品中所含的钙差不多，其所含的胡萝卜素被人体吸收后能转化成维生素A，具有防癌作用。

⑥ 玉米中的维生素E可促进人体细胞分裂，延缓衰老，降低血清胆固醇，防止皮肤病变的功能，对于治疗青春痘和痘痘肌肤恢复有一定疗效。玉米中的长寿因子——谷胱甘肽，在硒元素的参与下，可生成谷胱甘肽氧化酶，具有恢复青春、延缓衰老的功能。

▶ 处理保存要领

① 玉米一旦采收下来，甜味很容易流失，保存时间越久甜度越低，滋味也会变得越差。

② 玉米或当天料理，或先汆烫后保存，这样才能保存其甜度。

▶ 挑选要领

① **看外包叶**：选购叶片鲜绿的玉米较为新鲜。

③ **看整齐度**：在挑选玉米时也要挑选米粒数量较多、均匀整齐且无虫蛀的。

② **看玉米粒**：将外叶拨开，检查里面的玉米粒，挑选颗粒饱满的、水分充足、看起来是透明的玉米，因为这样的玉米水分多，水煮后吃起来软软的，味道更好。

玉米清洗小招数

! 不能使用普通的洗涤剂清洗玉米，因为洗涤剂本身含有的化学成分，会很容易残留在玉米上，对人体健康不利。

! 可用盐水进行冲洗玉米，但不能让玉米在水中浸泡太长时间，否则玉米内的维生素会悉数流失，使营养价值降低，而且溶解于水中的农药叶可能会反渗入玉米中。

适用人群与禁忌

☑ 一般人群均可食用。

☑ 脾胃气虚、气血不足、营养不良、动脉硬化、高血压、高脂血症、冠心病、肥胖症、脂肪肝、癌症、习惯性便秘、慢性肾炎水肿、维生素A缺乏症等疾病患者适宜食用。

☒ 患有干燥综合征、糖尿病、更年期综合征且属阴虚火旺之人不宜食用爆玉米花，否则易助火伤阴。

~玉米其他品种~

【甜玉米】米粒为黄色,淀粉含量不多,但水分足,甜度高,口感嫩嫩的,比较软。

【糯玉米】米粒有白色和紫色两种,口感如糯米般有弹性,产量少季节短,适合蒸煮熟透后作为点心或零食。

【水果玉米】淀粉质低,水分甜度高,可以生吃,又香又甜。

【嫩白玉】属于水果玉米品种,口感脆嫩,颗粒味白色,是美国进口品种,口感佳。

【爆裂玉米】专用于爆米花的制作,籽粒较小,几乎为角质淀粉,质地坚硬。

【玉米笋】是尚未长大的幼嫩的玉米,洗净后整条切片炒食。

【超甜玉米】甜度为一般西瓜的2倍,籽粒淡黄色,皮薄,饱满完整,口感香甜脆嫩。

【奶油玉米】口味奶油味浓,适合冷冻籽粒,做籽粒罐头、鲜穗煮食、烤食等。

【味可美】是美国引进的超甜玉米杂交的水果玉米品种,果穗整齐饱满,黄色,质地香甜,品质佳。

【珍珠黄玉米】果实呈深红色,皮厚肉细,口感较脆,甜蜜。

【江南花糯】属于糯玉米的品种,籽粒有红、白、紫、黑等颜色,排列紧凑整齐,口感丰富。

【五彩玉米】籽粒有红、黄、蓝、粉、白等颜色共集于一穗,富有光泽,玉米粒皮薄,煮食香甜软嫩。

【小米滋】玉米籽粒黄白色相间,皮薄,质地甜脆无渣,口感好,品质佳。

【紫玉米】玉米棒和籽均为紫色,具有极高的酚化合物和花青素。

【黑玉米】色泽独特,营养丰富,香黏可口,籽粒富含水溶性黑色素、微量元素。

瓜果

佛手瓜
chocho

佛手瓜的果实、嫩茎叶、卷须、地下块根均可食用，佛手瓜清脆，既可做菜，也可以当水果食用。营养缺失的老年人和儿童皆适宜食用，具有降血压、改善营养不足、扩张血管、提高儿童智力的发育等功效。

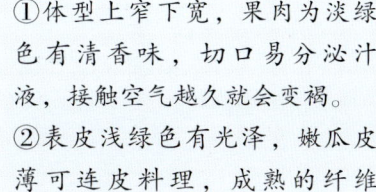

① 体型上窄下宽，果肉为淡绿色有清香味，切口易分泌汁液，接触空气越久就会变褐。
② 表皮浅绿色有光泽，嫩瓜皮薄可连皮料理，成熟的纤维多，料理前应先削皮。

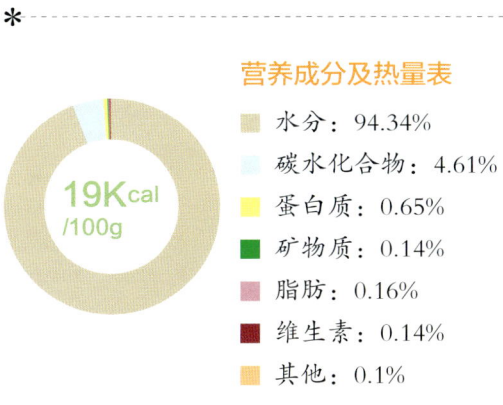

营养成分及热量表
- 水分：94.34%
- 碳水化合物：4.61%
- 蛋白质：0.65%
- 矿物质：0.14%
- 脂肪：0.16%
- 维生素：0.14%
- 其他：0.1%

19Kcal/100g

▶ 佛手瓜的营养价值

1. 佛手瓜的蛋白质、钙、维生素和矿物质含量明显高于其他瓜类，热量低，属于低钠食品，是心脏病、高血压患者的保健蔬菜，经常食用可利尿排钠，有扩张血管、降压之功效。

2. 佛手瓜含有较多的锌，因此认为儿童食用佛手瓜有利于智力发育，提高智力。

3. 佛手瓜所含硒元素的含量之高，是很多蔬菜所不能比拟的，硒元素是人体不可缺少的微量元素，有较强的抗氧化作用，可以保护细胞膜的结构和功能免遭损害。

▶ 处理保存要领

佛手瓜耐贮存，2~3天内食用的可放置在室温保存，冷藏可以保鲜较长时间。

▶ 挑选要领

1. **看颜色**：根据表皮可分为浅绿和深绿两种，前者纤维较少，后者滋味较佳。

2. **看外形**：选择体型约拳头大小，表皮细致饱满有光泽，无虫叮咬或受损，有重量感，不会松软或干瘪及脱水等情形即可。

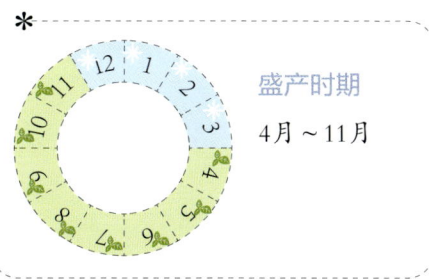

盛产时期 4月~11月

瓜果

南瓜
pumpkin

南瓜有橘黄色和青色两种，南瓜性味甘温，入脾、胃经，南瓜和南瓜子均有一定的药用价值。南瓜可促进体内胰岛素的分泌，加强葡萄糖代谢，食用后有饱足感，对于糖尿病患者尤佳，对于肝肾功能差的人，也是非常适合的健康食品。

① 南瓜外形呈扁圆或不规则葫芦形状，底部是南瓜最薄的部分，可由此处下刀进行去皮。
② 果皮：营养丰富可食用，有橘黄色和青色两种。
③ 果肉：橙黄色，且颜色越深甜度越高。
④ 种子：肥大饱满的南瓜种子也可以煮食。

▶ 南瓜的营养价值

1. 南瓜含有丰富的胡萝卜素和维生素C，可以健脾、预防胃炎、防治夜盲症、护肝，使皮肤变得细嫩，并有中和致癌物质的作用。

2. 南瓜含有一种叫做"钴"的成分，是人体胰岛细胞所必需的微量元素，对防治糖尿病、降低血糖有特殊的疗效。南瓜含有丰富的维生素A、B、C及矿物质，必需的八种氨基酸和儿童必需的组氨酸，可溶性纤维、叶黄素和磷钾钙镁锌硅等微量元素。

3. 南瓜所含的果胶可以保护胃肠道黏膜，免受粗糙食品刺激，促进溃疡愈合，适宜于胃病者。南瓜所含成分能促进胆汁分泌，加强胃肠蠕动，帮助消化。

营养成分及热量表

66Kcal/100g

- 水分：80.1%
- 碳水化合物：16.21%
- 蛋白质：2.01%
- 矿物质：0.52%
- 脂肪：0.21%
- 维生素：0.02%
- 其他：0.93%

盛产时期
3月～10月

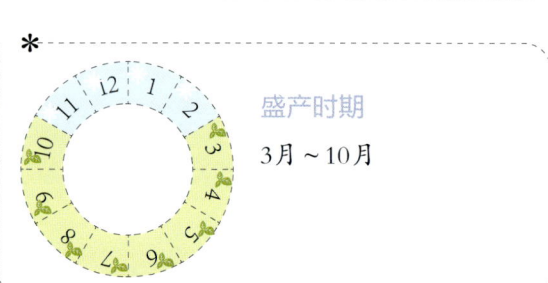

▶ 挑选要领

① **表面**：对于表面瓜皮泛青的嫩南瓜，其水分较多，瓜肉薄而脆，适合做菜，味道鲜美。

② **光泽**：南瓜表面如果没有光泽，较粗糙，则比较老，这样的南瓜适合煮着吃，味道很甜。

③ **果肉**：选择外观完整、果肉金黄、分量较重的，并且表面没有损伤、虫蛀的南瓜。

▶ 处理保存要领

① 南瓜的皮含有丰富的胡萝卜素和维生素，所以最好连皮一起食用，如果皮较硬则将其削去再食用。

② 南瓜在黄绿色蔬菜中属于非常容易保存的一种，完整的南瓜放入冰箱里一般可以存放2~3个月。

③ 南瓜切开后再保存，容易从心部变质，所以最好用汤匙把内部掏空，再用保鲜膜包好放入冰箱冷藏，可以存放5~6天。

适用人群与禁忌（宜忌）

- ☑ 一般人群均可食用。
- ☑ 久病气虚、脾胃虚弱、化痰排脓、气短倦怠、便溏等病症者适宜食用。
- ☒ 南瓜性温，素体胃热盛者少食，气滞中满者慎食，服用中药期间不宜食用。

~南瓜其他品种~

【红栗南瓜】果实为扁圆形，果皮为橘红色，肉质为橙红色，粉质，风味独特，味甜。

【印度南瓜】果实个头大，果肉肥厚，品质佳，产量高。

【早生赤栗】果实味道似板栗，肉质粉质，味甘甜，糖分高，口感细腻。

【墨西哥南瓜】原产于墨西哥、瓜地马拉地带，11月份所产的尤为好吃。

【迷你小南瓜】果实为厚扁圆形或扁圆形，果实为浅黄色底带有深橘黄色条纹，口感甘甜。

~南瓜其他品种~

【小磨盘南瓜】果实为扁圆形，状似小磨盘，成熟为棕红色，味甜，品质好。

【叶儿三南瓜】果实为扁圆形，嫩瓜为墨绿色有黄白斑纹，而成熟瓜为棕黄色有肉色斑纹。

【牛腿南瓜】果实为长筒形，末端膨大，内由种子腔，果肉较粉质，粗糙。

【金童南瓜】扁圆形南瓜，鲜橙色，果梗细巧可爱，可观赏，可食用。

【鸳鸯南瓜】果实为西洋梨形，上细下大，呈圆球形，果实底部为深绿色，上方为金黄色，有淡黄色条纹相间。

【东升南瓜】果实为扁圆形，果脐小，成熟为橙红色，粉质，味甘甜，品质佳。

【枣庄南瓜】瓜呈扁圆形有纵棱，嫩瓜为墨绿色，有黄白斑，成熟为棕黄色，有蜡粉。

【冬南瓜】橙黄色的皮肤和肉质，成熟时会变为深橙色，口感更甜、更丰富。

【美国南瓜】果肉呈淡黄白色，细致多汁、味甜而香味浓郁。

【大磨盘南瓜】瓜皮为深绿色或墨绿色，成熟为红棕色，有浅色斑纹，表面有蜡粉，肉质为橙黄色，味甜水分少。

▶ 知识小专栏

① 南瓜含有丰富的糖类、淀粉，口味芳香又甜美，果肉和种子均可食用，营养价值很高。

② 南瓜所含有的甘露醇有通畅宿便的功效，对于肝肾功能较差的人，是非常适合的健康食品。

③ 南瓜含有铬和镍，对于糖尿病有改善效果，也可预防癌症。

扫我看视频！
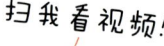

南瓜的刀工

南瓜的清洗

瓜果

苦瓜
bitter gourd

苦瓜中含有清脂素，生吃有减肥的功效，清热解暑，明目解暑，具有很高的价值。苦瓜生食，营养成分摄入更全面，而苦瓜熟食，口感更易为人们所接受。炎炎夏日里，食用苦瓜可解除疲劳困乏、消暑解热、宁心醒目。

①果梗：刚采收后不久的苦瓜，果梗切口新鲜完整，萎缩会干瘪的表示已经储存了一段时间。
②果皮：果粒凸出，饱满结实有光泽，颗粒越大越好。
③种子和内膜：白色绒层内膜去除可降低苦味，种子不宜食用，料理前应去除。
④尾端：新鲜的苦瓜尾端也会很完整，不会有萎烂或受伤的等情况。

▶ 苦瓜的营养价值

营养成分及热量表

15Kcal /100g

- 水分：94.26%
- 碳水化合物：4.17%
- 蛋白质：0.89%
- 矿物质：0.27%
- 脂肪：0.15%
- 维生素：0.05%
- 其他：0.21%

盛产时期
5月～10月

1. 苦瓜含有蛋白质、糖类、维生素B、维生素C、钙、磷等营养素，具有清热祛暑、明目解毒、降压降糖、利尿凉血、解劳清心、益气壮阳之功效。

2. 苦瓜的蛋白质成分及大量维生素C能提高机体的免疫功能，苦瓜中含有的苦味素可抑制恶性肿瘤分泌蛋白质，防治癌细胞的生长和扩散。

3. 苦瓜中的苦瓜甙和苦味素能增进食欲，健脾开胃，所含的生物碱类物质奎宁有利尿活血、消炎退热、清心明目的功效。

4. 苦瓜富含膳食纤维和维生素C，有助于预防坏血病、防止动脉粥样硬化及保护心脏的作用，也有清火解热、刺激胃液分泌的功效。

▶ 挑选要领

1. **表面**：苦瓜上的一粒粒的小疙瘩越大越饱满，表示瓜肉厚，反之瓜肉薄。
2. **纹路**：苦瓜表面有一条条纹路，纹路细的苦瓜含有苦瓜素比较多，苦味浓，纹路宽的苦瓜苦味就淡了。
3. **颜色**：挑选苦瓜外皮翠绿色为佳，新鲜，健康，含有的营养成分最丰富。

▶ 处理保存要领

1. 苦瓜洗净去瓜蒂去瓤切片即可烹煮。
2. 苦瓜不耐久放，即使冷藏也会继续热化，而使果肉变得松软失去新鲜，因此，买回来的苦瓜应该尽快冷藏，并于2～3天内食用。
3. 苦瓜清洗可以浸泡在盐水中，半小时后用软刷子刷一下就可以了。
4. 我们常食用的是绿色和白色苦瓜。绿色苦瓜质感较脆爽，适合榨汁或直接调制成凉拌沙拉，味道鲜美可口；白苦瓜质地柔软，适用于煮汤，如苦瓜排骨汤。

招数 — 苦瓜去苦味的小招数

- ! 对于苦瓜的苦味，有的人可能接受不了，可以在烹煮前，先用沸水焯烫过，但要快，否则营养成分损失太多，且苦瓜就不脆了。
- ! 在切好的苦瓜上撒点盐，腌制两分钟，苦瓜就不会太苦了。
- ! 苦瓜剖开后，可将贴近果肉的一层白色内膜去除干净，这样也可降低苦味。

宜忌

- ☑ 一般人群均可食用。
- ☑ 苦瓜含有类似胰岛素的物质，有明显降血压的作用，因此，糖尿病、癌症、痱子患者适宜食用。
- ☑ 苦瓜含有苦瓜素，能防止脂肪被体内吸收，对减肥者很有效益。
- ☒ 脾胃虚寒者、孕妇、大便溏稀、小便清长、面色㿠白不宜过多食用。

扫我看视频！

 苦瓜的刀工

 苦瓜的清洗

~苦瓜其他品种~

【槟城苦瓜】瓜身为长圆锥形，有整齐的纵沟条纹，油青色，有光泽，品质佳。

【翡翠苦瓜】果实为长纺锤形，表面有肋条凸起，果皮翠绿光滑，果肉为淡绿色，苦味适中。

【青皮苦瓜】果梗较粗，果面呈不完全肋条状凸起，果肩较平阔，果皮为浓青色。

【杜阮大顶凉瓜】瓜型肥大，形似木瓜，平顶粒粗，肉厚色绿，味微苦而甘，爽脆无渣。

【长身苦瓜】果实为长条形，顶端尖，果实为绿色，味干枯，品质佳，耐贮藏。

【冲绳苦瓜】表皮为深绿色，有很多细小疙瘩，为长果形。

【黑皮苦瓜】果实大，口感好，苦味较淡，可以生吃，也可以做成各种菜肴和饮品。

【水果山苦瓜】果皮绿色，果肉厚，富含营养，抗氧化能力强，口感外脆内软，口感微甜、温和。

【广东苦瓜】表皮为浅绿色，适合清炒和炒肉。

【大青苦瓜】苦味比白苦瓜要重，果肉及果腔内膜组织比较坚韧，常用于制作咸蛋苦瓜。

【大顶苦瓜】瓜身矮短，肉质很厚，煮食前并不需要焯水。

【白玉苦瓜】果实大，腰身比较丰满，肉厚，苦味淡，水分多，略有甜爽清凉，适合榨汁食用。

【珍珠苦瓜】适合制作沙拉、炖汤等。

【苹果苦瓜】体型圆短可爱，口感甘甜，苦味低。

瓜果

丝瓜
loofah

丝瓜肉质细嫩、多汁甘甜，不可生食，但可供药用。丝瓜能够清热活血、润白皮肤、祛斑解毒，改善口感、便秘、牙龈肿胀的症状。丝瓜成熟时里面的网状纤维称为丝瓜络，可代替海绵用作洗刷灶具及家具。

①外皮：表皮鲜绿，纹路凹凸，粒颗粗糙，料理前应先去皮。
②果梗：刚采收不久的丝瓜果梗切口新鲜完整。
③花蒂：尾端残留着花蒂的表示越新鲜。

▶ 丝瓜的营养价值

1. 丝瓜中含的维生素B_1防止皮肤老化，维生素C能增白皮肤等成分，能保护皮肤、消除斑块，使皮肤洁白、细嫩，故丝瓜汁有"美人水"之称。

2. 丝瓜性凉、味甘，具有清热解毒、凉血止血、通经络、行血脉、美容、抗癌等功效，并可治疗诸如痰喘咳嗽、乳汁不通、热病烦渴、筋骨酸痛、便血等病症。

3. 丝瓜中含有丰富营养成分，所含的干扰素诱生剂能刺激人体产生干扰素，达到抗病毒防癌的目的。

4. 丝瓜还是消除雀斑、增白、去除皱纹的不可多得的天然美容剂。长期食用或用丝瓜液擦脸，还能使皮肤变得光滑、细腻，具有抗皱消炎、预防、消除痤疮及黑色素沉着的特殊功效。

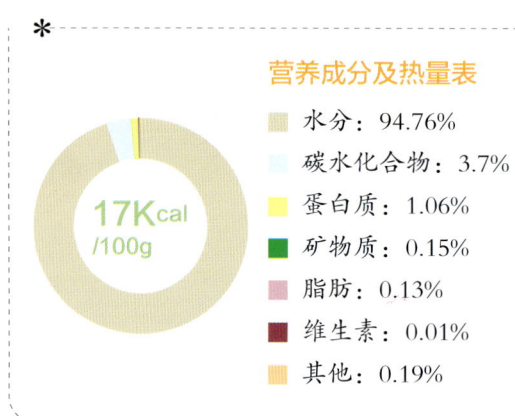

营养成分及热量表
- 水分：94.76%
- 碳水化合物：3.7%
- 蛋白质：1.06%
- 矿物质：0.15%
- 脂肪：0.13%
- 维生素：0.01%
- 其他：0.19%

17Kcal /100g

盛产时期
全年

▶ 挑选要领

1. **看形状**：挑选形状规则、外形匀称的，两头一样粗，不要选瓜身局部肿大的。

2. **看色泽**：新鲜的丝瓜颜色为嫩绿色，有光泽，老的丝瓜表皮无光泽且纹理会产生黑色。

3. **看纹理**：纹理细小均匀的是比较嫩的，纹理很清晰的、比较深的是比较老的。

4. **用手摸**：用手摸一下丝瓜，丝瓜有弹性的是新鲜的，无弹性的、太软的也不新鲜。

▶ 处理保存要领

1. 丝瓜不宜生吃，丝瓜汁水丰富，宜现切现做，以免营养成分随汁水流走。

2. 整条丝瓜可用报纸包好，可在冰箱内存放1~2周，切开过的可用保鲜膜包好，并于一周内吃完。

~丝瓜其他品种~

【白玉香丝瓜】 肉质软绵，带有枯萎，做汤香甜，汤汁鲜甜。

【棒锤丝瓜】 瓜条为棍棒形状，基部圆，绿色，表面有突起，瓜肉厚，肉质细嫩，被绿色，口感佳。

【棱角丝瓜】 味甘性凉，清热化痰、凉血解毒。

宜忌

适用人群与禁忌

- ☑ 一般人群均可食用。
- ☑ 适宜热病期间身体烦渴、痰喘咳嗽、肠风痔漏，以及夏季疖肿病人食用。
- ☑ 适宜妇女产后乳汁不通、月经不调者、身体疲乏者适宜食用。
- ☒ 久病虚弱、脾胃虚弱、消化不良的人还是少吃为宜。

扫我看视频！

丝瓜的刀工　　丝瓜的清洗

瓜果

秋葵
okra

秋葵可分为绿色和红色两种，凉拌、热炒、炖食、汤菜均可。秋葵富有黏黏的汁液，含有水溶性纤维果胶、半乳聚糖和阿拉伯树胶，可以降血压、帮助消化、预防大肠癌、保护肝脏和增强人体耐力、缓解便秘现象。

①梗头：刚采下来的果实顶端有明显细毛，有些种类还会刺人，因此清洗时要注意，或可将其切除再料理。
②表皮：颜色翠绿，带有绒毛表感。
③种子：白色圆形种子，种子鲜嫩可食，成熟的种子是黑色的，可用来播种但不能食用。

▶ 秋葵的营养价值

① 秋葵嫩果中含有黏黏的液体物质，这种黏液含果胶和黏多糖类等多糖，黏多糖可增强机体抵抗力，维护人体关节腔里关节膜和浆膜的光滑效果，削减脂类物质在动脉管壁上的堆积，避免肝脏和肾脏中结缔组织萎缩等。

② 秋葵中富含的锌和硒等微量元素，对增强人体防癌抗癌能力很有帮助。

③ 秋葵含水量高、脂肪很少，且富含维生素C和膳食纤维，能使皮肤美白、细嫩，适合于减肥瘦身的女士。

④ 秋葵含丰富的维生素A，有益于视网膜健康、维护视力。对于青壮年和运动员，常吃秋葵还可消除疲劳、迅速恢复体力。

营养成分及热量表

28Kcal /100g

- 水分：89.83%
- 碳水化合物：7.5%
- 蛋白质：2.06%
- 矿物质：0.41%
- 脂肪：0.11%
- 维生素：0.01%
- 其他：0.08%

盛产时期

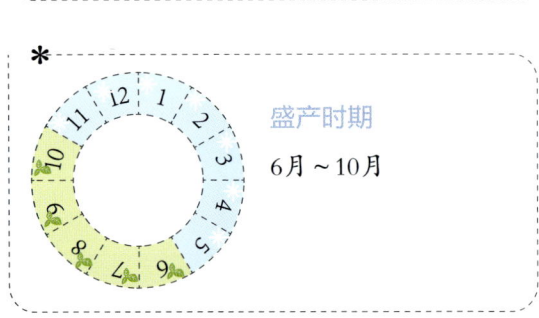

6月~10月

▶ 挑选要领

① **看形状**：选择形状饱满、直挺的秋葵，可用手轻轻捏一下，感觉不发硬且有点韧度的质量较好。

③ **看光泽**：秋葵表面饱满鲜艳，脊上有毛的为佳，颜色发暗发干的则已经变老。

② **看果身**：不要选择果身出现黑色斑痕和有虫蛀痕迹的黄秋葵，因为内部可能已经腐烂，品质受损。

④ **看体积**：不要选择体积过大的秋葵，其越小越嫩，长度为5~10厘米是最好的。

▶ 处理保存要领

① 秋葵可凉拌、热炒、油炸、炖食，做色拉、汤菜等，在凉拌和炒食之前最好在沸水中焯烫一下，借此可去涩。

② 日常保存秋葵可用保鲜袋装好冷藏，并于2~3日食用完，秋葵如果表面有水分时较容易腐烂，因此应尽量保持其干爽。

~秋葵其他品种~

【角秋葵】 嫩荚果，呈长条形，尾端尖细。

【红秋葵】 果实外皮为红色的黄秋葵品种，茎为红色，圆柱形，叶掌状五裂，叶柄长。

【圆秋葵】 果实为圆柱形，先端尖，果肉厚不容易老化，品质甜嫩。

宜忌

- ☑ 一般人群均可食用。
- ☑ 适宜青壮年和运动员食用。
- ☑ 秋葵营养价值很高，富含蛋白质，热量不高，很适合减肥人群食用。
- ☒ 秋葵属于寒性食品，阴虚体质者、肠胃功能较差者不宜过多食用。

▶ 知识小专栏

秋葵烫熟后加入掺有蒜末、辣椒末的酱油食用，可以平衡其寒凉性质。

Lesson 4
[Roots]

菜篮子课程之
——水果篇——

水果含有丰富的品种、鲜艳丰富的色彩、饱含汁液的果肉、馥郁浓香的果香，丰富我们的生活，既可以作为零食，又可以作为食材通过各种烹调手法制作成各种美味佳肴。水果蛋白质含量低、脂肪含量也低，主要含有果糖和蔗糖，是为机体快速补充能量的理想食物来源。水果还含有丰富的矿物质、维生素和膳食纤维，是人体不可缺少的食物。

水果
苹果
apple

苹果营养成分可溶性大，易于吸收，故有"一天一苹果，医生远离我"的说法。苹果通常为红色，也有黄色和绿色。苹果含有丰富的膳食纤维、多酚类物质，具有抗氧化作用，可减少大肠癌、血管疾病的发生，适宜糖尿病患者食用。

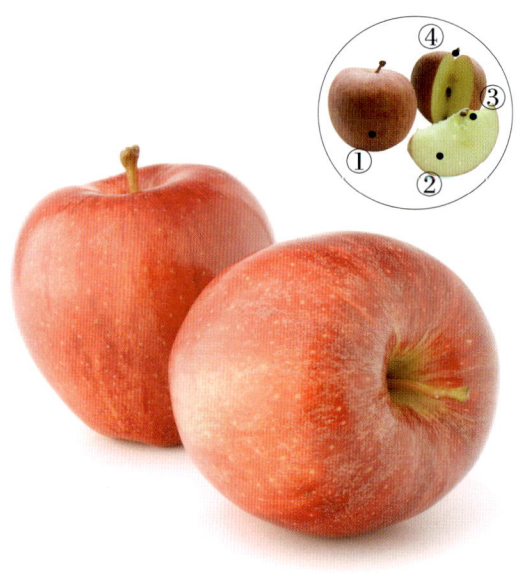

①苹果多为球形，表皮光滑、有光泽，有黄色、绿色和红色。
②苹果果肉多汁、水分充足，口感爽脆可口，为黄白色或浅绿色。
③苹果核中含有种子，一般不食用。
④果梗：有时会带有绿色，根据果梗的颜色和新鲜程度可用来判断苹果的新鲜度。

▶ 苹果的营养价值

① 苹果属于低能量食品，水分充足，其含有的多种营养成分可溶性大，容易被人体吸收。

② 苹果富含钾、磷、铁等元素，钾能与人体的多余的钠盐结合，促进其排出体外，维持人体水盐平衡，磷和铁元素的吸收具有补脑养血、宁神安眠的作用。

③ 苹果含有的膳食纤维、果胶、果酸，有助于降低人体胆固醇含量、促进消化吸收、能够清除人体消化道的不良细菌，有益于肠道有益菌群的生长。

④ 苹果中含有丰富的维生素C，有助于人体免受自由基的伤害，可增强免疫力，美化肌肤，延缓人体皮肤老化，具有抗癌防癌功效。

营养成分及热量表
- 水分：85.52%
- 碳水化合物：13.91%
- 蛋白质：0.21%
- 矿物质：0.14%
- 脂肪：0.09%
- 维生素：0.006%
- 其他：0.124%

54Kcal /100g

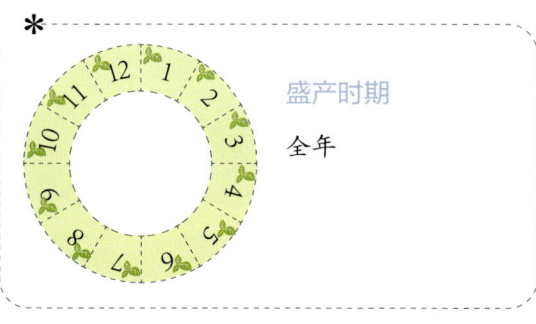

盛产时期 全年

⑤ 苹果含有硼、锰元素，能够有效预防钙质流失，对于处于绝经期的妇女，常吃苹果可以有助于钙质吸收，防治骨质疏松。

▶ 处理保存要领

① 为了保存运输需要，市面上的很多水果都会在其表面打蜡，特别是在反季节时售卖的苹果，因此苹果最好还是削皮后食用。

② 苹果放置在室内阴凉处容易水分散失，口感变差，因此最好是放置冰箱低温保存，这样能较好地保存其爽脆口感，但如果从冰箱取出后不宜在室温放置太久，否则会加速其老化。

▶ 挑选要领

① **看颜色**：对于一般的苹果，颜色太红的一般口感较绵、水分少；表皮绿里透红的苹果则不够成熟，口感比较爽脆，但带有涩感，不够甜。而表皮带有裂纹状的条纹或有麻点的苹果则是品质最佳的，口感香甜爽口，水分充足。

② **看果梗**：一般新鲜的苹果，其果梗颜色比较鲜绿，如果果梗已经枯萎、发黑发黄的，则表明苹果已经放置一段时间了，不是很新鲜。

③ **结实感**：轻轻按压苹果表面，如果感觉可以很容易按压下去的，苹果会比较甜，反之者比较酸、不是很成熟。相对而言，苹果有坠手感的口感会比较爽脆，水分多，较轻的苹果吃起来会比较绵。

▶ 知识小专栏

① 一般人都习惯将苹果削皮后再食用，但其实果皮含有丰富的多糖和花青素，所以，如果买来的苹果没有上蜡，还是建议连果皮一起食用为佳。

② 苹果热量低且富含膳食纤维，如果餐前使用半颗，能给人带来饱足感，有助于防止摄入过多的糖质，是减肥者的理想食品。

扫我看视频！

苹果的刀工

苹果的清洗

~苹果其他品种~

【夏绿】 果实近圆形,有的为扁圆形,果皮较绿,稍有浅红色条纹,果皮有光泽,果梗细长,果肉乳白色,水分充足。

【印度青苹果】 果实为卵圆形或扁圆形,整体浅绿色,微黄,有紫红色晕,果梗粗短,耐贮藏,口感甘甜。

【王林】 果实椭圆形,果皮黄绿色,果肉乳白色,肉质细致,味甜汁多,有浓厚香味,品质佳。

【澳洲青苹】 果皮光滑翠绿,质地脆硬,酸度大,极耐储藏。

【乔纳金苹果】 果实为圆锥形,果皮光滑,蜡质多,果点小,果肉乳黄色,肉质松脆多汁,稍有香气,风味酸甜。

【富士】 果实圆球形,果皮黄绿色,果皮有一层薄薄的果粉,有黄白色果点,果肉为乳黄色,水分多,有芬芳味。

【红玉】 果实圆形,果皮为鲜艳的深红色,果肉细脆,酸味强。

【红将军苹果】 果肉为黄白色,皮薄多汁,质地比红富士略松,甜脆爽口。

【早捷苹果】 果实扁圆形,果皮底色为黄绿色,整体鲜红至浓红色,果梗粗短,果肉乳白色,肉质松脆多汁,酸甜可口。

【国光苹果】 果实个头中等,扁圆形,大小整齐,底为黄绿色,果肉白或淡黄色,肉质脆而多汁。

▶ 食用小常识

中医上讲人体在上午时是脾胃活动最旺盛的时候,那时候吃水果有利于身体吸收,晚餐后的水果不利于消化,吃得过多会使糖转化为脂肪在体内堆积,所以吃苹果尽量选择在下午前,要么是饭前半小时,要么是饭后半小时。

水果

圣女果
cherry tomato

圣女果果型娇小,食用处理简单方便、酸甜适中、水分足,是备受女生欢迎的"零食水果"。但如要更好地吸收圣女果中的番茄红素,应该是与油脂一起烹煮加热后的吸收效果更佳,因为番茄红素属于脂溶性维生素。

盛产时期
全年

① 圣女果有球形、椭圆形、梨形等体型,果皮多以红色居多,鲜红碧透。
② 果肉饱满多汁,有金黄色种子,可食用。

营养成分及热量表
- 水分:90.9%
- 碳水化合物:7.14%
- 蛋白质:0.97%
- 矿物质:0.33%
- 脂肪:0.22%
- 维生素:0.05%
- 其他:0.39%

28Kcal/100g

▶ 圣女果的营养价值

① 圣女果含有谷胱甘肽和番茄红素等物质,能延缓衰老,增强人体免疫力,防癌抗癌。番茄红素还可以保护人体免受香烟和汽车废气中的致癌毒素的侵害,并可调高人体防晒功能。

② 圣女果中的维生素PP的含量居果蔬榜首,具有保护皮肤、维护胃液正常分泌、促进红细胞生成的重要作用。

③ 圣女果含有柠檬酸、苹果酸等物质,能帮助人体消化和增进食欲。

▶ 处理保存要领

夏季放置冰箱可保存5~7天,冬春气温不高时可室温放置,并尽快食用。

▶ 挑选要领

① **看果蒂**:市面上的圣女果多带有果蒂或叶子,可依据叶子新鲜度作为挑选标准。

③ **看颜色**:颜色越深的圣女果成熟度越高,口感香甜。

② **看外皮**:圣女果皮薄易破裂,挑选时注意不要选有明显裂口霉变、有斑点的。

④ **摸果实**:较结实而不是软软的为佳。

水果

香蕉
banana

香蕉与菠萝、龙眼、荔枝统称为"南国四大果品"。香蕉含有丰富的钾元素，是食物中排名第一的"美腿高手"。此外，香蕉含有丰富的果胶和膳食纤维，有助于促进消化、保持肠道健康。其含有的生物碱还能有助于消除忧郁、振奋心情。

①香蕉外形似一轮弯月。
②成熟香蕉的外皮由青色变为黄色，较成熟的外皮带有黑色斑点，此时口感更好，甜度更高。
③香蕉横切面可见细小的种子，呈褐色小点状，可食用。

▶ 香蕉的营养价值

营养成分及热量表
90Kcal/100g
- 水分：72.98%
- 碳水化合物：24.27%
- 蛋白质：1.4%
- 矿物质：0.43%
- 脂肪：0.13%
- 维生素：0.01%
- 其他：0.78%

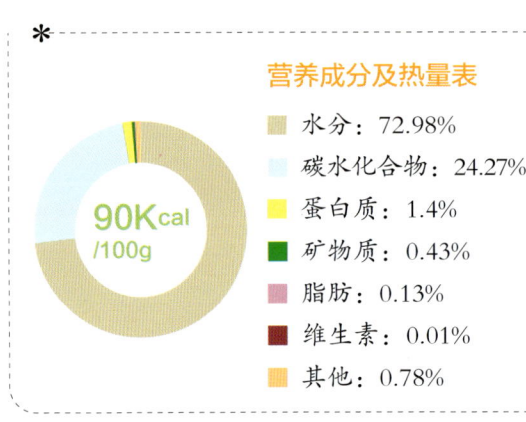

盛产时期 4月~6月

① 香蕉属于高热量水果，含有多种微量元素、维生素、硫胺素、镁、钾、核黄素、磷、钙、蛋白质和糖类。

② 香蕉含有的钾和镁元素，能够降低血压、防止肌肉痉挛、消除疲劳，睡前食用香蕉还具有镇静、稳定情绪、抑制抑郁、减轻身心压力的作用。

③ 香蕉含有丰富的维生素A和膳食纤维，能增强人体免疫力，维护视力。常吃香蕉还能促进肠道蠕动、促进新陈代谢、清理肠胃、清热解毒、润肺止咳。

④ 香蕉含有的硫胺素对于脚气病有改善作用，能增进食欲、帮助消化，保护人体神经系统。香蕉质

地软滑、松软，容易消化吸收，适合老人、儿童食用，其含有的核黄素还能促进人体的正常生长和发育。

⑤ 香蕉属于低卡路里食品，适合减肥人群食用，其含有的泛酸等成分是人体的开心激素，能缓解紧张、抑郁情绪，被称为"快乐水果"。

▶ 挑选要领

① **看表皮**：新鲜的香蕉表皮有光泽，没有破损，出现黑点，表示香蕉开始成熟，只要黑点部分没有腐烂就没有问题。

② **看香蕉柄**：香蕉柄是香蕉最慢成熟的部位，若香蕉柄是绿色也没有关系，但如果香蕉柄很容易剥落，或者有腐烂现象，则不宜选购。

③ **看硬度**：好的香蕉比较厚实但不硬，不宜用手捏香蕉，这样容易造成香蕉局部快速腐烂。

④ 若非当天食用的，可选购颜色较青，放置一段时间后再食用口感更好，也能防止食用人工催熟的香蕉。

▶ 处理保存要领

香蕉不宜用袋子包装或密封保存，只需放置在室内阴凉处储存即可，待其表面出现黑色斑点时即可食用。

适用人群与禁忌

☑ 香蕉延年益寿，老少皆宜，是减肥者的首选。

☒ 香蕉的含糖量较高，关节炎和糖尿病患者不应该吃香蕉，否则会加重病情。

❗ 香蕉不是表皮越光滑无斑点越好，香蕉皮变黑时也并不是表示香蕉腐败不可食用。

❗ 香蕉皮变黑是香蕉炭疽病的表现，其表面的黑色斑点只有香蕉成熟时才会出现，此时香蕉中的鞣酸大大降低，口感和风味最佳，最适合食用。但若出现腐烂发黑则不宜再食用。

~香蕉其他品种~

【小米蕉】 蕉皮分为青绿色和鹅黄色,肉质鹅黄色,香甜可口,香味浓,酸中带甜,有糯性。

【西贡蕉】 又名为象牙蕉,原产于越南,青果皮较青绿,属于粉蕉类型,皮薄不耐贮藏。

【苹果蕉】 果皮身上有一层淡淡的粉,皮色光滑,由于蕉蒂像苹果蒂,且口感似苹果甜中带酸,故得名苹果蕉。

【仙人蕉】 由台湾的北蕉变异而来的,果型小而微弯,果肉香甜,除了生食还可做成加工食品,具有一定的药用价值。

【巴西蕉】 引自南美洲,适合我国大部分蕉区种植,梳型整齐,果皮坚韧,耐贮藏。

【吕宋蕉】 俗称芭蕉或南洋蕉,果皮橙黄色,易裂开,果肉黄白色,带有酸味,气味浓郁。

【旦蕉】 果实较小,果皮极薄,肉质软化,为橙黄色,甜度高,颇受消费者喜爱。

【粉蕉】 又称为糯米蕉,果皮青绿色,披有少量白粉,皮薄,成熟为淡黄色或黄色,肉质甜滑,微香。

【灰蕉】 又称为粉大蕉,果皮披白粉,果皮厚,肉质幼滑,呈乳白色,甜味较低,无酸味。

【红皮蕉】 果皮为暗红色,催熟后会转变为苹果红色,果肉为淡黄色,肉质幼滑,味道较甜,风味独特。

【玫瑰蕉】 果皮为鲜黄色,果肉香甜,口感极佳,果实较长。

【北蕉】 果肉淡黄色,肉质细致、味甜芬芳,是品质极佳的品种。

香蕉的刀工

香蕉的清洗

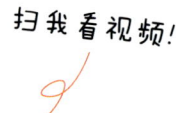
扫我看视频!

水果

木瓜
pawpaw

木瓜有"岭南果王"之称，性温味酸，能够平肝和胃，舒筋祛湿。木瓜可生食，也可榨汁食用。木瓜可降低血压、改善脾胃虚寒和强化心脏功能、延缓衰老、预防癌症。木瓜含有特殊的女性荷尔蒙，怀孕中的妇女不宜食用。

①木瓜呈卵球形或长圆形，外皮黄色或黄绿色，成熟时呈棕红色。
②果肉：橙黄色，切开会有乳白色汁液流出。
③成熟的木瓜种子是黑色的，而未成熟的则是白色透明的，一般不食用。

▶ 木瓜的营养价值

① 木瓜含有的蛋白分解酵素，可补充胃液的不足，有助于分解蛋白质和淀粉，且含有丰富的胡萝卜素和维生素C，它们具有很强的抗氧化能力，可以帮助机体修复组织，消除有毒物质，增强人体免疫力。

② 木瓜含有多种酶元素、维生素和矿物质元素，有消暑解渴、润肺止咳的食用效果。

③ 木瓜含有丰富的维生素C，维生素C能刺激干扰素的生成，并防止细胞受到氧化伤害，可预防类风湿性关节炎的症状发生。

④ 木瓜中的维生素K和β~胡萝卜素，对于防治癌症有确切的疗效，也有延缓衰老的作用。

营养成分及热量表

36Kcal /100g

- 水分：88.94%
- 碳水化合物：10.08%
- 蛋白质：0.51%
- 矿物质：0.25%
- 脂肪：0.06%
- 维生素：0.06%
- 其他：0.1%

盛产时期

9月~10月

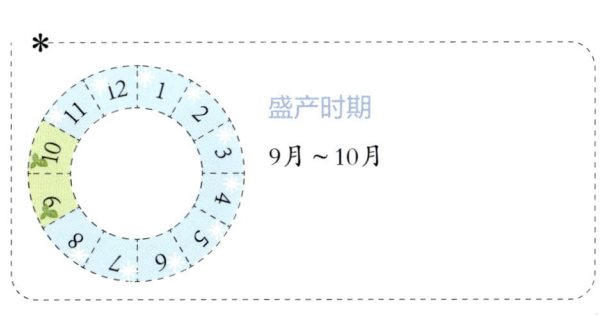

❺ 木瓜含有丰富的木瓜酵素，木瓜酵素能刺激女性荷尔蒙分泌，并能刺激卵巢分泌雌激素，使乳腺畅通，可达到丰胸的目的。

▶ 挑选要领

❶ **看颜色**：木瓜表皮较深黄色的，表明成熟度较高，味道会比较香甜；而表面是青绿色的就是不成熟，口味不是很甜。

❷ **摸表皮**：表皮上有黏黏的胶质——糖胶，这样的木瓜通常会比较甜。用手轻按木瓜肚，如果手能按得动木瓜但不是塌下去的，一般表明木瓜已经成熟了。

❸ **闻香味**：成熟的木瓜一般都有一股清香的味道，如果没有什么味道的话证明木瓜还没熟透，而如果有发臭气味，木瓜则可能已经腐烂发霉了，不宜购买。

▶ 处理保存要领

❶ 木瓜可生食，也可做成糖水、汤水、沙拉等食用。

❷ 木瓜可以放在阴凉处室温放置，如果天气过于炎热，则可用塑料袋装好放在冰箱内，但应尽快食用，如果果皮表面出现斑点或变褐黑色等病变，不应食用。

适用人群与禁忌

☑ 一般人群均可食用。
☑ 消化不良、风湿筋骨痛、跌打扭伤病人以及肥胖者适宜食用木瓜。
☒ 孕妇、有过敏体质的人及胃寒体虚者不宜食用。

食用常识

❗ 木瓜的果实富含17种以上氨基酸及钙、铁等，还含有木瓜蛋白酶、番木瓜碱等。

❗ 番木瓜碱具有抗肿瘤的功效，并能阻止人体致癌物质亚硝胺的合成，对淋巴性白血病细胞具有强烈抗癌活性。

❗ 木瓜中维生素C的含量非常高，是苹果的48倍。

❗ 木瓜、鲜奶、蜂蜜、椰子汁同食，能有效消除疲劳，对消化不良者也颇有裨益。

❗ 木瓜加入雪耳与冰糖炖成木瓜汤汁，可以滋润喉咙、消除口干舌燥的现象。

~木瓜其他品种~

【蓝茎】果实肉厚,呈橙黄色,味甜,与岭南种相比,抗花叶病能力较强。

【香蜜红肉木瓜】果皮光滑,成熟时为深红色,肉质肥厚多汁,嫩滑清甜,有独特的芳香味。

【苏罗】原产于加勒比海,果实呈梨形或长椭圆形。果肉厚而带香味,较耐贮运。

【红铃番木瓜】果实中等偏大,长圆形或椭圆形,成熟时果皮为橙黄光滑,果肉浅红色,紧实。

【中山种】又称为中山菜瓜,果实较大,果肉肥厚,一般作为蔬菜用。

【穗中红】果实长圆形或椭圆形,果肉橙黄,香甜适口,品质优良。

【泰国红肉】由泰国引入,果实中等大小,长圆形,果肉肥厚而嫩滑,果肉红色,味道清甜。

【岭南种】引自夏威夷,果型长,果肉厚,橙黄色,味甜,有桂花香味。

【红妃】果型大,产量丰多,为长球形或椭圆形,果肉厚且细致,汁多味美。

【墨西哥黄肉】果肉为黄色,质地柔滑,甜味适中,有浓郁香味。

【马来西亚番木瓜】果实为长椭圆形或长圆形,未成熟时果皮为绿色,成熟为橙黄色,果蒂周围带有紫色,肉质清甜,口感佳。

【漳红番木瓜】果实短圆形或长圆形,果皮光滑,果蒂有红晕,果肉为橙红色,口感清甜可口。

> ▶ 知识小专栏
>
> 木瓜性味甘平,可降低血压,改善脾胃虚寒和强化心脏功能,可有效预防各种心脏疾病和高血压。但木瓜含有特殊的女性荷尔蒙,对胎儿不好,因此孕妇不宜食用。

水果

梨子
pear

梨子性寒味甘，可以生食，也可以去核煮制成糖水，具有润肺止咳的功效，也可入药，享有"百果之宗"的美誉。梨子表皮含有丰富的膳食纤维，肉质爽甜多汁，适宜连皮一起食用，有助于消暑解渴、滋阴润肺。

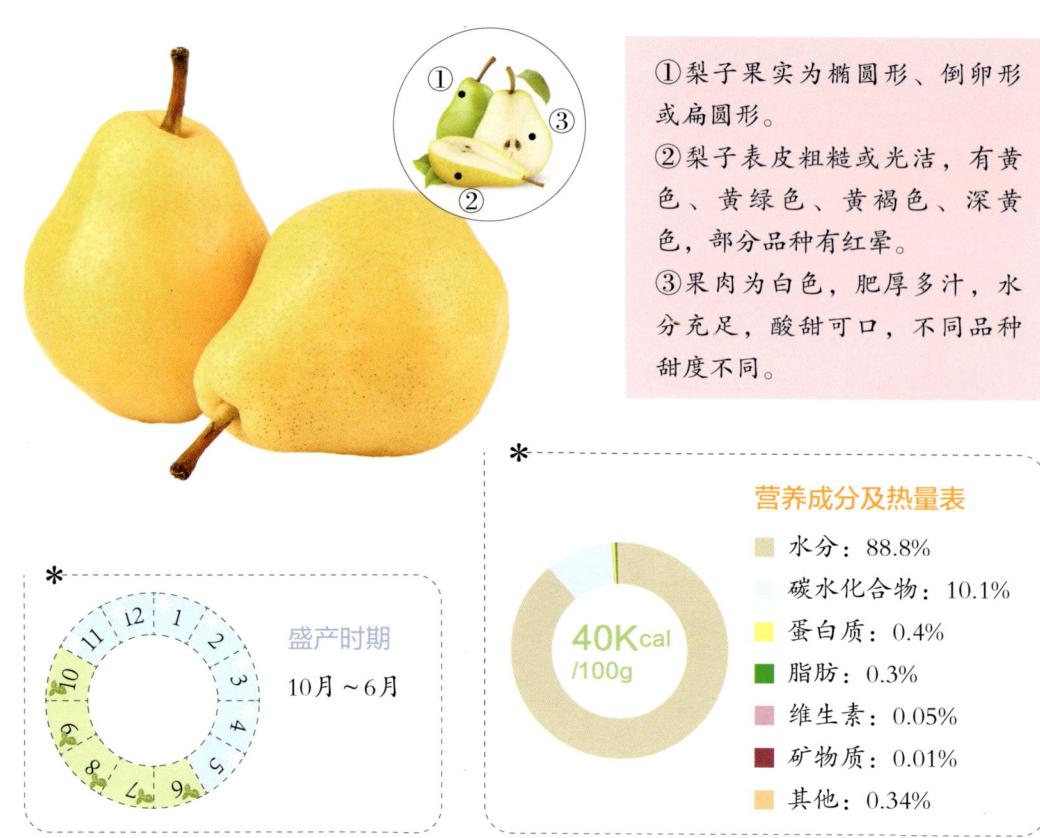

①梨子果实为椭圆形、倒卵形或扁圆形。
②梨子表皮粗糙或光洁，有黄色、黄绿色、黄褐色、深黄色，部分品种有红晕。
③果肉为白色，肥厚多汁，水分充足，酸甜可口，不同品种甜度不同。

盛产时期
10月~6月

营养成分及热量表
40Kcal/100g
- 水分：88.8%
- 碳水化合物：10.1%
- 蛋白质：0.4%
- 脂肪：0.3%
- 维生素：0.05%
- 矿物质：0.01%
- 其他：0.34%

▶ 梨子的营养价值

1. 梨果含有丰富的苹果酸、柠檬酸、果糖和多种维生素、膳食纤维等营养物质，常吃梨子能够清心润肺，降火生津，滋肾补阴，消痰清热。

2. 梨子含有丰富的维生素C及锌、钾和钙等矿物质，钾离子能够协助体内排出多余的钠离子，维持体内钠盐平衡，能够增强心肌活力，改善心血管疾病。

3. 梨子含有丰富的维生素A、胡萝卜素，具有很强的抗氧化作用，能够增强机体免疫力，能够抑制癌细胞的生长，具有抗癌防癌的功效。

4. 梨子含有的果胶和膳食纤维能够有助于促进肠道蠕动、刺激胃液、唾液等消化液的分泌，协助消化吸收，促进排便，防治消化道癌症，具有利尿、解毒功效。

▶ 挑选要领

1 看表皮：选择外皮较薄、色泽均匀、颜色鲜艳、没有霉点或黑斑的。

2 掂量重量：用手掂量掂量，较沉的水分足，口感较好。

3 看划痕：选购时，注意果实有没有明显伤痕或划痕、发霉或液体渗出。

▶ 处理保存要领

1 未切开的梨子放进冰箱中冷藏保存，但也是不适合保存超过一周。

2 切开的梨子可以放在盐水中浸泡5分钟，再放进冰箱中冷藏保存，这样可以防止梨子变黄、变软。

适用人群与禁忌

- ☑ 一般人群均可食用。
- ☑ 咳嗽、宿醉未醒者、高血压、心脏病、慢性支气管炎、咽喉发痒干疼者适宜食用。
- ☒ 溃疡性结肠炎、前列腺肥大、白细胞减少症患者、胃寒患者不宜食用。
- ☒ 脾虚便溏、慢性肠炎、胃寒病、寒痰咳嗽者、糖尿病患者、女子经期期间和寒性痛经者不宜食用。

~梨子其他品种~

【绿安琪儿】成熟时果皮为绿色，根据香味和软硬来判断成熟度。

【新世纪梨】果型正圆形，果皮为青黄色，果肉细脆，香甜多汁。

【丰水梨】果肉黄白、味甜、细嫩多汁，口感好，果型大。

【黄八特梨】成熟时果皮为鲜黄色，味道香甜多汁。

【红八特梨】成熟时果皮为鲜红色，味道甜美多汁。

梨子的刀工

梨子的清洗

扫我看视频！

水果
火龙果
pitaya

火龙果因为其外表呈肉质鳞片似蛟龙外鳞，像一团愤怒的红色火球而得名。果肉有白色、红色和黄色三种，有黑色种子密布，质地温和，口味清香。火龙果是低热量、高纤维的水果，尤其适合减重、糖尿病患者食用。

①果实：长圆形或卵圆形，表皮红色肉质，具鳞片。
②果肉：火龙果果肉有红色和白色两种，芝麻状的黑色种子分散其中，种子具有香味，且可食用。

营养成分及热量表
- 水分：85.51%
- 碳水化合物：12.61%
- 蛋白质：1.07%
- 脂肪：0.3%
- 矿物质：0.29%
- 维生素：0.01%
- 其他：0.21%

48Kcal/100g

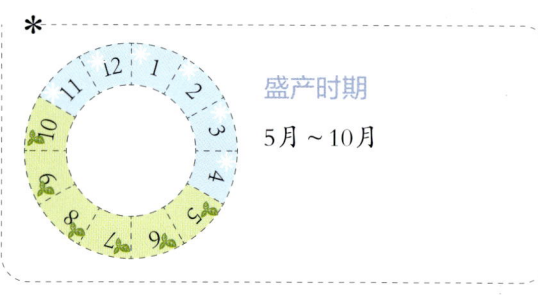

盛产时期
5月~10月

▶ 火龙果的营养价值

1. 果肉几乎不含果糖和蔗糖，主要以葡萄糖为主，容易被人体吸收，适宜运动后急需补充糖分的人食用。

2. 火龙果是一种低能量水果，含有丰富的水溶性膳食纤维，具有减肥、预防便秘等功效。火龙果中的植物性蛋白具有保护胃壁、解除体内毒素的作用。

3. 火龙果含有一般植物少有的植物性白蛋白及花青素，白蛋白对于重金属中毒具有解毒的功效，对胃壁还起到保护作用。

4. 花青素能保护人体免受自由基的损伤，增强血管的弹性，保护动脉血管内壁，降低血压，预防关节炎、抑制炎症和过敏，具有美容效果。

5. 火龙果中铁含量比较高，适量食用火龙果还可以预防贫血。

▶ 处理保存要领

新鲜火龙果可放在室内通风、干燥处存放，成熟度较高的则应冷藏保存，切开后的火龙果不宜在常温下放置过长时间。

▶ 挑选要领

① **看颜色**：火龙果外皮颜色越红、越鲜艳，表明其成熟度越高，口感越好，甜度越高。

③ **看外皮**：火龙果甜度高，容易腐烂，因此购买时应注意观察其表皮和梗部是否有腐烂，如果腐烂则表示不新鲜，不宜选购。

② **看形状**：选择近圆形的，不要选择瘦长形的，短圆形的火龙果水分多，比较甜，口感好。

④ **掂重量**：选择有坠手感的火龙果，水分比较足，果肉饱满多汁。

误区

! 吃火龙果并不会造成上火。火龙果性偏凉，具有清热解毒、预防便秘等功效。

! 火龙果中的花青素主要存在于果皮中，因此食用火龙果时，尽量不要丢弃内层的粉红色果皮，可用汤匙刮下食用。由于花青素对温度比较敏感，因此适宜生食火龙果。

宜忌

☑ 一般人群均可食用。
☑ 孕妇、儿童、熬夜人士适宜多食用火龙果。
☒ 过敏体质、糖尿病人、寒性体质者、月经期间的女性均不宜多食。

~火龙果其他品种~

【红皮红肉火龙果】果肉为红色或紫红色，花青素含量最为丰富，适宜容易疲劳、运动强度大、有吸烟、玩极限游戏习惯的人群食用。

【红皮白火龙果】果皮为红色而果肉为白色，口感较红心火龙果差，品质一般。

【黄皮火龙果】果皮为黄色而果肉为白色，是火龙果中品质最佳、口感最好、甜度最高的一个品种。

火龙果的刀工

火龙果的清洗

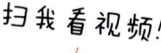
扫我看视频！

水果

西瓜
watermelon

西瓜被誉为"瓜中之王",外皮光滑,呈绿色或黄色,有花纹,果瓤多汁,有红色、黄色或白色。西瓜含糖量高、水分充足,是消渴防暑的天然佳品。西瓜皮含有丰富的维生素C,具有良好的抗氧化作用,对美白肌肤、预防黑斑具有重要作用。

①西瓜果实外皮光滑,呈绿色或黄绿相间,有明显纹路。
②果肉:果瓤为红色或黄色,水分多,口感爽口香甜。
③种子:黑色的种子分散果瓤之中,种子不易消化,一般避免食用。

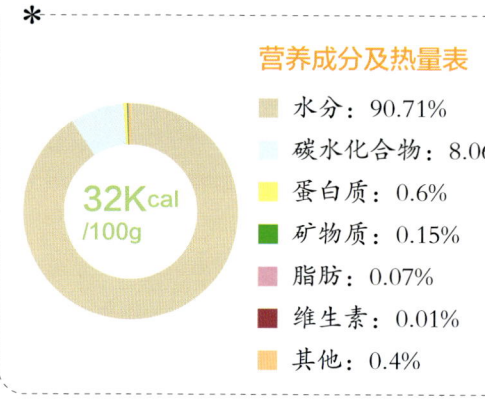

营养成分及热量表
- 水分:90.71%
- 碳水化合物:8.06%
- 蛋白质:0.6%
- 矿物质:0.15%
- 脂肪:0.07%
- 维生素:0.01%
- 其他:0.4%

32Kcal/100g

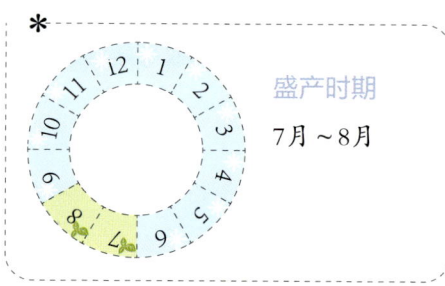

盛产时期
7月~8月

▶ 西瓜的营养价值

① 西瓜富含葡萄糖、苹果酸、番茄素、果糖、维生素C,且不含脂肪和胆固醇,能降低血脂,软化血管,对心血管病有明显疗效。

② 西瓜含多种具有生理活性的氨基酸,如瓜氨酸、谷氨酸、精氨酸、苹果酸、丙氨酸等,能有效被人体皮肤吸收,具有很好的补水防晒、增白功效。

③ 西瓜具有利尿作用,能促使体内盐分排出,减轻腿部浮肿,是长时间坐在电脑前而双脚浮肿的女性的天然瘦腿食品。其丰富的钾元素能有效补充因出汗流失的钾,缓解肌肉疲劳感,钾元素也是塑造美腿的重要元素之一。

④ 夏季食用西瓜还有清热解暑、解烦渴、清肺润肺、生津止渴、除腻消烦等功效。

▶ 挑选要领

① 看颜色：一般选择青绿色外皮的青瓜，其成熟度高，较甜，不要选择果皮泛白、雾雾白白的。

② 看纹路：表皮纹路不清晰、光泽暗淡一般是不熟的，不宜选购。

③ 听声音：西瓜捧于手中，在西瓜上敲一下，如果手上有感觉明显的振动，听到"嘭嘭"声的，表示瓜瓤在振动，西瓜已经熟了。

▶ 处理保存要领

① 没有切开的西瓜可以直接放置在室内常温储存，而切开后的西瓜则应用保鲜膜包好，放置冰箱冷藏，并应尽快食用。

② 在夏季炎热的天气下，切开的西瓜如果在室内放置过久，应不宜食用，因为西瓜甜度高，营养丰富，适宜细菌繁殖，如果食用被病菌污染的西瓜，或导致胃肠道传染疾病。

扫我看视频！

西瓜的刀工　　西瓜的清洗

~西瓜其他品种~

【特小凤瓜】形状多为球形，体型适中，果肉为黄色，瓜皮为深绿与浅绿色相间，皮薄而籽少，口干佳。

【花皮西瓜】瓜果圆，肉质肥厚，个重，瓜皮厚一般为1.5厘米左右，其制作而成的西瓜酱清淳甜美。

【黑美人】果型为长椭圆形，不明显条纹，果皮深黑绿色，肉色鲜红，鲜嫩多汁。

【早春红玉】果实为椭圆形，绿底条纹清晰，瓜瓤鲜红，肉质脆嫩爽口。

【无籽西瓜】果实为大球形，淡绿色皮青黑色条纹，肉色鲜红，肉质细脆多汁，甜度高，品质优良。

【京雪】绿底，表皮有墨绿色條带，有霜，果皮光滑，果肉酥脆，甜酸爽口。

水果

芒果
mango

芒果素有"热带果王"之称，果皮有黄色、绿色、紫红色、柠檬黄色，果肉为黄色或橙黄色，肉质细嫩，味道甘醇，风味独特，深受人们喜爱。芒果含有多种维生素，有助于维持视力、润泽皮肤，又能舒缓晕车、止吐、消除疲劳。

盛产时期

7～8月

① 芒果多为肾形，果皮肉质，有橙黄色、深黄色、暗绿色、紫红色，依品种不同而不同。
② 果肉：果肉为淡黄色，肥厚多汁，质地细腻滑口，纤维少，具有芬芳气味。
③ 果核坚硬，品种不同，果核大小不同，果核口感粗糙，附有丝状般的果肉，不宜食用。

营养成分及热量表

52Kcal /100g

- 水分：85.02%
- 碳水化合物：13.67%
- 蛋白质：0.58%
- 脂肪：0.24%
- 矿物质：0.17%
- 维生素：0.02%
- 其他：0.3%

▶ 芒果的营养价值

1. 芒果维生素A和维生素C的含量较普通水果高，维生素A有助于保护眼睛，连同维生素C可激发皮肤细胞的活力，润泽皮肤，对抗体内自由基，提高人体免疫力，并能排出皮肤废弃物，具有美化肌肤的功效。

2. 芒果中的人体必需微量元素硒、磷、钾、钙、铁等含量较高，常食用芒果能有效补充人体所需微量元素和维生素C，具有防治动脉硬化、预防高血压、防癌的作用。

3. 土芒果含有较多的粗纤维，可以促进肠道蠕动，促进排便，防止便秘。

4. 食用芒果能够解渴生津、清理肠胃，还能有助于晕车、晕船者止吐。

▶ 处理保存要领

1. 芒果果肉、果汁中含有致敏性蛋白、醛酸、果胶等致敏物质，食用芒果时应将果皮去除后切块食用，避免果汁或果皮接触口腔周围皮肤，引起过敏症状。

2. 新鲜的芒果可在室内阴凉处放置约3～5天，但如果天气炎热，则应用干净的袋子或报纸包装好放入冰箱，并尽快食用。

▶ 挑选要领

① 看体型：体型饱满、发黄发胖的为佳，切忌选择瘦长形、两头尖尖的芒果。

② 看颜色：表皮有金黄色光泽，略带红色的芒果成熟度适中，口感香甜；表皮呈淡黄色或绿色的不熟，表皮已呈皱缩的放置时间长，不新鲜。

③ 看两头：观察两头是否有黑点、腐烂，用手轻按，坚实者为新鲜，软绵状表示放置过久，不宜选购。

招数

对付芒果过敏小招数

! 改变芒果食用方式：将芒果皮去除后，将果肉切成小块，用牙签食用，避免果汁、果皮沾到皮肤。

! 避免食用未成熟的芒果。

! 食用芒果后，最好用清水洗涤皮肤，避免芒果汁或果肉粘附在皮肤上导致过敏。

! 过敏体质者慎食芒果。

宜忌

☑ 一般人群均可食用。

☑ 生食芒果有止吐作用，适用于晕车晕船者、孕妇作闷作呕。

☒ 芒果不适宜体质带湿者、过敏体质、患有皮肤病、妇科病、水肿、脚气患者食用，也不适宜青春痘较多者食用。

~芒果其他品种~

【澳芒】个头大，金黄色带有红色霞晕，营养价值高，有芒果王子的称号。

【爱文芒果】成熟时果皮为紫红色，果肉炎黄色，纤维少，质地细嫩，品质佳。

【金煌芒】果皮成熟时呈橙黄色，果型较大，长形，肉质细致、几乎没有纤维，风味香甜，核小。

【腰芒】个头比一般的芒果较小，味道和普通芒果相似，营养价值丰富。

【青皮芒】果皮为暗绿色，果肉淡黄色、质地细腻滑口、有芬芳味，而果实的腹肩至果实腹部有一条明显的沟槽。

水果
哈密瓜
hami melon

哈密瓜果实体型大、口味独特香甜，性寒味甘，以哈密所产的最为著名，故得名哈密瓜，被誉为"瓜中之王"。哈密瓜和西瓜一样是解渴防暑的天然佳品，食用哈密瓜可消肿解热，对于降血压，预防高血压、中风等具有一定的功效。

①果实形状各异，通常为球形或长椭圆形。
②果皮有明显纵沟纹或斑纹，无刺状突起，网纹果皮手感粗糙。
③果肉多为橙黄色，有清香甜味，种子黄白色，一般食用前先去除。

▶ 哈密瓜的营养价值

营养成分及热量表
33Kcal/100g
- 水分：89.86%
- 碳水化合物：8.38%
- 蛋白质：0.91%
- 矿物质：0.3%
- 脂肪：0.06%
- 维生素：0.01%
- 其他：0.48%

1. 哈密瓜含有苹果酸、果胶物质、维生素A、维生素B、维生素C、钙、磷、铁、尼克酸等营养元素，哈密瓜籽还可药用，具有美容、保健功能，故哈密瓜有"瓜中之王"的美誉，是一种富有营养价值的蔬果。

2. 哈密瓜含有丰富的抗氧化剂，能够有效地抵抗人体自由基、增强细胞活性，减少黑色素的形成和沉积，有美化肌肤、增白效果。

3. 哈密瓜中钾含量高，对于维持正常的血压、预防冠心病、防止肌肉痉挛有着重要作用。

4. 哈密瓜水分含量高、糖分足，夏季食用有清热解暑、消肿润喉之效，富含膳食纤维和果胶，也能促进肠道蠕动，清理肠胃。

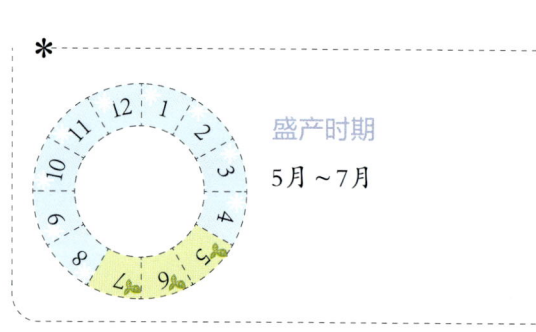

盛产时期
5月～7月

▶ 挑选要领

1. **看体型**：根据食用量选择个头大小、坚实微软的哈密瓜，更为经济实际。
2. **看纹路**：表皮纹路越多、纹路越深、表皮粗糙的哈密瓜为佳。
3. **掂重量**：用手掂量重量，重量与其个头相符的为佳。
4. **看瓜蒂**：挑选时注意观察瓜蒂，选择颜色鲜嫩、尚未萎缩的为佳。

▶ 处理保存要领

1. 保存时间视所购买的哈密瓜成熟度而言，八到九分熟的哈密瓜可以在室内阴凉处放置一段时间，待果香味明显时再食用。
2. 切开的哈密瓜汁液多，容易滋生病菌、微生物，因此建议尽早食用。如需保存，可用保鲜膜包好放进冰箱冷藏，并尽快食用。

扫我看视频！

哈密瓜的刀工　　哈密瓜的清洗

~哈密瓜其他品种~

【香妃】果实为椭圆形，果皮有黄色带有绿色条斑纹，果肉橘红色，肉质松脆多汁。

【金蜜宝】果实长椭圆形，生长期为黑绿色表皮，成熟后为黄色，网纹密布，果肉橘红色，松脆爽口。

【红蜜宝】果实椭圆形，果皮金黄色并带有少许的绿色条斑纹，网纹密布全瓜，果肉橘红色，肉质松脆。

【网纹瓜】果实呈圆球形，果皮为翠绿色，带有灰色或黄色条纹，类似网状而得名。口感如香梨，脆甜爽口。

【常香玉】产自海南，皮薄肉脆，水分充足，甜度高。

【红心脆】果肉多汁，带有奶香味，风味独特。

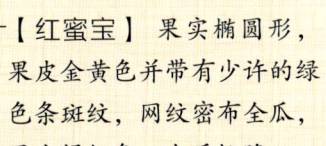

水果
橙子
orange

橙子一般可以分为普通系、脐橙系、雪橙系、无酸系等。橙子为圆形至长圆形，橙黄色，汁多味甜，清香味浓，含有丰富的维生素C和柠檬酸，具有极高的医药价值。橙子皮的香气还具有舒缓紧张情绪的效用。

①果实为圆球形、扁圆形或椭圆形，果皮为橙黄色或橙红色，有光泽。
②果肉为橙红色或紫红色、淡黄色，水分足，或甜或偏酸，种子少或无，不可食用。
③橙脐：母橙子的橙脐会有一个圆孔，而公橙子的橙脐只是一个黑点。

▶ 橙子的营养价值

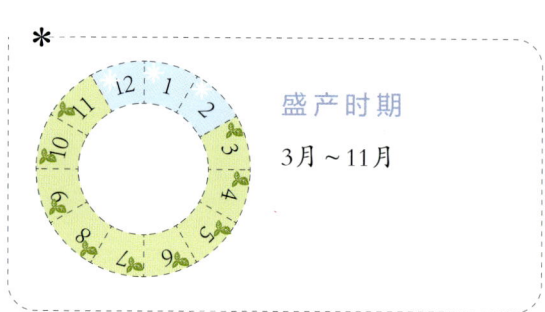

营养成分及热量表
40Kcal/100g
- 水分：87.63%
- 碳水化合物：11.05%
- 蛋白质：0.8%
- 矿物质：0.21%
- 脂肪：0.12%
- 维生素：0.04%
- 其他：0.15%

盛产时期
3月～11月

① 橙子含有丰富的维生素A、维生素B、维生素C、膳食纤维、磷、苹果酸等营养物质，能够促进肠道蠕动、促进排出体内废物、降低胆固醇、增强皮肤抵抗力、预防皮肤老化，具有塑身、美化肌肤、抗氧化、延缓衰老等作用。

② 橙子中丰富的维生素C等抗氧化成分，常吃能增强人体免疫力，抑制癌细胞生长，具有防癌抗癌功效。

③ 夏季食用橙子还有消暑解热、顺气化痰、健脾开胃、清热生津的功效，对于热咳有痰者尤其有效。饮用橙子汁还能改善中暑、发热症状。

▶ 挑选要领

① 看体型：选择大小适中的橙子，体型过大的水分多不是很充足。

② 看表皮：选择表皮橙黄色，有光泽且表皮光滑的为佳。

③ 看硬度：用手按压橙子，太硬的多是水分不足，而太软的则是不新鲜，容易腐烂，弹性好的橙子口感好、水分多。

④ 看橙脐：尽量选择母橙子，及橙脐有圆孔的，品质更好些。

⑤ 掂重量：用手掂量掂量，有坠手感的汁液多，水分充足，适宜选购。

▶ 处理保存要领

① 橙子可以鲜食，也可以制作成橙汁、果冻或熬煮食用。

② 橙子具有较厚的果皮，相对耐贮存，可以放置在室内阴凉处储存，如果果实表皮有霉变斑点，果实比较软的时候则不宜食用。

③ 新鲜橙皮加水煮开15分钟后饮用，可用于预防心血管系统疾病，饭前饮用还可以增强食欲的功效。

~橙子其他品种~

【印子柑（甜橙子）】果实有明显的圆形印环而得名，肉质柔软、风味香甜。颇受欢迎，在台湾中南部种植广泛。

【华盛顿脐橙】果实呈球状或长球状，体型较大，果肉为橙黄色，多汁柔滑。

 宜忌

☑ 一般人群均可食用。
☑ 食欲不振、发热、中暑、热咳痰多患者适宜食用。
☒ 肠胃功能较差、胃酸过多者不宜过多食用。

扫我看视频！

橙子的刀工　　橙子的清洗

水果

柑橘
citrus

柑橘肉质柔软多汁、甘甜酸美、口感凉爽、风味佳。柑橘性平味甘微酸，橘皮可供药用，以陈皮为佳，具有燥湿化痰之功效。旅途中食用柑橘，有安胃健脾、顺气活血、解除水土不服、减轻疲劳的功效。

①柑橘常为扁圆形。
②果皮有橙黄色、橙红色、朱红色等，果皮较薄，易剥离。
③果肉呈瓣状，容易分离，橘瓣上会附着有筋膜，称为橘络，可食用；种子数量视品种不同而不同，种子呈尖细状，一般不宜食用。

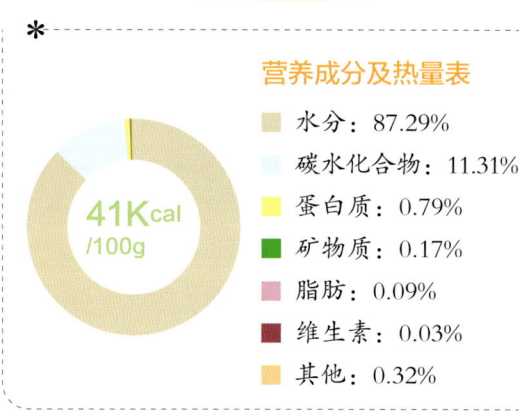

营养成分及热量表
- 水分：87.29%
- 碳水化合物：11.31%
- 蛋白质：0.79%
- 矿物质：0.17%
- 脂肪：0.09%
- 维生素：0.03%
- 其他：0.32%

41Kcal/100g

盛产时期
9月～3月

▶ 柑橘的营养价值

① 柑橘类水果含有的香豆素具有很强的抗癌功效，能够抑制癌物质代谢活性和通过解毒酶使癌细胞解毒，起到抑制性作用。

② 柑橘风味独特、酸甜适中并带些许苦味，而构成柑橘芳香气味的特殊物质——萜，具有镇静人体中枢神经、降低人体应激反应、消除疲劳的功能，柑橘中的柠檬苦素则具有抑制肿瘤的作用。

③ 常吃柑橘还具有燃烧脂肪、促进肠道蠕动、清理肠道的作用，并能缓解油腻感。

④ 柑橘含有丰富的维生素A和类胡萝卜素，两者均对眼睛有保护作用，并能滋润皮肤、缓解皮肤干燥症状，具有美化肌肤功效。

▶ 处理保存要领

柑橘类水果直接放在室内阴凉处储存即可，切忌放置冰箱冷藏，否则会造成柑橘冻伤，容易腐败，口感变差。

▶ 挑选要领

① **看体型**：中等适中的柑橘为佳，体型太大的柑橘，水分流失较多，口感不佳。

② **看表皮**：选择表皮光滑、有光泽，且没有明显的斑点和裂痕的。

③ **看果蒂**：如果柑橘带有果蒂，则选择果蒂没有萎缩、颜色鲜艳的较为新鲜。

④ **看硬度**：用手握住柑橘，结实的、果皮没有膨松感的为佳，如果果实较软，或果皮有明显的膨胀、有空心状则不宜选购。

⑤ **掂量重量**：用手掂量柑橘，有坠手感的水分充足，较新鲜。

! 柑橘瓤表面的橘络具有通经络、消痰积的作用，食用柑橘时，不宜过分去除橘络。

! 柑橘含有大量的胡萝卜素，过多食用会使其在体内转化为维生素A蓄积体内，使皮肤泛黄，此时应避免食用柑橘，并多喝水。

~柑橘其他品种~

【椪柑】果实体型大，果皮致密光滑，容易剥离果肉，种子呈鸭嘴形，酸度较低。

【桶柑】又称为年柑，果实较小，果皮较粗糙，果肉柔软多汁。

【茂谷柑】扁球形，果皮较薄，不容易剥皮，果肉柔嫩多汁。

【芦柑】又名为柑果，颜色鲜艳，果实比较大，圆形稍扁，皮厚易剥，肉质脆嫩，汁多化渣。

【青皮椪柑】成熟时果皮仍是绿色，有浓郁香气，酸甜兼有，口感丰富，营养价值丰富。

扫我看视频！

柑橘的刀工

柑橘的清洗

水果

草莓 strawberry

草莓果实鲜红、有光泽，口感柔软多汁，酸甜适中，芳香馥郁，素有"水果皇后"的美誉，老少皆宜。草莓中含有丰富的胡萝卜素、果胶和膳食纤维，具有明目养肝、促进肠胃蠕动、保护胃部、改善便秘和痔疮的作用。

① 草莓外形呈心形，鲜艳红嫩，具有浓郁的特殊果香味。
② 草莓表皮鲜红色，有光泽，有无数小孔。
③ 市面上的草莓一般是带有果蒂的，新鲜果蒂为鲜绿色，饱满不萎焉。
④ 草莓果肉香甜多汁，除果蒂外整体均可食用。

营养成分及热量表

36Kcal/100g

- 水分：89%
- 碳水化合物：9.37%
- 蛋白质：0.93%
- 矿物质：0.26%
- 脂肪：0.18%
- 维生素：0.07%
- 其他：0.19%

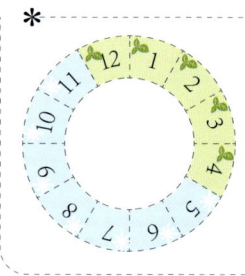

盛产时期

12月~4月

▶ 草莓的营养价值

① 草莓含有丰富的维生素C，具有抗氧化作用，能增强皮肤弹性和抵抗力，延缓衰老，有利于儿童的智力发展。

② 草莓中的各种维生素和果胶，能够改善胃肠道功能、防治便秘、预防坏血病、防治动脉硬化、预防痔疮、肠癌，对白血病等血液病也有一定的辅助治疗作用，其富含的鞣酸能吸附和阻止体内致癌物质的吸收，起到防癌抗癌的作用。

③ 草莓含有丰富的花青素，人体摄入花青素，能有助于降低患有心脏病的几率，防止和修复细胞受损，维护心脏功能。

▶ 处理保存要领

① 草莓种植过程中农药、除虫剂等化学物质食用较多，食用前需认真仔细清洗。

② 草莓应尽量当天食用完。如需保存，可在包装盒表面覆盖一层纸，冷藏保存。

▶ 挑选要领

① **看果蒂**：选择果蒂颜色鲜绿，饱满的草莓较为新鲜，而果蒂不完整、有腐烂叶、发黄等现象的不宜选购。

③ **看外表**：如果表面有腐烂、虫蛀、发霉、变黑等情况的不宜选购。

② **看表皮**：选择表皮颜色鲜红、有光泽的，表皮较青的成熟度不够，口感会偏酸。

草莓清洗小招数

- 浸泡法：将草莓放进盐水中浸泡6~10分钟，并反复换水多次，以使污垢浸泡出来。
- 淘米水浸泡：淘米水能够有效去除草莓上的化学成分，因此可用干净的淘米水进行浸泡洗涤草莓。
- 用流动的自来水进行冲洗草莓表面，利用水的冲力将草莓表面的污垢去除。
- 草莓的果蒂在最后一次洗涤时再摘除，以免污垢物渗入果肉内，造成二次污染。

▶ 知识小专栏

草莓中的叶酸含量较高，牛奶含有丰富的维生素B_{12}，叶酸有利于人体度维生素B_{12}的吸收和利用，因此，草莓和牛奶同食有利于吸收维生素B_{12}。

~草莓其他品种~

【红颊草莓】 果实和内部色泽均为鲜红色，有光泽，酸甜适口，香味浓，口感好。

【女峰】 果实为圆锥形，果实内外均为红色，味甜中带酸，风味浓郁。

【大将军】 果实为圆柱形，个头大，果实鲜红色，结实，果味香甜，口感好。

【章姬】 果实为长圆形，呈鲜红色，果肉为淡红色，香甜美味。

【菠萝莓】 果肉为奶白色，味道类似于菠萝，果实由绿变白，小籽呈现深红色便成熟可食用。

【丰香】 果实短扁且硕大，果皮颜色鲜红，果肉多汁，甜度高。

水果

枣子
jujube

枣子被列为"五果之一"（桃、李、梅、杏、枣），又被誉为"天然维生素丸"。枣子可生食熟食，味道鲜美多汁，含有丰富的膳食纤维，具有促进新陈代谢、增强抵抗力、美白抗老、生津养胃的功效。

① 果皮为绿色，有光泽，覆有一层蜡质，可食用。
② 果肉为白色，多汁爽口，口感香脆；果核坚硬，不能食用。

▶ 枣子的营养价值

1. 枣子味道甘美，含有丰富的维生素C，可促进新陈代谢，其含有的铁元素和膳食纤维能生津止渴、消除疲劳、抗氧化。

2. 枣子含有丰富的钾元素，可以协助排出体内多余的钠元素，降低胆固醇和高血压，尤其可以强壮肌力和促进肌耐力。

3. 枣子是热带植物，酸性，含糖量高，味道甜美多汁，有丰富的膳食纤维和维生素B_1、B_2、C等，常食用枣子，具有润颜美容、美白抗老、促进新陈代谢、增强抵抗力的功效。

营养成分及热量表

49Kcal /100g

- 水分：85.58%
- 碳水化合物：13.1%
- 蛋白质：0.7%
- 脂肪：0.21%
- 矿物质：0.21%
- 维生素：0.01%
- 其他：0.19%

▶ 处理保存要领

1. 枣子用塑料袋包好放进冰箱中冷藏保存，约可保存10天左右。
2. 室温保存的枣子应在1~2天内食用。

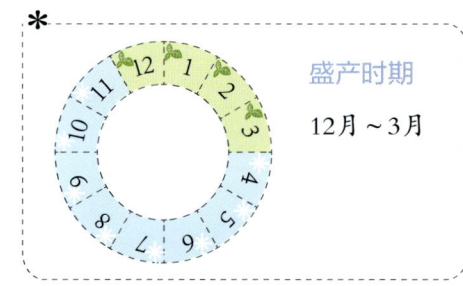

盛产时期

12月~3月

▶ 挑选要领

① **看体型**：选择体型饱满，椭圆形或圆形的为佳。

② **看表皮**：表皮没有明显裂痕、没有破损，光滑且有光泽的为佳。表皮颜色较青的成熟度较低，表皮为绿色或黄绿色的成熟度较高，甜度较高。

③ **看果梗**：果梗鲜绿、新鲜的枣子也比较新鲜，而果梗萎焉的枣子则是储存了一段时间了。

宜忌

- ☑ 一般人群均可食用。
- ☑ 老人、儿童和妇女更年期、脾胃虚弱者适宜食用。
- ☒ 枣皮含有丰富的营养素，炖汤时应该连皮一起烹调，而生吃的枣皮容易滞留在肠道中不易排出，因此，生吃枣子应该吐枣皮。
- ☒ 腐烂的枣子在微生物的作用下会产生果酸和甲醇，如果食用烂枣会出现头晕、视力障碍等中毒反应，重者可危及生命，因此，切忌食用烂枣。
- ☒ 大枣味甘，多食容易出现腹部胀满，因此，腹部胀满、痰浊者慎食。
- ☒ 枣子容易受到蚊蝇叮咬而污染，因此，鲜枣不宜多食，容易生痰助热，干枣应该用开水煮沸消毒后再食用。

~枣子其他品种~

【新疆红枣】 新疆特产，又称为黄金寿枣，具有美容皮肤、补气养血的功效。

【冬枣】 冬枣鲜食可口，皮脆肉嫩，汁多无渣，甘甜清香。

【台湾大青枣】 又称为台湾甜枣，不寒不热，具有清凉解毒、镇静等功效，小孩老人均适宜食用。

▶ 知识小专栏

枣子味道甜美多汁，含糖量高，冰箱的低温条件不仅可以保持枣子的新鲜，而且还能增加枣子食用的风味。

水果
杨桃
carambola

杨桃为卵形或长椭球形，有3~5棱，表皮绿色或黄绿色，因其横切面如五角星，故又称为"星梨"。杨桃性寒味甘酸，有清热生津、下气和中、利水解毒等功效。杨桃可加工制成罐头、果汁、果酱或蜜饯、酿酒，口味尤佳。

①果皮为半透明状，黄绿色，可食用。

②果棱为绿色或黄绿色，果棱直而厚，可以食用，但有些许涩味。

③杨桃横切面呈星芒状，淡橙黄色或蜡黄色的果肉及褐色的种子，种子和果实一般不食用。

＊ 营养成分及热量表

- 水分：90.88%
- 碳水化合物：8.27%
- 蛋白质：0.49%
- 矿物质：0.16%
- 脂肪：0.07%
- 维生素：0.04%
- 其他：0.09%

35Kcal/100g

▶ 杨桃的营养价值

1. 杨桃含有丰富的糖类、多种维生素和有机酸，能够有效地补充人体消耗的热量，恢复体能。

2. 常吃杨桃能够降低人体胆固醇、降低血脂、防治高血压、动脉硬化等心血管疾病。

3. 杨桃含有丰富的维生素C、胡萝卜素、维生素B等营养成分，能够提高人体免疫力，延缓衰老，防治口腔溃疡、风火牙痛、咽喉炎症等。

4. 杨桃水分充足，含有丰富的草酸、柠檬酸、苹果酸等有机酸，常吃杨桃能够增进食欲、帮助消化、提高胃液的酸度，也能促进肠道蠕动，排出人体废弃物。

5. 杨桃含有丰富的有机酸、水分和维生素C，具有利小便、解酒毒的作用。

＊ 盛产时期
4月~6月

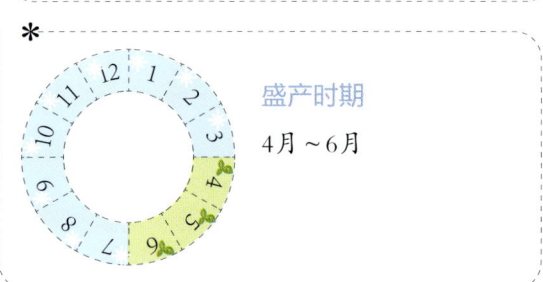

▶ 处理保存要领

杨桃放置室内阴凉处储存即可，但如果发现果皮颜色加深、气味浓郁、果肉开始变软时，则应该尽快食用。

▶ **挑选要领**

① **看体型**：选择中小体型的杨桃风味较好。

③ **掂重量**：掂量杨桃，比较有重量的为佳，较轻的多是已经放置一段时间，水分散失较多，口感比较差。

③ **结实度**：结实的杨桃为佳，较软的杨桃容易腐烂。

④ **看色泽**：新鲜的杨桃表皮颜色有光泽，为黄色或黄绿色，果棱为绿色鲜嫩的杨桃较为新鲜。

常识

杨桃清洗小招数

! 用盐水浸泡杨桃，并进行揉搓杨桃表皮，但要注意不要把表皮弄破。

! 如果想免除清洗的繁杂步骤，可将杨桃果棱和果皮削去再食用。

~杨桃其他品种~

【二林种】 又名密丝软枝，果实为纺锤形，果实成熟时果皮为白黄色有皱纹，果蒂微微凸起，肉质细致，风味中等。

【东莞甜杨桃】 果肉橙黄绿色，汁多味甜，无渣，种子少，果心小，品质佳。

【红种甜杨桃】 果肉为淡黄色，清甜多汁，种子少，个头大，品质好。

扫我看视频！

杨桃的刀工　　杨桃的清洗

▶ **知识小专栏**

① 杨桃含维生素C，菠菜含有类胡萝卜素，一起食用可防止细胞氧化，还有助于防老抗癌。

② 杨桃含有丰富的钾元素，与食盐中的钠一起作用，有助于维持人体的酸碱平衡。

水果
葡萄
grape

葡萄多为圆形或椭圆形，有青绿色、紫黑色、紫红色等，有果粉。葡萄味甘酸、性平，具有滋阴补血、强健筋骨、通利小便的功效。葡萄中的活性酵素可防老化，适宜肺虚咳嗽、体倦乏力、儿童孕妇和贫血患者食用。

①葡萄多为圆形或椭圆形，果皮有黄绿色、红色、紫色或黑紫色。
②葡萄果肉含有大量糖类，有褐色种子，一般不食用。
③果梗：市面上的葡萄一般是成串销售的，根据果梗的颜色和新鲜度可以判断葡萄的新鲜程度。

▶ 葡萄的营养价值

1. 葡萄含有丰富的多酚类物质，具有很强的抗氧化作用，能使机体免受自由基的伤害，有效增强肝脏细胞的功能，保护机体功能，延缓衰老。

2. 葡萄含有的鞣花酸、白藜芦醇可以阻止癌细胞扩散，减少排异反应，还能降低动脉硬化的危险，减少冠心病的死亡。

3. 葡萄含有丰富的钙质和微量元素硼，有助于钙质吸收、预防骨质疏松，维持更年期妇女血浆中的雌激素含量。

4. 常吃葡萄能比阿司匹林更好地阻止血栓的形成，降低人体胆固醇水平，降低血小板的凝聚力，能有效预防心脑血管疾病。

5. 葡萄籽含有多酚类物质，能够滋润皮肤、延缓衰老。

营养成分及热量表
65Kcal/100g
- 水分：81.24%
- 碳水化合物：17.44%
- 蛋白质：0.51%
- 矿物质：0.22%
- 脂肪：0.18%
- 维生素：0.026%
- 其他：0.384%

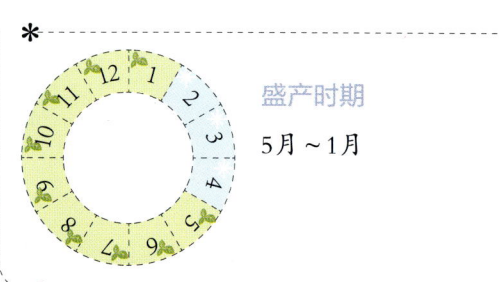

盛产时期

5月～1月

▶ **挑选要领**

① 看表皮：新鲜的葡萄表皮上会有一层白色的霜，用手一碰，就很容易掉落。

② 看果粒：一般购买葡萄都是整串购买的，因此应选择果粒饱满者多的一串葡萄。

③ 闻气味：如果明显闻到腐烂气味或者发酵味道，则表明葡萄已经开始腐烂，不宜选购。

④ 看紧密：一般营养成分越充足的葡萄就会长得越紧密，轻拿整串葡萄，果子易脱落的不宜购买。

▶ **处理保存要领**

① 将葡萄用剪刀连蒂一颗颗剪下，撒入马铃薯淀粉，稍稍抓洗（不加水），再慢慢加水冲洗，反复几次，即可清洗干净。

② 葡萄皮薄且多汁，甜度高，不能常温储存，应冷藏并尽快食用。

适用人群与禁忌 （宜忌）

☑ 一般人群均可食用。

☑ 脂肪肝、癌症患者、肺虚咳嗽、风湿性关节炎患者、儿童、孕妇和贫血患者适宜食用。

☒ 糖尿病肥胖者、阴虚内热、津液不足不宜多食。

~**葡萄其他品种**~

【红宝石葡萄】果实个头较大，卵圆形，果皮为亮红紫色，果皮薄，肉质脆嫩多汁。

【红鸡心葡萄】果实为红紫色，鸡心形，果粒大，肉质细嫩多汁。

【巨峰葡萄】果皮较厚，呈紫黑色，属于中熟鲜食品种。

【藤稔葡萄】果粒大，深黑色或深紫色，果粉多，肉质硬而爽口，有草莓味。

【红提】又名为红提子、红地球，果皮为红色或紫红色，果皮中厚，肉质坚实，细嫩多汁。

【黑提】果皮为蓝黑色，有光泽，味道酸甜可口，肉质硬脆，果粒为阔卵形。

水果
菠萝
pineapple

菠萝可生吃也可熟吃，口感各有所长，香味浓郁。饭后食用菠萝能够解油腻、开胃顺气，改善消化和排泄。新鲜的菠萝生食前要用盐水进行浸泡，这样味道更加鲜美，也可以避免食用后出现过敏、不适等症状。

盛产时期
全年

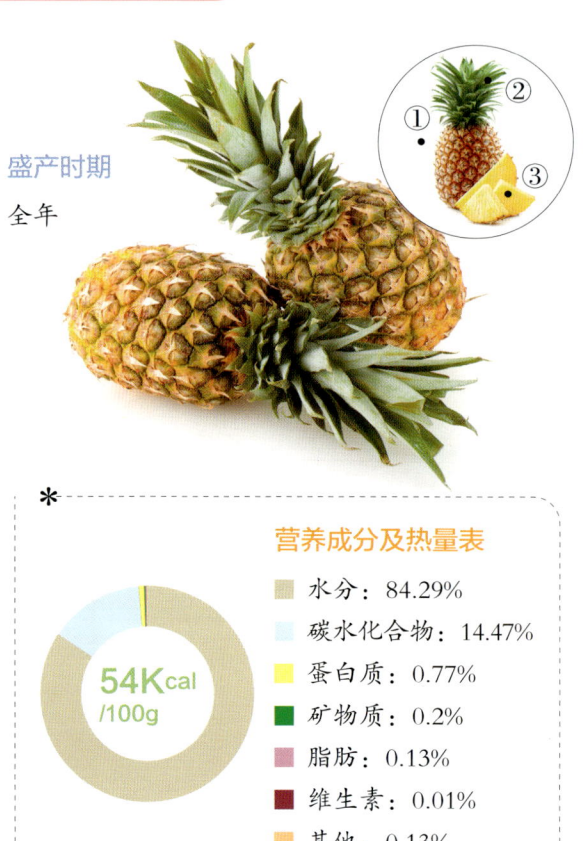

① 菠萝多为圆筒形或圆锥形，表皮布满黄褐色鳞片，食用前需去除干净。
② 菠萝顶部有一花苞，叶缘有刺，呈鲜绿色，覆有一层白色的霜。
③ 果肉由黄至深黄色，肉质脆嫩，含糖量高，香味浓，香甜多汁。

营养成分及热量表
54Kcal/100g
- 水分：84.29%
- 碳水化合物：14.47%
- 蛋白质：0.77%
- 矿物质：0.2%
- 脂肪：0.13%
- 维生素：0.01%
- 其他：0.13%

▶ 菠萝的营养价值

① 菠萝含有糖类、脂肪、蛋白质、多种维生素、蛋白质分解酵素和钙、磷、铁等矿物质，其含有的蛋白质分解酵素——菠萝脘酶，能够有效分解蛋白质，促进消化，能够缓解人体油腻的感觉，能够促进肠道蠕动，防治便秘。

② 菠萝含有丰富的维生素B，能够滋润肌肤，防止皮肤干裂，增强皮肤抵抗力，也可以消除身体的紧张感，增强人体免疫力。

③ 食用菠萝能够很好地降低血脂、降低血压、防止脂肪沉积，促进血液循环，适宜减肥者食用。

④ 菠萝中的菠萝蛋白酶能够缓解因感冒引起的嗓子疼、咳嗽等症状，保护支气管。

▶ 处理保存要领

① 菠萝中含有的菠萝蛋白酶会刺激口腔黏膜，因此食用前，需要把菠萝切片浸泡在盐水中，以杀死蛋白酶，避免口腔出现刺痛现象。

② 菠萝可放置在室内阴凉处，可以保存约3~7天，但当其表面有汁液渗出时，应尽快食用，因此时的菠萝已经非常成熟了。

▶ 挑选要领

① 看颜色：新鲜、品质好的菠萝为金黄色有光泽。表皮为青色不够成熟，较酸。

③ 听声音：用手轻拍菠萝，如有掌掴人肉的声音，则其肉质多汁美味。

② 看体型：选择大而重、上尖下宽、鳞粗者，色泽由基部向冠芽逐渐由绿变黄。

④ 结实度：选购时注意不要选择果实软榻、表皮干枯的菠萝。

常识

食用小常识

⚠ 菠萝不宜多食，因为其含有甙类、5～羟色胺、菠萝蛋白酶，甙类物质和蛋白酶均能刺激人体皮肤和口腔黏膜，过多摄入会引起人体的过敏反应，出现恶心、呕吐、腹泻、四肢潮红等症状，严重的会发生呼吸困难、休克，危及生命。5～羟色胺具有使血管强烈收缩和使血压升高的作用，过多摄入会引起头痛反应。

~菠萝其他品种~

【在来种】 又名为本地种菠萝，果肉呈深黄色，香味浓郁。

【开英种】 又名为外来种，果实较大，纤维少，肉质细，糖分高，酸味少。

【杂交种】 果肉色黄，质爽脆，纤维少，清甜可口，如剥皮菠萝、苹果菠萝、释迦菠萝、香水菠萝等。

宜忌

适用人群与禁忌

☑ 一般人群均可食用。
☑ 肾炎、消化不良、高血压、支气管炎者适宜食用。
☒ 患有肾脏病、凝血功能障碍、溃疡病患者不宜食用。

扫我看视频！

菠萝的刀工　　菠萝的清洗

水果
番石榴
guava

番石榴有椭圆形或球形、卵圆形等，果皮有黄、绿、红色，果肉有白、红、黄色等。番石榴不但可以鲜食，还可以熬水喝，叶片和幼果切片泡茶喝，还可以辅助治疗糖尿病。番石榴味道清脆甜美，可抗氧化、美容养颜。

①番石榴呈球形或卵圆形或梨形，表皮为粉绿色。
②果肉白色或黄色，种子很多，种子甜度高但不易消化。
③果脐处有须毛，食用前应该去除。

▶ 番石榴的营养价值

❶ 番石榴含有丰富的营养成分，其蛋白质和维生素C含量特别高，具有防癌抗癌功效，还有美化肌肤、防止黑色素沉积、维护牙龈健康、缓解牙龈肿痛症状等作用。

❷ 番石榴含有丰富的维生素A、B，常吃能够保护视力、增强人体免疫力。其含有的钙、铁、钾等矿物质，能协助人体排出多余的钠离子，维持人体水盐平衡，防治高血压。

❸ 番石榴为低能量、高纤维水果，富含膳食纤维，能够促进人体肠道蠕动，促进人体排毒清肠，是减肥人士的佳品。

❹ 番石榴含有的柠檬酸能有效消除疲劳、帮助代谢顺畅。

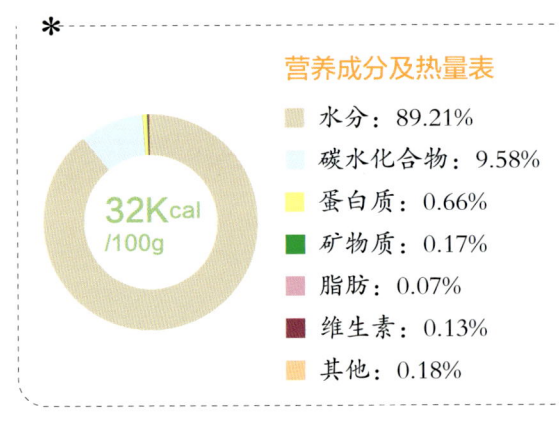

营养成分及热量表
- 水分：89.21%
- 碳水化合物：9.58%
- 蛋白质：0.66%
- 矿物质：0.17%
- 脂肪：0.07%
- 维生素：0.13%
- 其他：0.18%

32Kcal /100g

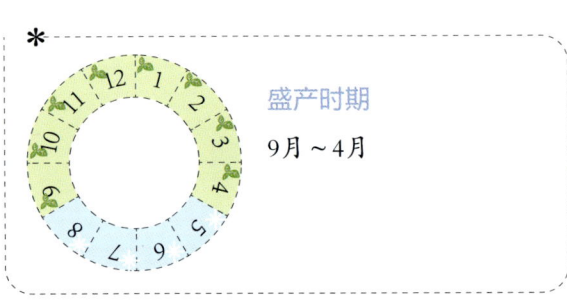

盛产时期
9月~4月

▶ 挑选要领

1 结实度：喜欢香脆口感的番石榴，在挑选时则选择果实比较结实、果皮色泽粉绿、光滑、颜色均匀的。

2 闻香味：喜欢松软口感的，则选择摸起来有弹性、有浓郁香味、表皮黄绿色的番石榴。

▶ 处理保存要领

1 番石榴可削皮，也可不削皮直接食用，其种子口感独特，但不易消化，根据个人口味，可以食用。

2 为保存番石榴爽口的肉质，购买后的番石榴应该用干净的袋子装好，放入冰箱低温保存，并应于3～7天内食用完。

3 如果果皮变黄，果实开始变软，则表示番石榴开始腐败，应该尽快食用。

~番石榴其他品种~

【红皮红肉番石榴】 果实为长椭圆形，肉质细嫩，香脆可口，果肉为紫红色。

【新世纪番石榴】果实个头较大，果肉白色，籽粒较少，风味独特，含有丰富的维生素。

【珍珠番石榴】 又称为龙凤番石榴，体型为卵圆形或近梨形，果肉为白色或黄色，肉质细嫩，甜度较高。

适用人群与禁忌

- ☑ 一般人群均可食用。
- ☑ 糖尿病人、减肥者适宜食用。
- ☑ 番石榴可抗氧化、美容养颜，是女性保持肌肤湿润的最佳水果。
- ☑ 常吃番石榴对于调理生理机能，对抗压力、焦虑不安的情绪，也是不错的选择。
- ☒ 肠胃功能不佳、便秘者、火气大者不宜食用。

扫我看视频!

番石榴的刀工　　番石榴的清洗

水果
柠檬
lemon

柠檬味道极酸，孕妇喜食不厌，故又称为"益母果"。柠檬由于含有丰富的柠檬酸，味道特别酸，通常用作上等的调味料，或加工成化妆品、药品、饮料等。将柠檬连皮切片泡在开水中，能很好地消除疲劳、去斑和防止色素沉淀。

① 柠檬果皮较厚，为黄色，表皮粗糙，富含柠檬香气。
② 柠檬果肉白色或淡黄色，汁液果，种子小，酸味浓。

▶ 柠檬的营养价值

1. 柠檬富含维生素C，能促进胶原组织的合成，促进伤口愈合，抗炎杀菌，延缓衰老，还能阻止某些致癌物质的形成，降低胃癌和其他恶性喉肿瘤的发生率，连同维生素P共同作用，能够增强血管的弹性和韧性，可防治高血压和心肌梗塞等病症。

2. 柠檬含有的B_1、B_2、烟酸等多种维生素，能够参与人体新陈代谢，降低人体胆固醇含量及扩张血管。其含有的柠檬酸成分，能够增进食欲，帮助消化，还能有效防治皮肤色素沉着、刺激造血、预防感冒。

3. 柠檬含有丰富的糖类、钙、磷、铁、高钾低钠、苹果酸等营养成分，还具有高强度碱性，能够改善人体血液循环和协助钙质的吸收。

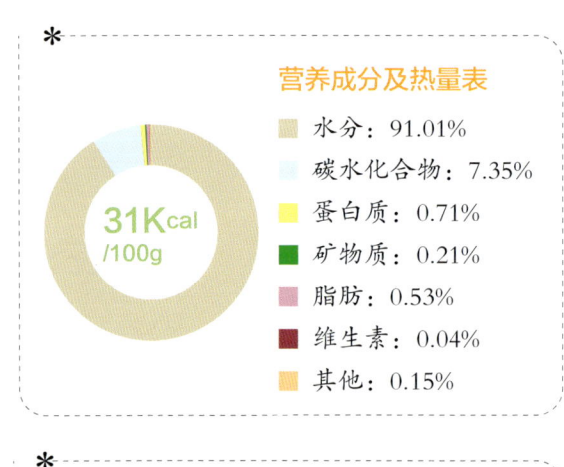

营养成分及热量表
- 水分：91.01%
- 碳水化合物：7.35%
- 蛋白质：0.71%
- 矿物质：0.21%
- 脂肪：0.53%
- 维生素：0.04%
- 其他：0.15%

31Kcal/100g

盛产时期
全年

▶ **挑选要领**

① **观色泽**：挑选中等大小、果皮颜色鲜艳有光泽、颜色分布均匀的柠檬。

② **看果蒂**：观察柠檬两端的果蒂部分，选择果蒂绿色、完整、饱满、不脱落的柠檬比较新鲜。

③ **掂重量**：用手掂量柠檬，选择有坠手感的柠檬，水分比较充足。

▶ **处理保存要领**

① 柠檬的保存可用戳有几个小孔的袋子装好，放在冰箱冷藏，并最好在一个星期内食用完。

② 如果是已经切开的柠檬，则应该用保鲜膜封好，放在冰箱冷藏，并尽快食用。

~柠檬其他品种~

【里斯本柠檬】原产于葡萄牙，果实为椭圆形，淡黄色，肉质酸而多汁，纤维浓，种子常已退化。

【国产小青柠】果实皮薄水分多，表皮为绿色，个头较普通的黄柠檬小，味道比较酸。

宜忌

适用人群与禁忌

☑ 一般人群均可食用。

☑ 维生素C缺乏、消化不良、口干舌燥、高血压、肾结石患者适宜食用。

☒ 糖尿病人、胃酸过多、牙痛者不宜食用。

扫我看视频！

柠檬的刀工　　柠檬的清洗

▶ **知识小专栏**

平时食用柠檬，洗净含皮切成薄薄一片泡在开水中，能迅速消除疲劳，并能去除脸上斑点，防止色素沉淀。

水果

金橘
kumquat

金橘味酸甜适中，味道可口，营养价值丰富，由于果实金黄有光泽，瓜果时间较长，一般作为喜庆佳节的观赏盆栽。金橘可以连皮一起生吃，且果皮能帮助肝脏的排毒能力、增强视力、促进免疫系统功能。

盛产时期

11月~2月

① 金橘为椭圆形或长椭圆形，表面光滑。
② 金橘为橙黄色或带有青色，果皮有清香味，略带苦味。
③ 金橘肉质多汁，酸甜适合。

▶ 金橘的营养价值

营养成分及热量表

50Kcal /100g

- 水分：85.8%
- 碳水化合物：12.7%
- 蛋白质：0.9%
- 矿物质：0.04%
- 脂肪：0.2%
- 维生素：0.1%
- 其他：27.26%

1. 金橘对于心血管功能具有维护作用，能够防治血管硬化、高血压、血管硬化及冠心病。
2. 预防色素沉淀、增进皮肤光泽弹性、消除脸上皱纹、美化肌肤。
3. 具有生津止渴、化痰、理气解郁、醒酒等功效。

▶ 处理保存要领

金橘常温放置，置于室内通风、干燥、避光处存放，可保存约2周。

▶ 挑选要领

1. **看表皮**：皮薄的、颜色鲜艳有光泽、金黄色或橘色比较新鲜。表皮青色越大面积，越不成熟。
2. **看底部**：金橘底部不是小圆圈而是小圆点，并且长柄一端是突出的，这种金橘是比较酸的。

~金橘其他品种~

【长金橘】 果实为椭圆形或长椭圆形，果面平滑，果色橙黄色，果皮带有芳香略带苦味，果肉酸味强，不适宜生食，一般加工成蜜饯或榨成果汁。

【圆金橘】 果皮略带苦味，果肉滋味极酸，不适合生食，主要作为观赏。

水果

枇杷
loquat

枇杷与樱桃、梅子并称为"果中三友"。枇杷柔软多汁，肉质细腻，风味甘甜，而枇杷叶和果实均可入药，有清热润肺、止咳化痰等功效。枇杷的热量、脂肪和蛋白质含量都极低，且含有丰富的胡萝卜素。

盛产时期

2～5月

① 枇杷果为球形、长圆形或长琵琶形，表皮为黄色或桔黄色，外皮披有绒毛。
② 枇杷果肉软而多汁，有白色及橙色两种，有核，果核不可食用。

▶ 枇杷的营养价值

① 枇杷有助于保护视力，增强肌肤抵抗力，美容养颜，增强机体免疫力，促进生长发育。

② 枇杷具有清肺下气、生津止咳的作用，能防治高血压、脑梗塞、气管炎等病症。

③ 枇杷含丰富的果胶、膳食纤维，能够促进肠道蠕动，促进消化吸收，缓解感冒时的肠胃不适症。

营养成分及热量表

32Kcal /100g

- 水分：89.41%
- 碳水化合物：8.5%
- 蛋白质：0.8%
- 矿物质：0.2%
- 脂肪：0.2%
- 维生素：0.09%
- 其他：0.8%

▶ 处理保存要领

枇杷放置在阴凉处存放即可，不必放在冰箱内冷藏，可以存放4～5天。

▶ 挑选要领

① **看表皮**：表皮金黄色的较成熟，未成熟的枇杷皮为淡黄色或青黄色。

② **看外形**：品质较好、味道甘甜的枇杷多呈椭球形，上面小底部大，表面有凸出微鼓起，底座形状越接近五角星形状的，味道越可口美味。

~枇杷其他品种~

【茂木】果实为长圆锥形，果皮密布茸毛，附有果粉，果皮和果肉呈橙黄色，柔软多汁，酸味少。

【田中】果实为圆倒卵形，果皮密布茸毛，果皮和果肉均为橙黄色，果肉较薄，味道稍酸。

水果
柿子
persimmon

柿子从果形上可以分为圆柿、长柿、方柿、葫芦柿、牛心柿等。柿子性寒味甘微涩，具有润肺化痰、清热生津、健脾益胃、消除烦闷等功效。但餐前或胃酸过多的人，不适宜吃柿子，容易使胃不舒服。

①柿子为扁圆形，果皮粗糙，多为橙红色。

②柿子果肉细密，吃起来凉甜爽口，甜而不腻，味道极佳。

营养成分及热量表

48Kcal/100g

- 水分：80%
- 碳水化合物：17.1%
- 灰分：1.83%
- 矿物质：0.2%
- 脂肪：0.1%
- 维生素：0.07%
- 其他：1.83%

盛产时期

全年

▶ 柿子的营养价值

1. 柿子含有丰富的葡萄糖、蔗糖、果糖、蛋白质、胡萝卜素、维生素C、钙、碘、钙、磷、锌、铁、瓜氨酸等营养物质。

2. 柿子中丰富的维生素A，能够保护眼睛、视力，增强人体免疫力，维持上皮细胞结构的完整性，润泽肌肤，美容养颜，还能促进蛋白质的生物合成和骨细胞的分化，促进人体生长发育，抑制肿瘤生长。维生素和胡萝卜素能够促进铁的吸收，促进血红蛋白的合成。

3. 柿子富含果胶，具有很好的润肠通便的作用，能够促进肠道蠕动，刺激胃液分泌，促进机体排泄废弃物，维持肠道正常菌群生长。

4. 柿子中含有丰富的碘，食用柿子能够改善甲状腺肿大症状，能够滋补肺功能，具有消炎消肿的作用。

▶ 处理保存要领

质地较硬的柿子放置在室内可以存放2～5个月，柿子开始变软时，应该尽快食用。

▶ 挑选要领

1 掂重量：选择体型较大且完整的柿子为佳。

2 看表皮：选择表皮颜色鲜艳，金黄色有光泽的，没有斑点、伤痕、裂痕的柿子。

3 结实度：用手捏一下柿子，整体结实的为佳，不要选择局部软榻的柿子。

4 看体型：选择圆形或椭圆形的柿子，不要选择形状畸形、局部凹凸不平的柿子。

食用常识

! 柿子含有鞣酸，能够与食物中的钙、镁、铁、锌等矿物质结合形成人体不能消化吸收的化合物，从而使这些营养物质不能被利用。此外空腹食用柿子，柿子所含的果胶、单宁酸等物质能够与胃酸发生化学反应，从而会引起胃结石，因此切忌空腹食用柿子。

~柿子其他品种~

【磨盘柿】果实扁圆形，个头大皮薄，无核，果皮橙黄或橙红色，适合生吃。

【曹州镜面柿】果实中等大小，扁圆形，果皮橙红色，肉质金黄色，多汁无核。

适用人群与禁忌

☑ 一般人群均可食用。
☒ 心肌梗病人不宜食用。
☒ 柿子含有果酚、果胶的营养成分，容易与胃酸结合，让胃觉得不舒服，所以在餐前或胃酸过多的人不适宜吃柿子。

【无核方柿】果实呈方形，且无核而得名，果实有光泽，肉质甜美爽口，涩味极轻。

扫我看视频！

柿子的刀工　　柿子的清洗

水果

猕猴桃
silvervine

猕猴桃因其果皮覆盖一层绒毛，貌似猕猴，故得名为猕猴桃。猕猴桃果肉亮绿色，有一排排黑色的种子，质地柔软。猕猴桃味甘酸、性寒，有生津解热、调中下气、滋补强身、止渴利尿等功效。猕猴桃对于忧郁症的舒缓极有功效。

① 一般为椭圆形，表皮为墨绿色或深褐色并带有毛，带毛表皮一般不食用。

② 猕猴桃横切面呈放射状，果肉亮绿色、古铜色，有光泽，一排黑色的种子围绕，中间是白色的果心。均可食用。

▶ 猕猴桃的营养价值

1. 其含有的维生素C和膳食纤维，能有效地降低血液中的胆固醇，促进肠道蠕动、扩张血管、降低血压。维生素C具有很强的抗氧化作用和防治坏血病功效。

2. 猕猴桃含人体所需的17种氨基酸、微量元素、蛋白水解酶等有机物，能提高人体免疫力、促进伤口愈合、促进铁质吸收等。

3. 丰富的肌醇、氨基酸、低钠高钾的比例使其具有抑制抑郁症、补充脑力消耗的营养的功效。

营养成分及热量表
- 水分：84.25%
- 碳水化合物：13.76%
- 蛋白质：1.09%
- 矿物质：0.38%
- 脂肪：0.22%
- 维生素：0.08%
- 其他：0.22%

51Kcal/100g

▶ 处理保存要领

1. 猕猴桃果皮带毛不能食用，食用前应先去皮。猕猴桃越成熟，甜度越高。
2. 猕猴桃在阴凉处放置，与苹果、香蕉水果同放，可加速其成熟。
3. 用干净袋子装好，进行冷藏，若出现浓郁的果香味，有软榻等现象，则应尽快食用或丢弃。

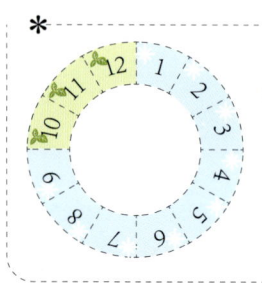

盛产时期
10月～12月

Lesson 5
[Roots]

菜篮子课程之
花芽种子篇

▶ 挑选要领

① **看体型**：大小适中、体型饱满、头尖尖的果肉较香甜，且一般激素使用量较少。

② **看表皮**：选择颜色分布均匀，接近土黄色、深褐色的，有光泽且表面毛不容易脱落的为佳。

③ **看硬度**：表面结实者为佳，局部或整体较软的口感较差，不新鲜。

食用误区

⚠ 猕猴桃含有丰富的营养成分，但儿童食用易出现过敏症状，如口喉瘙痒、舌头膨胀，严重会产生呼吸困难和虚脱症状，5岁以下的儿童最容易发生猕猴桃过敏现象，因此家长应注意合理给予儿童食用。

~猕猴桃其他品种~

【中华猕猴桃】果实为卵形或近球形，成熟后无毛，呈灰褐色，肉质细嫩多汁。

【金香猕猴桃】果实长圆形，果皮为黄褐色，覆有短绒毛，肉质酸甜爽口。

【徐香猕猴桃】果实为圆柱形，黄绿色被有黄褐色绒毛，果香味浓，酸甜适中，营养价值高。

适用人群与禁忌

☑ 一般人群均可食用。

☑ 情绪低落、有抑郁症倾向、便秘、高血压、心血管疾病、食欲不振、消化不良等患者适宜食用。适宜特殊工作者如航空、航海、高原、矿井等工作人员食用。

☒ 脾虚便溏、慢性胃炎、小儿腹泻、风寒感冒者、糖尿病患者、孕妇不宜食用。

扫我看视频!

猕猴桃的刀工

猕猴桃的清洗

花芽菜富含人体需求的维生素D，能够促进骨质成长、防止骨质疏松，帮助钙质的吸收利用。因为豆苗、黄豆芽等是高嘌呤食物，患有高尿酸、痛风者需要注意避免食用。种子类食材多是豆类，常见的有红豆、绿豆、黄豆等，其含有的B族维生素比较高，脂肪含量比较低，淀粉含量高，具有良好的饱腹感。

花菜 cauliflower

花芽

花菜为花蕾、花枝、花轴聚合而成的可食用花球，粗纤维少，品质鲜嫩，为人们所喜食的蔬菜。花菜不仅可以作为蔬菜食用，也可包装成花卉用作赠礼。花菜具有抗菌、抗炎、抗病毒、抗凝血的作用，保护机体免受自由基的伤害。

① 新鲜的花菜为半球形，花球紧密，花苞细小紧密，为乳白色肉质。
② 花菜的茎越靠近花苞处，粗纤维越少，较粗大的茎一般粗纤维较多，口感差，料理前可去除。
③ 花菜的花球一般由叶子包裹，新鲜的花菜的叶子鲜绿而饱满。

营养成分及热量表

17Kcal /100g

- 水分：93.59%
- 碳水化合物：3.85%
- 蛋白质：1.8%
- 矿物质：0.32%
- 脂肪：0.13%
- 维生素：0.06%
- 其他：0.25%

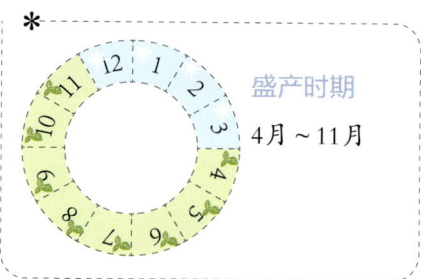

盛产时期 4月~11月

▶ **花菜的营养价值**

1. 花菜含有丰富的蛋白质、脂肪、膳食纤维及维生素A、B、C、E、P和钙、铁磷等营养成分，花苞口感细嫩易消化，适宜消化功能不强者、老人、儿童。

2. 花菜中的维生素C含量很高，常吃花菜，能够提高人体免疫力，增强肝脏解毒功能，预防坏血病的发生，促进伤口愈合，延缓人体衰老等。花菜中的维生素K也能很好地改善皮肤容易发生瘀青的症状。

3. 花菜还含有高含量的类黄酮，是血管的清道夫，能够有效阻止胆固醇氧化、血小板凝结，减少心脏病和中风的发生率。

4. 花菜中的索弗拉芬特殊成分，能刺激细胞产生Ⅱ型酶，这种酶具有很强的抗癌活性，能够有效防止多种癌症，提高人体抗癌能力。花菜中的各种吲哚衍生物，能预防乳腺癌的发生，其含有的萝卜子素可协助解除致癌物毒性，增强致癌物解毒酶的活性。

▶ 挑选要领

① **看花苞**：一般选择花苞乳白色或有稍有发黄的，但是如果花苞有黑点或发黑则不宜购买。

② **看花球**：选择花球紧密的，花苞周边不松散的花菜较好。

③ **看叶子**：新鲜的花菜叶子鲜绿有水分，如果叶子已经发黄萎焉的，则表明花菜放置较长时间。

④ **看茎部**：选购时应注意花菜的茎部是否饱满新鲜，是否有虫蛀或腐烂现象。

▶ 处理保存要领

① 由于花菜花球紧密，容易残留农药，滋生菜虫，因此料理前应彻底洗涤干净，可用盐水浸泡几分钟后再进行冲洗。

② 花菜周围的叶子和粗大的茎可在清洗前摘除。

③ 未清洗的花菜用干净的塑料袋装好放在冰箱冷藏保存，并于3~7天内食用。

~花菜其他品种~

【青梗花菜】 花球乳白色，花梗为淡绿色，花球口感松软可口，品质较优。

【紫色花菜】 原产于欧洲，叶片为绿色，而花球为紫色，花球紧密，品质和风味尤佳。

【宝塔花菜】 主茎粗大，花球有许多小的螺旋形小花轴组成，像宝塔一样，在欧洲国家比较流行的新品种。

宜忌

适用人群与禁忌

☑ 一般人群均可食用。

☑ 食欲不振、消化不良、癌症患者、肥胖者、处于生长发育期的青少年儿童适宜食用。

花菜的刀工

花菜的清洗

扫我看视频！

花芽
黄花菜
daylily

黄花菜是著名的碱性食品。黄花菜既可观赏，也可以作为蔬菜食用，更可以供作药用。黄花菜性味甘凉，花蕾味鲜质嫩，营养价值丰富，铁含量高，常吃有美容润颜、健脑、抗衰老、镇定神经、增强视力的功效。

① 花苞紧密未开，长而粗壮，翠绿有光泽，开放时花瓣为黄绿色或青绿色。
② 花梗为翠绿色，饱满而富有光泽。

▶ 黄花菜的营养价值

1 黄花菜含有丰富的蛋白质、糖类、纤维素，脂肪含量低，含有钙、铁、磷及维生素A、B_1、B_2等，常吃能够滋润皮肤，增强皮肤弹性和韧性，减少皮肤斑点和皱褶，具有美化肌肤的功效。

2 黄花菜含有丰富的膳食纤维，能够促进人体肠道蠕动，促进人体新陈代谢，排出人体废弃物。

3 黄花菜还具有抗菌消炎的作用，具有一定的消炎解毒功效，使皮肤保持细嫩饱满状，提高肌肤抵抗力。

4 黄花菜具有镇静安神、增强免疫力的作用，能很好地预防老年人慢性疾病和延缓身体衰老病变。

营养成分及热量表

32Kcal/100g

- 水分：89.68%
- 碳水化合物：7.34%
- 蛋白质：2.09%
- 矿物质：0.33%
- 脂肪：0.32%
- 维生素：0.04%
- 其他：0.2%

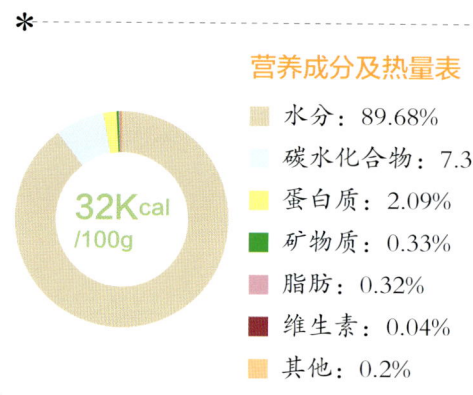

盛产时期
6月～10月

▶ 挑选要领

1. **看花梗**：新鲜的黄花菜的花梗应该是饱满直挺、有光泽、有弹性的，颜色鲜绿。

2. **看花苞**：选择饱满、大小均匀的花苞，颜色鲜艳有光泽，黄绿色为佳。如果长短不一、粗细不均、颜色带黑色、腐烂变质的不宜购买。

3. **闻气味**：新鲜的黄花菜带有一股清香味，如果有其他异味则可能是用硫磺熏制过的，不能购买。

▶ 处理保存要领

1. 由于市面上的黄花菜可能会用硫磺熏制，因此食用前应该多次洗涤，以除去砂石和残留的硫磺。

2. 干燥的黄花菜可在室内阴凉处保存较长的时间，新鲜的黄花菜适宜装好放进冰箱冷藏保存，并尽快食用。

~黄花菜其他品种~

【线黄花】 花通身为淡黄色，干菜身条较细，肉质较厚，品质佳但产量低。

【短棒黑嘴黄花】 花蕾短粗，有黑色斑点，花为淡黄色、褐色。

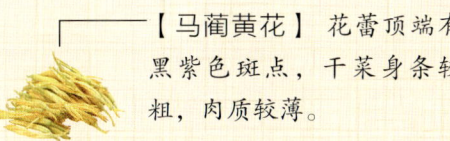
【马蔺黄花】 花蕾顶端有黑紫色斑点，干菜身条较粗，肉质较薄。

【高葶黄花】 花蕾黄色稍带有翠绿色，无黑色斑点。

宜忌

- ☑ 一般人群均可食用。
- ☑ 常吃黄花菜，可清除肺热，柔和肝气，预防儿童因燥热引发的流鼻血现象。
- ☑ 口干烦躁、肺热者适宜食用。
- ☒ 黄花菜属于湿热的食物，因此，胃肠不和、哮喘病患者、痰多湿气重者不宜食用。

干黄花菜的刀工

干黄花菜的清洗

扫我看视频！

花芽
黄豆芽
soybean sprout

黄豆芽是黄豆发芽后的产物,含有丰富的蛋白质和维生素,味道鲜美,也是一种常见的营养蔬菜。黄豆芽味甘性寒,利湿热,具有清热利湿的功效,适宜胃中积热者食用,但慢性腹泻及脾胃虚寒者不宜多食。

盛产时期
全年

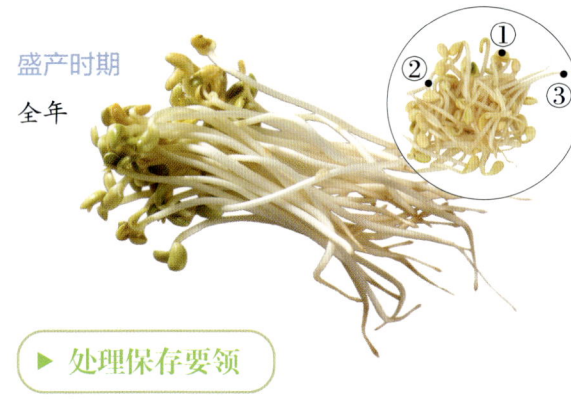

① 豆仁有淡黄色或淡绿色,口感爽脆。
② 茎部肥壮多汁,乳白色或淡黄色。
③ 黄豆芽根部为淡褐色,细而长。

▶ **处理保存要领**

黄豆芽不耐储存,应尽量当天食用完,如需保存可将其烫熟后装在保鲜盒内放置冰箱。

▶ **黄豆芽的营养价值**

① 黄豆芽中含有丰富的蛋白质和核黄素,有助于生长发育,预防贫血,增强人体免疫力,还能减少人体内乳酸堆积,消除疲劳。

② 含有丰富的维生素E,能保护人体免受自由基的侵害,保护红细胞,降低胆固醇含量,抑制血小板的聚集,阻断亚硝胺在体内盛产,起到抗肿瘤的作用。

③ 常吃黄豆芽,能很好地补充维生素C,淡化面部雀斑、美白皮肤,春季食用还能有效防治维生素B_2缺乏症。

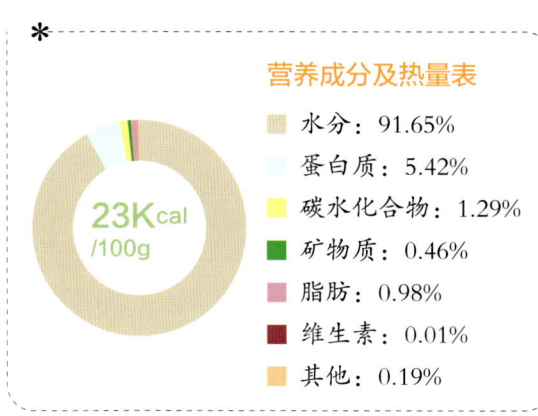

营养成分及热量表
23Kcal /100g
- 水分:91.65%
- 蛋白质:5.42%
- 碳水化合物:1.29%
- 矿物质:0.46%
- 脂肪:0.98%
- 维生素:0.01%
- 其他:0.19%

▶ **挑选要领**

① **看豆仁**:豆仁为淡黄色,饱满不干瘪的为佳,豆仁发白的不宜选购。

② **看根部**:正常的黄豆芽根部为淡褐色,有点发黑,如果根部发白很干净的,可能是用药物化肥催生的,不宜选购。

③ **看茎部**:茎部有点发黄或发绿,中等粗壮的为佳,如果发白且过度粗壮的不宜选购。

花芽

绿豆芽
mung bean sprout

绿豆芽，即绿豆的芽，绿豆在发芽过程中，维生素C含量会增加，蛋白质会分解成氨基酸，更易于人体吸收，具有很高的营养价值。绿豆芽主要的食用部位是下胚轴，绿豆芽性凉味甘，具有滋阴壮阳、清暑解毒的功效。

盛产时期
全年

① 豆仁为绿色或暗绿色，长圆形。
② 茎部淡黄色，肥壮多汁；根部为淡褐色，细长状。

▶ 处理保存要领

由于市面上的绿豆芽多泡在水里，因此不耐储存，应当天食用完。

▶ 绿豆芽的营养价值

1. 绿豆芽含丰富的维生素C，能美化肌肤，消除皮肤斑点，增强血管弹性和韧性，延缓衰老。

2. 绿豆芽中维生素A、B含量高，常吃绿豆芽对于保护视力，防治夜盲症、干眼病、口角炎具有一定功效。

3. 绿豆芽中的蛋白质在发芽过程中分解成各种人体所需的氨基酸，能更好地吸收，更有助于消化。

4. 绿豆芽性凉味甘，能清热解暑、通经脉、利尿消肿、滋阴壮阳、美化肌肤、解湿毒、醒酒、软化血管等，具有很高的营养价值。

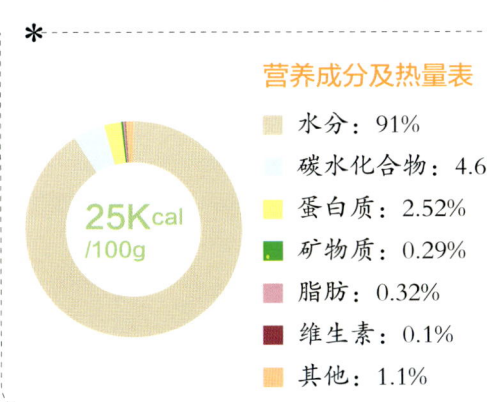

营养成分及热量表
25Kcal/100g
- 水分：91%
- 碳水化合物：4.67%
- 蛋白质：2.52%
- 矿物质：0.29%
- 脂肪：0.32%
- 维生素：0.1%
- 其他：1.1%

▶ 挑选要领

1. **看豆仁**：豆仁饱满、有光泽的为佳。豆仁发蓝的不宜选购。

2. **看芽身**：茎部粗细适中，直挺饱含水分，淡黄色但不发白。

3. **看根部**：根部没有腐烂、断裂、虫蛀现象为好。

4. **闻气味**：有漂白粉等增白剂气味的不宜选购。

花芽

豌豆苗
pea seedings

豌豆苗是刚从种子萌芽而生长出来的整盘或捆把销售的带种子或不带种子的豌豆初生芽，其可食部位为其嫩梢和嫩叶，营养丰富，口感清香嫩滑。豌豆苗含有较多的粗纤维，有助于排便、改善便秘，但胃胀者不宜食用过多。

盛产时期
12~3月

① 嫩叶为翠绿色，叶片肥厚，饱满。
② 豌豆苗的茎粗壮，多汁，幼嫩而质脆。

▶ 豌豆苗的营养价值

1. 豌豆苗含有丰富的维生素C、E、A和胡萝卜素，常吃豌豆苗能够美容养颜、保护视力、防治夜盲症和干眼病，防癌抗癌。

2. 豌豆苗中含有丰富的钾元素，能够维持人体细胞内外的酸碱平衡，维持心肌的正常功能，对高血压患者有很好的作用。豌豆苗含有钙质、B族维生素、抗坏血酸等营养物质，具有抗菌消炎、促进新陈代谢的功效。

3. 豌豆苗含粗纤维，有利尿止泻、消肿止痛、帮助消化的作用。

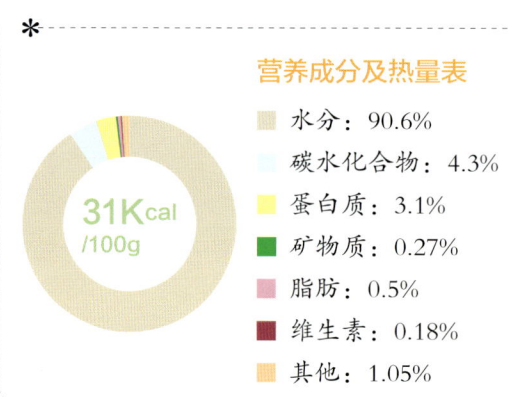

营养成分及热量表
- 水分：90.6%
- 碳水化合物：4.3%
- 蛋白质：3.1%
- 矿物质：0.27%
- 脂肪：0.5%
- 维生素：0.18%
- 其他：1.05%

31Kcal/100g

▶ 处理保存要领

豌豆苗浸泡冰水，沥干后装进有打洞的塑料袋再放冰箱冷藏，不易腐烂。

▶ 挑选要领

1. **叶片**：叶片鲜嫩、叶片肥厚、茎直多汁的为佳，能用手轻易折断茎的比较鲜嫩，口感较好。

2. **虫蛀**：选购时注意观察有无虫蛀、腐烂现象。

~豌豆苗其他品种~

【白绿芽型】 体型较柔弱，口味较淡，品质佳。

【绿芽型】 植株较粗壮，颜色较深，口味浓厚，品质较差。

种子

豌豆仁
pisum sativum

豌豆仁具有清热解毒、降低血液中的胆固醇、美白防老、抗菌消炎、增强新陈代谢等功效，对于脑力工作者和减肥者也非常适宜食用。豌豆仁做法多样，可以煮汤、炒食，也可以将豌豆仁和饭一块儿煮食。

盛产时期
12月~3月

①豌豆仁可呈圆形、椭圆形、扁圆形。
②豌豆仁多为青绿色，表皮光滑，待水分散失后会皱皮，也会变黄。

▶ 豌豆仁的营养价值

① 豌豆仁含有丰富的蛋白质、碳水化合物、钙铁磷和维生素，是很好的蛋白质来源。

② 豌豆仁富含粗纤维，能够促进人体新陈代谢，排出体内废弃物，促进肠道蠕动，具有清洁肠胃、预防便秘的功能。

③ 豌豆仁含有止杈酸、赤霉素和植物凝集素等物质，具有抗菌消炎、促进新陈代谢的作用。

④ 豌豆仁含有丰富的维生素A，具有润泽皮肤、改善皮肤、美化肌肤的作用，还能防治夜盲症、干眼病。

⑤ 豌豆仁中的维生素C，具有很好的抗氧化作用，还能有效降低人体胆固醇含量，对于更年期的妇女有很好的保养作用。

营养成分及热量表
78Kcal/100g
- 水分：76.08%
- 碳水化合物：16.3%
- 蛋白质：5.94%
- 矿物质：0.41%
- 脂肪：0.52%
- 维生素：0.03%
- 其他：0.72%

▶ 处理保存要领

豌豆仁由于离开了豌豆荚，水分更容易散失，因此应尽快食用，如需保存，应放置冰箱低温保存，并于3~5天内食用完。

▶ 挑选要领

① **体型**：豌豆仁体型较小，口感较爽脆可口，较大的淀粉较多，视个人口味选择。

② **色泽**：挑选豌豆仁时，选择表面干爽饱满、颜色鲜绿的较为新鲜，注意观察是否有虫蛀、干瘪、腐烂。

种子
莲子
coconut

莲子为小坚果，呈椭圆形、卵形或卵圆形，其大小因品种而异。幼果期果皮绿色，革质，后由绿转褐色，成熟时呈棕褐色、灰褐色和黑褐色。莲子内有绿色莲子心，味甘微涩，莲子心所含的生物碱具有显著的强心作用。

① 莲子为椭圆形或类球形，表面有细纵纹和较宽的脉纹，一端在其中心会呈乳头状凸起。
② 莲子外皮为浅黄棕色或红棕色，除去这一层外皮可见白色莲子肉。
③ 莲子肉白色，肥厚饱满，中间有空隙，内含绿色的莲子心，莲子心味苦，可食用，具有很好的消暑解热功效。

▶ 莲子的营养价值

① 莲子含有丰富的蛋白质、脂肪、钙、磷、钾和维生素E、B_2等营养成分，磷是细胞核蛋白的主要组成部分，钙是构成人体骨骼和牙齿的重要成分。食用莲子能够促进凝血、维持人体酸碱平衡，对于精子的形成也有重要作用，能够维持神经传导性，镇静神经，维持肌肉的伸缩性。

② 莲子有养心安神的功效，对于中老年人还能增强记忆力，预防老年痴呆症的发生。

③ 莲子心味道很苦，但具有很明显的强心作用，能够扩张外周血管，去心火，治疗口舌生疮，有助于睡眠。其含有的非结晶形生物碱N～9具有降低血压的明显功效。

营养成分及热量表

124Kcal/100g

- 水分：63.15%
- 碳水化合物：25.59%
- 蛋白质：9.28%
- 矿物质：0.89%
- 脂肪：0.55%
- 维生素：0.01%
- 其他：0.53%

盛产时期
7月～8月

④ 莲子所含的氧化黄心树宁碱对于鼻咽癌具有很好的抑制作用，食用莲子能够通经脉、补五脏不足、通气血。

▶ 挑选要领

选择颗粒完整、果实饱满的。如果去除了红棕色的外皮，则选择莲子肉为牙黄色的、没有杂质、有莲子清香味的为佳。

▶ 处理保存要领

① 清洗莲子应该将其瓣开，露出莲心，用清水洗净后，浸泡2个小时。
② 新鲜的莲子不耐储存，应在1～3天内食用完，如需保存，应用干净的袋子装好，放进冰箱冷藏保存。

食用常识

! 莲子心是莲子中间的青绿色胚芽，具有强心安神的作用，不宜丢弃。
! 莲子心晒干后容易储存，晒干后可用开水冲泡饮用或熬粥，或者磨成粉末加入到其他食材中一起冲服。

适用人群与禁忌

☑ 一般人群均可食用。
☑ 轻度失眠人群可适当食用莲子，肾阴虚、脾虚便溏、腹泻者适宜食用。
☑ 莲子对于神经质的人很有疗效，可消除烦躁和忧郁。
☒ 莲心性平偏凉，因此，胃肠虚弱的体质、消化不良或便秘的人，都不能经常食用莲子。
☒ 大便燥结者不宜食用。

~莲子其他品种~

【建莲】外观圆润洁白，具有补脾、养心益肾、壮阳固精等功效。

【广昌莲子】品质特优，果粒饱满，味甘清香，炖煮易烂，具有高蛋白、低脂肪、氨基酸含量丰富等特点。

【湘潭寸三莲】果粒饱满圆润，质地细腻，清香香甜，具有降血压、安神固清、润肺清心的功效。

▶ 知识小专栏

莲子中所含的绵子糖是老少皆宜的滋补品，且具有平抑性欲的作用，对于青年人梦泄、遗精或滑精者，平日多服用会有涩精的功能。

种子

花生
peanut

花生和黄豆共同被誉为"素中之荤",含油量高,品质优良,气味清香。花生也可做中药,适用于营养不良、脾胃失调、乳汁缺失等症状。花生含有丰富的卵磷脂,可健脑益智、增强记忆力,是神经系统的重要物质。

①花生荚:为土黄色,表面有明显的横纵纹路,摸起来较为粗糙。
②掰开花生荚,里面会有1~4颗不等数量的花生仁,花生仁表面为紫红色,皮薄,可食用。
③拨开花生衣,可看到花生米黄色的肉质,口感香脆。

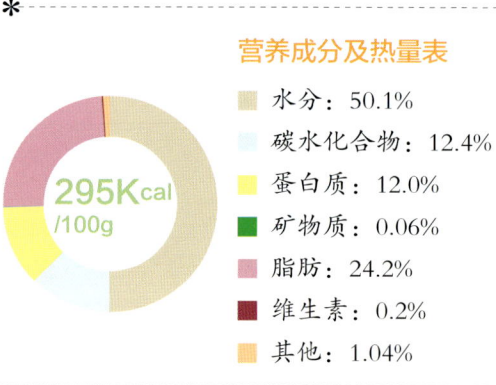

营养成分及热量表
295Kcal /100g

- 水分:50.1%
- 碳水化合物:12.4%
- 蛋白质:12.0%
- 矿物质:0.06%
- 脂肪:24.2%
- 维生素:0.2%
- 其他:1.04%

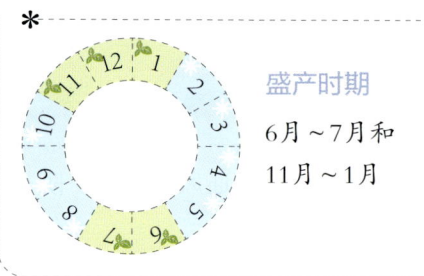

盛产时期
6月~7月和
11月~1月

▶ 花生的营养价值

1. 花生含有丰富的蛋白质、脂肪、糖类、多种维生素和钙、磷、铁等矿物质成分,含有8种人体所需的氨基酸及亚硝酸、卵磷脂、粗纤维等物质。食用花生,能对妇女产后乳汁不足者起到滋补气血、养血通乳的功效。

2. 花生中的卵磷脂和脑磷脂,是神经系统的重要组成成分,常吃花生能起到延缓脑功能衰退、防止脑血栓形成、抑制血小板凝集的作用。其含有丰富的锌元素能促进大脑发育,增强记忆,延缓衰老。

3. 花生含有的亚油酸,能降低胆固醇含量,防治心脑血管疾病,其含有的白藜芦醇能降低血小板聚集,防治动脉硬化等心脑血管疾病。花生衣含有的多种维生素和缩短凝血时间的物质,对人体造血功能有重要作用,能对多种出血性疾病有重要的止血作用。

4. 花生钙含量丰富,经常食用还能促进儿童骨骼发育,防治老年人骨骼退行性并变。

▶ 挑选要领

1. **看花生荚**：优质花生的花生荚为土黄色或白色，如果花生荚颜色灰暗或发黑、黑褐色的则不宜购买。

2. **看花生仁**：优质的花生仁应该是颗粒完整、大小均匀、饱满而有光泽，无虫蛀，或发霉现象。而劣质的花生仁则是颗粒不完整、干瘪或发霉、有虫蛀、杂质的。

3. **闻气味**：优质的花生掰开花生仁后会有一股香味，如果有哈喇味、霉味或其他气味，则不宜购买。

4. **尝味道**：一般选购花生，可以先试吃。如果口味纯正，则可选购；如果有油脂酸败味、涩味或其他不好的味道，则不宜选购。

▶ 处理保存要领

1. 花生保存既可以带果荚保存，也可以去果荚保存。
2. 将花生用网状容器装好，放置在室内干燥、通风、避光、阴凉处存放即可。也可以将花生仁用袋子装好放进冰箱里冷藏保存。

适用人群与禁忌

- ☑ 一般人群均可食用。
- ☑ 营养不良、脚气病、高血压、动脉硬化及各种出血性疾病患者、儿童、老年人均适宜食用。
- ☒ 患有血栓、血黏度高、体寒湿滞者不宜食用。
- ☒ 花生霉变后含有大量的致癌物质——黄曲霉素，因此，霉变的花生千万不要食用。

~花生其他品种~

【广东白玉花生】 种皮为雪白色，果仁似白玉，有光泽，口感佳，香甜味。

【黑山花生】 果粒圆形，蛋白质含量高，品质好，营养价值丰富。

【珍珠花生】 花生壳薄而颜色鲜艳，香味独特，质地细腻，富含蛋白质，且出油率高。

▶ 知识小专栏

花生低钠高油，营养丰富。花生加入麦芽制成的花生糖可口香脆、甜度适中，是餐后泡茶和聊天时最好的点心。

种子
芝麻
sesame

芝麻是中国四大食用油料作物之一，具有很高的应用价值，其榨取的油称为麻油、胡麻油、香油，气味醇香。芝麻热量高，含有丰富的维生素B_1，有助于促进碳水化合物的正常代谢，其含有的蛋黄素是补充脑部的营养素。

盛产时期 10月~11月

① 芝麻形状扁而微椭圆形，上大下小，有棱。
② 芝麻有黑色、白色两种，表面油性，有光泽。
③ 芝麻用手碾压会有油性，香味浓郁。

营养成分及热量表
519Kcal /100g
- 水分：6.4%
- 碳水化合物：21.6%
- 蛋白质：18.1%
- 矿物质：1.09%
- 脂肪：47.2%
- 维生素：0.3%
- 其他：5.31%

▶ 芝麻的营养价值

1. 芝麻含有的亚油酸有调节胆固醇的作用，有利于血脂的调节。芝麻能够加强抗酸化作用，增强心脏功能，预防动脉硬化。
2. 芝麻含有丰富的维生素E，能防止皮肤炎症，常吃芝麻可使皮肤白皙润泽、细致光滑。
3. 食用芝麻有助于滑肠通便，含有蛋黄素、胆碱、肌糖，能防止人体发胖，是减肥人群的福音。

▶ 处理保存要领

1. 芝麻应用密封不透光的容器装好，避免受潮，尽快食用。
2. 表面泛油光有异味，不宜食用。

▶ 挑选要领

1. **松散度**：芝麻很松散，没有结块的为佳。
2. **色泽**：染色芝麻特别黑亮，颜色均匀，用手搓有染色，有墨臭味。

~芝麻其他品种~

【黑芝麻】种皮为黑色，可榨制成香油，又叫做麻油，烹饪上多用作辅料。

【白芝麻】种皮为白色，籽粒饱满、含油量高，口感好，味道香醇，品质优良。

种子

黄豆
soybean

黄豆是一种含有丰富植物蛋白质的作物。大豆常用于制作成各种豆制品，榨取大豆油、酿造成酱油，豆渣可用作饲料等。黄豆含有丰富的卵磷脂，能促进脑神经功能和增强记忆力，促使分解血管中的胆固醇，预防心脏病的发生。

盛产时期
全年

①黄豆为椭圆形、卵圆形或近球形、长圆形。
②黄豆种皮光滑，有黄色、淡绿色，种脐明显。

营养成分及热量表

394Kcal /100g

- 水分：11%
- 碳水化合物：33.2%
- 蛋白质：35.3%
- 矿物质：2.0%
- 脂肪：16.3%
- 维生素：0.4%
- 其他：1.8%

▶ 黄豆的营养价值

1. 大豆脂肪多为不饱和脂肪酸，并含亚麻油酸和磷脂，属优质脂肪。其蛋白质的氨基酸模式接近人体组织氨基酸模式。均易被人体吸收。

2. 常食大豆制品能防止骨质疏松、治疗缺铁性贫血，防止冠心病、动脉硬化等，其含有的卵磷脂有助于促进脑神经、增强记忆力。

3. 大豆含有异黄酮素和金雀异黄素均是很好的抗氧化剂，能抑制肿瘤，调节妇女经期前的不适应症状。其含有的植物型雌激素对于女性的乳腺癌和宫颈癌具有很强的作用。

▶ 处理保存要领

1. 黄豆可以榨汁，也可以烹煮食用。
2. 干燥状态可放置室内通风干燥处存放。如果已洗涤或泡过，应沥干水分，密封并尽量保持近真空态，冷藏保存。

▶ 挑选要领

1. **看种皮**：选择种皮光滑、颜色鲜艳有光泽的为佳。

2. **看颗粒**：挑选黄豆时，注意观察颗粒是否饱满均匀，碎粒是否很多，有无虫蛀、霉变、干瘪现象。

3. **闻气味**：优质黄豆为豆香味，霉变味或酸味均不佳。

种子

黑豆
black bean

黑豆性味甘平，具有活血祛风、清热解毒、补虚乌发、滋养健血等功效，尤为适宜脾虚水肿、体虚之人和脚气浮肿者食用，带皮食用黑豆能够改善贫血症状。黑豆对肾脏具有很强的保护作用，可防老抗衰、强壮体力。

盛产时期
全年

① 黑豆为椭圆或球形，稍扁。
② 黑豆表面为黑色或灰黑色，光滑有光泽，稍有皱纹。
③ 黑豆一侧有明显的种脐，为蛋黄白色。
④ 黑豆去种皮后，肉质为黄色或绿色。

营养成分及热量表

371Kcal /100g

- 水分：12%
- 碳水化合物：37.7%
- 蛋白质：34.06%
- 矿物质：2.1%
- 脂肪：11.06%
- 维生素：0.34%
- 其他：2.74%

▶ 黑豆的营养价值

1. 黑色种皮含丰富的花青素，是很强的抗氧化剂，丰富的维生素E、B族维生素均可延缓衰老，美化肌肤，增强抵抗力。
2. 高蛋白低能量的黑豆是补肾首选食品，健脑益智。
3. 黑豆含有丰富的粗纤维，能够有助于肠道蠕动，协助消化。

▶ 处理保存要领

黑豆容易受潮，因此购买回来的黑豆应该包装好放进冰箱冷藏保存，避免阳光照射和受潮，并尽快食用。

▶ 挑选要领

1. **看表面**：选择表面光滑、有光泽，黑色或灰黑色的黑豆。
2. **看颗粒**：选择颗粒饱满干燥，无发霉虫蛀、碎粒的黑豆。

~黑豆其他品种~

【青仁黑豆】种皮乌黑，豆仁青色，其蛋白质、维生素、铁质含量极其丰富，适用于做成各种加工食品，如黑豆粉、黑豆浆或药材。

【黄仁黑豆】种皮乌黑，豆仁黄色，适用于制作成蜜黑豆。

种子

红豆
ormosia

红豆是一种常见的食材,种子可供食用和药用,常用于煮粥或做成豆沙、糖水。红豆性甘寒,具有消肿排脓、治血解毒、利尿解毒等功效,也能调理女性经血,使肌肤红润,是很好的补血食品。

盛产时期

12月~2月

①红豆外形呈长圆形或圆柱形,稍扁。
②红豆种皮为红色或红褐色,表皮润滑,但是没有明显光泽。
③红豆一侧会有一明显的米白色种脐。

营养成分及热量表

332Kcal /100g

- 水分:12%
- 碳水化合物:61.3%
- 蛋白质:22.4%
- 矿物质:1.5%
- 脂肪:0.6%
- 维生素:0.02%
- 其他:2.18%

▶ 红豆的营养价值

① 红豆含丰富的皂角甙,具有利尿作用,可刺激肠道,促进血液顺畅,能够解酒、消肿解毒,对于心脏病、肾病患者有很好的作用。产妇、哺乳期妇女食用红豆还具有催乳的功效。

② 红豆含有丰富的膳食纤维,能够促进肠道蠕动,降低血脂血压,防治糖尿病、结石,起到抗癌解毒、健美减肥的作用。

③ 红豆含有丰富的维生素B_1,能防止疲劳物质囤积肌肉,协助糖分的分解和脂肪燃烧,具有很好的减肥健身功效。

④ 红豆性偏平凉,女性食用红豆,能够调理女性经血,润泽皮肤,具有补血、改善女性气血虚弱的功效。在食用红豆时,可加入少许盐,可免于产生胀气不适之感。

▶ 处理保存要领

① 先筛选出杂质砂石等,再用清水反复搓洗,直至去除附着在其上的灰尘和污垢。

② 红豆的保存可采取用袋子装好,放置冰箱中冷藏保存的方法,或者放置在室内阴凉、通风、避光、干燥处存放的方式。

▶ 挑选要领

选择颗粒饱满,颜色暗红,没有干瘪、发霉、虫蛀的红豆为佳。颜色鲜红的反倒是水分不多,种皮皱缩才会显得颜色浓艳。

种子

绿豆
mung bean

绿豆性属寒凉，具有清热解暑的功效，但脾虚胃寒、易腹泻者不宜食用。绿豆可做成绿豆糖水，消暑解渴，也可做成绿豆糕，口感细腻。绿豆被认为可解百毒，协助体内毒物的排泄，促进机体的正常代谢。

盛产时期
8月~9月

①绿豆为短圆柱形，稍扁，种皮为淡绿色或黄褐色，光滑。
②绿豆一侧有白色而不凹陷的种脐。

营养成分及热量表

342Kcal /100g

- 水分：11%
- 碳水化合物：55.6%
- 蛋白质：21.6%
- 矿物质：0.8%
- 脂肪：0.9%
- 维生素：0.01%
- 其他：10.09%

▶ 绿豆的营养价值

1. 绿豆含抑菌成分，能抑制葡萄球菌的生长，能起到一定的抗病毒抑菌作用，增强免疫功能，增强吞噬细胞的吞噬功能。绿豆中的鞣质具抗菌活性，可起到局部止血、促进伤口愈合的作用。

2. 常吃绿豆可降低胆固醇含量，防治动脉硬化等心血管疾病。绿豆可除湿利尿，清热解毒，补气血，润泽肌肤。

3. 绿豆可改善肠道菌群，减少有害物质的吸收，预防癌症。

▶ 处理保存要领

1. 处理：用布包裹用清水搓洗几次。
2. 塑料袋装好绿豆，冷藏保存。

▶ 挑选要领

1. **看体型**：颗粒饱满，种皮光滑不皱缩，无虫蛀霉变碎粒为佳。色泽暗淡干瘪、霉变为不佳。

2. **闻气味**：优质绿豆有清香的豆味，劣质绿豆有霉酸味，不宜选购。

~绿豆其他品种~

【油绿豆】种皮厚且有光泽，适合加工制作成馅料。

【粉绿豆】种皮为粉质，煮熟后味道香浓，口感佳。

种子
腰果
cashew nut

腰果的食用部分是着生在假果顶端的肾形部分，营养价值丰富，是世界著名的四大干果之一。但要注意，腰果经过油炸或烘烤后含有很高的热量和脂肪，不宜一次性食用过多，肠炎、腹泻或痰多患者也不宜多食。

盛产时期
全年

腰鼓为肾形，两侧压扁，为黄褐色、米白色。

营养成分及热量表
- 水分：3.32%
- 碳水化合物：30.33%
- 蛋白质：18.33%
- 矿物质：1.52%
- 脂肪：45.53%
- 维生素：0.01%
- 其他：0.96%

103Kcal/100g

▶ 腰果的营养价值

① 腰果含大量的脂肪、蛋白质、碳水化合物和多种维生素、矿物质和锰、铬、镁、硒等微量元素，能有助于降低人体胆固醇含量，软化血管，防治心血管疾病。

② 腰果含有丰富的维生素A，能保护眼睛、维护视力、延缓衰老，具有美容养颜的功效。

③ 腰果中的维生素B_1含量丰富，能够缓解疲劳、恢复体力，适合疲倦者食用。

④ 经常食用腰果能够增强机体免疫力，增进食欲，防治癌症等。

▶ 处理保存要领

① 腰果可以作为零食，或者做汤、炒菜均可。
② 存放密封罐中于冰箱或室内阴凉通风避光处。

▶ 挑选要领

① **看体型**：选择果仁饱满、体型均匀的。

③ **尝味道**：品质好的腰果口感香醇，油脂丰富，有酸败苦涩、哈喇味的不宜选购。

② **看外表**：选择整体整洁，表面没有黑斑、虫蛀的腰果，如果表面有黑斑的、黏手感的不宜选购。

种子

板栗
chestnut

板栗被誉为"干果之王"、"肾之果"。板栗呈紫褐色，披有黄褐色茸毛，可蒸煮或热炒，果肉淡黄色，味道甘甜可口，风味独特，具有补肾健脾、强身健体等功效。板栗具有美颜、细嫩润泽肌肤的功效。

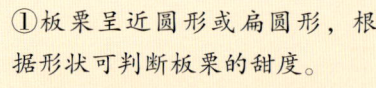

盛产时期

9月～2月

① 板栗呈近圆形或扁圆形，根据形状可判断板栗的甜度。
② 表皮深褐色或浅褐色、土黄色，有绒毛，尾部绒毛较多。
③ 剥壳后仍有一层黄褐色且有绒毛的囊衣包裹，不能食用。
④ 煮熟后肉质褐色或黄褐色，口感松软，甜味、香味浓郁。

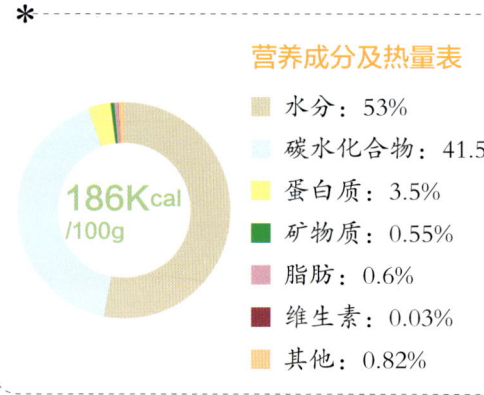

营养成分及热量表

186Kcal /100g

- 水分：53%
- 碳水化合物：41.5%
- 蛋白质：3.5%
- 矿物质：0.55%
- 脂肪：0.6%
- 维生素：0.03%
- 其他：0.82%

▶ **板栗的营养价值**

1. 板栗能提供人体热能，具有厚补肠胃、益气健脾的功效。能延缓衰老，维持牙齿、骨骼正常功能，防治骨质疏松、腰酸腿软、疲劳乏力等症状。

2. 板栗含有丰富的不饱和脂肪酸、多种矿物质和维生素，有助于脂肪代谢、降低胆固醇含量，防治心血管疾病。其含有的核黄素，能够改善口腔溃疡病症。

▶ **处理保存要领**

带壳的板栗可放室内干燥通风避光处存放。去壳后应晾干再保存，冷藏保存。

▶ **挑选要领**

1. **看颜色**：选择浅褐色的板栗，而不要选择过于油亮、深褐色的板栗。

2. **看形状**：两面都扁平状的板栗甜度较低，而一面扁平、一面圆圆的板栗较前者甜。

3. **看绒毛**：新鲜板栗尾部绒毛较多。

4. **看虫蛀**：挑选板栗时，要注意不要挑选有虫蛀的板栗。

种子
杏仁
almond

杏仁一般分为甜杏仁和苦杏仁，前者多用于食用，后者多用作药用。杏仁果为扁平卵形，含油量高，杏仁油味淡黄色，香味淡而具有软化皮肤的功效。杏仁含有丰富的不饱和脂肪酸和多种维生素，有助于降低体内胆固醇含量。

盛产时期
全年

① 杏仁为圆形或倒卵形、宽倒卵形，腹棱明显锐利。
② 杏仁表面为红色、黄色等，表皮薄而粗糙，有网纹。
③ 杏仁薄而干燥，脂肪含量丰富，分为苦杏仁和甜杏仁。

营养成分及热量表

597Kcal /100g

- 水分：2.01%
- 碳水化合物：19.4%
- 蛋白质：22.22%
- 矿物质：2.15%
- 脂肪：53.14%
- 维生素：0.03%
- 其他：1.05%

▶ 杏仁的营养价值

① 能很好地防治心血管疾病，降低心脏病发生的危险性，降低多种慢性病的发生率。

② 苦杏仁中的苦杏仁苷，是一种生物活性物质，能够杀死癌细胞，具有抗肿瘤作用，丰富胡萝卜素能延缓衰老，促进皮肤循环，润泽肌肤。

③ 甜杏仁有补肺作用，减肥人群食用能减少饥饿感，维护肠道菌群，促进肠胃蠕动。苦杏仁苷还具有镇痛抗炎作用。

▶ 处理保存要领

杏仁可以生食、做成粥、饼、面包等多种类型的食品。

▶ 挑选要领

① **看颜色**：表皮颜色浅比较新鲜，颜色暗黄、褐色、深色的是陈年的，不要购买。

② **看外形**：选择颗粒饱满的、较大的比较新鲜，不要选择颗粒干瘪、偏小紧缩的。

③ **看硬度**：较坚硬的较新鲜，易捏碎的多是受潮了。

④ **闻气味**：如果杏仁有哈喇味等异味则不要购买。

种子

核桃
walnut

核桃与腰果、榛子、扁桃并称为世界著名的"四大干果",是很好的健脑食物和神经衰弱的治疗剂。核桃能够"补肾通脑、有益智慧",经常食用核桃,既能健身,又能抗衰老,中老年人尤其适宜食用。

① 核桃呈椭圆形,核桃壳坚硬,呈黄褐色,表面粗糙,具有数量形状不一的凹槽。
② 掰开核桃壳,可看到核桃仁具有一层淡土黄色的核桃衣,薄而粗糙。
③ 核桃仁形状如人体脑干结构,肉质为米白色,口感香脆可口。

▶ 核桃的营养价值

1. 核桃含有粉红色蛋白质、不饱和脂肪酸、碳水化合物、纤维素、维生素B_6、维生素B_1、叶酸、泛酸和镁、钾、铜等矿物质。其不饱和脂肪酸的含量高达86%,具有很高的营养价值。

2. 食用核桃对于儿童、青少年能增强记忆力、阅读能力,具有健脑功效。

3. 核桃能够降低人体对胆固醇的吸收量,改善动脉硬化、冠心病、高血压,能够延缓细胞老化、延缓衰老、滋润肌肤。

4. 核桃中丰富的ω~3脂肪酸,有助于缓解抑郁症症状、增强记忆力、促进大脑发育,减少癌症、老年痴呆症的发生。

营养成分及热量表

674Kcal/100g

- 水分:3.1%
- 碳水化合物:11.7%
- 蛋白质:14.6%
- 矿物质:0.83%
- 脂肪:68.8%
- 维生素:0.01%
- 其他:0.96%

盛产时期
10月~12月

5. 食用核桃也能防癌抗癌、舒缓压力，保护心脏机能健康，降低患乳腺癌、糖尿病的风险。
6. 核桃脂肪含量高，其含有的亚油酸和亚麻酸能够使血液净化，提供大脑新鲜的血液，清除血管壁杂质，消耗体内积蓄的饱和脂肪。常食用核桃仁食品，能够减少肠道对胆固醇的吸收，降低血液中的胆固醇，属于高血压、动脉硬化的滋补佳品。

▶ 挑选要领

1. **看花纹**：看核桃壳上的花纹：选择花纹多且浅的核桃品质较佳，因为花纹越多，表示核桃生长过程中运输养料的渠道越多。

2. **看色泽**：砸开核桃，如果核桃衣色泽鲜艳，果仁饱满，没有黑斑、发霉的，且容易取出的，则是品质较好的核桃。

3. **掂重量**：掂量核桃的重量，选择有坠手感的核桃为佳。

4. **闻气味**：核桃有漂白剂或其他异味，则不宜选购。

适用人群与禁忌（宜忌）

- ☑ 一般人群均可食用。
- ☑ 脑力劳动者、青少年、气血不足、癌症患者、神经衰弱者适宜食用。
- ☑ 核桃是减肥人士和体重控制者的最佳营养食品。
- ☒ 阴虚火旺、腹泻、痰热咳嗽者不宜食用。

▶ 处理保存要领

1. 食用核桃时不要将核桃仁表面的褐色薄皮剥掉，否则会损失一部分的营养。
2. 核桃外壳坚硬，可置于室内干燥、阴凉、通风处存放即可。

▶ 知识小专栏

1. 核桃性温、味甘、无毒，具有补血润肺、健胃、养神等功效，被列为"久服轻身益气、延年益寿"的上品。

2. 核桃食用方式多样，生食或加入适量的盐水煮食，可用于治疗改善腰痛、健忘、耳鸣、尿频等病症。

3. 每周吃两到三次核桃，尤其是中老年人和停经妇女，核桃含有的精氨酸、油酸、抗氧化物质等能有效保护心血管，对预防冠心病、中风、老年痴呆等有显著效果。

4. 味美多脂的核桃成分中的亚油酸和亚麻酸能使血液净化，供应大脑新鲜血液。

~核桃其他品种~

【朝天核桃】个体大,果壳薄,果仁香甜美味,肉质细腻,香脆,品质优,易取仁。

【加查核桃】为西藏盛产,可分为酥油核桃、麻雀核桃、铁核桃等品种,皮薄个头大,肉质饱满香醇。

【吉宝核桃】又称为鬼核桃、日本核桃,果实为长圆形,壳坚厚,仁难取。

【平武核桃】核桃壳薄,果仁黄色,品质优,无公害,深受国内外消费者的青睐。

【阿克苏核桃】个头大,壳薄,含油量较高,一捏即破,果仁橙黄饱满,味道醇香、甘甜。

【商洛核桃】口感油香味浓,色泽白黄,营养价值丰富,脂肪和蛋白质含量丰富。

【毕节核桃】分为薄壳核桃、夹壳核桃、葡萄串核桃等,果粒饱满,香甜,是补气养血的好补品。

【古县核桃】为山西省古县的特产,皮薄仁饱满,出油率高,生食甘甜,营养价值丰富。

【元丰核桃】壳面光滑,核仁饱满,种皮黄色,微涩,品质中等。

【三台核桃】坚果卵圆形,壳厚,黄白色的种仁,风味佳。

【乌米子核桃】果实较小,肉质香脆,桃仁饱满,口味香浓,肉质细腻。

【石门核桃】个头大,皮薄,容易取仁,脂肪和蛋白质含量高,风味香甜。

【新疆薄壳】果实圆球形,果面光滑美观,种仁饱满,味道油香,薄壳易取。

【卢龙核桃】核桃个头大,果仁饱满,皮薄,容易取仁,脂肪和蛋白质含量高,风味香甜。

【左权绵核桃】核桃皮薄,仁白,味道香醇。

种子

松子
pine nut

松子是松树的种子，可作为坚果食用，也是重要的中药。性平味甘，具有养血润肠、补肾益气等功效，适宜老年人食用。松子所含的油脂多为亚油酸、亚麻酸等不饱和脂肪酸，有助于增强脑细胞代谢，促进和维护脑细胞功能作用。

盛产时期

全年

① 松子壳坚硬光滑，为卵状三角形，呈红褐色。
② 松子仁为长圆形，洁白色。

营养成分及热量表

669Kcal/100g

- 水分：1.87%
- 碳水化合物：9.38%
- 蛋白质：16.62%
- 矿物质：1.55%
- 脂肪：69.53%
- 维生素：0.04%
- 其他：1.01%

▶ 松子的营养价值

1. 松子含有丰富的不饱和脂肪酸，如亚油酸、亚麻酸等，能降低人体胆固醇含量，促进儿童生长发育、软化血管，增加血管弹性，消除疲劳。
2. 松子对于老年人体虚便秘、小儿便秘具有一定的治疗作用。
3. 丰富的磷锰钙铁磷钾等矿物质，常食用有健脑作用，提高记忆力，防治老年痴呆症。

▶ 处理保存要领

松子的保存应该放置冰箱冷藏为好。

▶ 挑选要领

1. **看外壳**：外壳光亮、浅褐色的较好，外壳暗黄、黑褐色或深灰色的，不宜选购。
2. **干燥度**：松子壳易碎且松子仁易取出，松子仁干燥者为佳。
3. **色泽**：松子仁为洁白色的较好，深黄色带红色的已变质了。

~松子其他品种~

【巴西松子】具有特殊的香、松、酥的口味和丰富的营养成分。

【东北松子】纯天然的鲜香口感和浅褐色的外表，肉粒大而饱满，味鲜甜。

【云南松子】皮薄，肉质香甜可口，香气浓郁。

Lesson 6
[Roots]

菜篮子课程之
藻菌篇

藻菌类食材含有丰富的维生素A、维生素E，对于血块积滞、守护心脏功能、改善高血压都具有重要意义。其含有的营养素虽然不及动物性食物丰富，但是能够补充素食主义者的维生素缺乏问题，并且对于防治贫血、提高机体免疫能力、美化皮肤、预防视力退化等都具有很好的效果。

藻菌
黑木耳
black fungus

黑木耳因其颜色为黑褐色而得名，是一种营养丰富的食用菌。黑木耳色泽黑褐色，质地柔软，营养丰富，味道鲜美，可凉拌食用，也可热炒食用。黑木耳是防治缺铁性贫血的好食材，也可改善妇女疾病。

①腹面：平滑，颜色为黑褐色，半透明状。
②背面为灰色或灰褐色，或有毛或光滑，半透明。
③菌柄：短而不明显，为浅褐色，一般食用前会将其除去。

盛产时期 全年

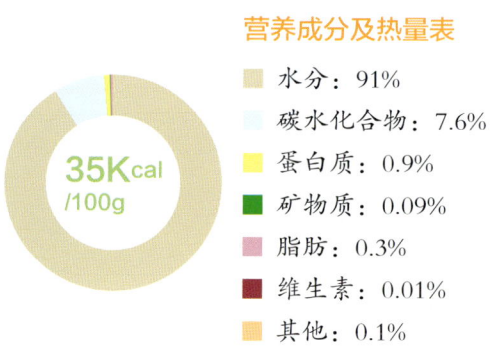

营养成分及热量表
35Kcal /100g
- 水分：91%
- 碳水化合物：7.6%
- 蛋白质：0.9%
- 矿物质：0.09%
- 脂肪：0.3%
- 维生素：0.01%
- 其他：0.1%

▶ 黑木耳的营养价值

1. 黑木耳具有吸附能力，能很好地清除肠胃、消化纤维素，能减少血液凝块、缓和动脉粥样硬化，可防治冠心病等心血管疾病。

2. 黑木耳含有的多糖类物质，具有抗肿瘤的作用，可用于防治宫颈癌等癌症。食用黑木耳还能改善产后虚弱、手足抽筋麻木、腰腿酸痛、痔疮出血等病症。

3. 黑木耳口感细腻爽口，其蛋白质、维生素B_2、铁、钙含量均比较高，具有很好的营养价值，并有"素中之荤"的称号。

4. 黑木耳含有的发酵素和植物碱成分，使其具有化解体内结石的功效，能促进消化道内和泌尿道内的腺体分泌，润滑管道，促使结石排出，具有清洁血液和解毒功效。

5. 黑木耳含有的卵磷脂，能有效消耗体内的脂肪，促进脂肪合理分布，连同纤维素一起，可促进肠道蠕动，促进人体代谢物的排出，有利于减肥。

▶ 挑选要领

①　**看色泽**：优质的新鲜黑木耳，腹面乌黑有光泽，背面呈暗灰色，大小适中。

③　**辨真伪**：购买的鲜木耳可泡在水中，如果是用色素加工染黑的木耳，水很快变成黑色，这种木耳不能食用。

②　**闻气味**：新鲜的木耳没有酸臭味，但如果存放时间较久，则会有浓郁的酸味、霉味，因此购买时应该注意。

▶ 处理保存要领

①　新鲜的黑木耳直接用清水洗涤干净。而干燥的黑木耳先用冷水泡发，再用清水冲洗干净，并去除黑木耳上的硬蒂。

②　干燥的黑木耳可以放置室内干燥、阴凉处，避免阳光长时间照射。如果是新鲜的黑木耳应该尽量当天食用。

~黑木耳其他品种~

【**皱木耳**】　实体较小，耳形或圆盘形，无柄，为淡红褐色，有白色粉末，有明显皱褶。

【**毛木耳**】　耳片肥厚多汁，口感硬爽，耐嚼，呈紫灰色或黑色，有皱纹，适宜凉拌食用。

【**角质木耳**】　新鲜时为红褐色，干时黄褐色或暗绿褐色，下表面粗糙呈杯状或浅杯状。

适用人群与禁忌

- ☑ 一般人群均可食用。
- ☑ 冠心病、动脉血管硬化、心脑血管疾病患者适宜食用。
- ☑ 女性食用黑木耳可促进血液循环，降低血液粘稠度，修补女性子宫虚弱症状，改善妇女疾病。
- ☒ 出血性中风患者不宜食用。

▶ 烹饪小专栏

黑木耳应该以熟食为宜，这样更有利于人体对黑木耳多醣体的吸收利用。尤其是消化功能较弱的老年人更要格外注意。

藻菌
银耳
tremella

银耳因其菌体纯白至乳白色而得名。银耳味甘、性平、无毒，具有益气清肠、滋阴润肺、补脾开胃的功效，可用于煮汤、加入制成糖水，是滋阴润肺、止渴消暑的佳品。老年人很适合长期食用银耳，可改善虚弱、营养不良的体质。

① 银耳一般呈菊花状或鸡冠状，有数片组成，形似牡丹形或绣球状。
② 银耳干燥后一般会皱缩，硬而脆，白色或米黄色，呈球形或近卵圆形。

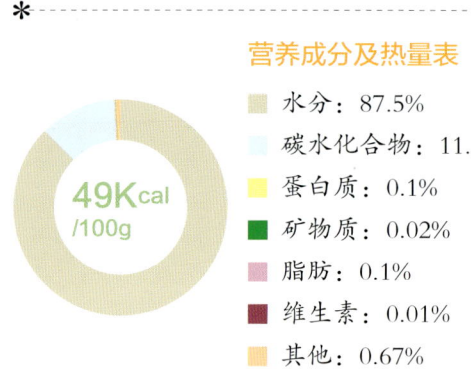

营养成分及热量表
- 水分：87.5%
- 碳水化合物：11.6%
- 蛋白质：0.1%
- 矿物质：0.02%
- 脂肪：0.1%
- 维生素：0.01%
- 其他：0.67%

49Kcal/100g

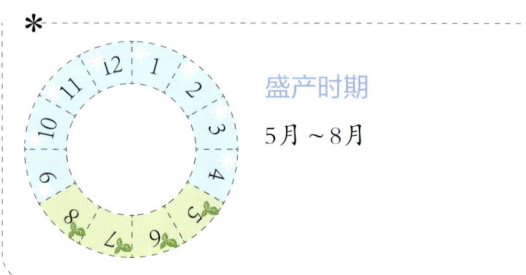

盛产时期
5月~8月

▶ 银耳的营养价值

1. 银耳富含天然胶质，长期食用能够美化肌肤，有效去除黄褐斑、雀斑等，还能滋润肌肤，是很好的美容养颜食品。

2. 银耳营养成分丰富，含有蛋白质、脂肪、17种氨基酸、钙、磷、铁、钾、钠等矿物质，含有海藻糖、甘露糖醇等糖类，具有很高的营养价值，是很好的滋补品。

3. 银耳富含维生素D，能协助人体对钙质的吸收，减少钙质流失，促进生长发育。

4. 食用银耳还能增强机体抵抗肿瘤癌症的免疫力，保护肝脏，提高肝脏解毒能力，补气和血、强心补脑、提神、美容养颜、延年益寿。

5. 银耳性平味甘、润肺生津、补脑活血，是强心保肝、健身益寿的佳品。

▶ 处理保存要领

1. 干燥的银耳先用清水洗净后，用清水进行泡发。

2. 银耳质地较脆，不宜经常性挪动，应放在室内避光、阴凉、通风处存放。

▶ 挑选要领

① 色泽：较差的银耳菌体白色带有米黄色，不够干燥，肉比较薄，带有斑点、杂质，形状不完整。

② 肉质：品质好的银耳呈金黄色，有光泽，菌体大而体轻，肉质肥厚，无黑点，无杂质，泡发后会膨胀明显。

③ 气味：新鲜的品质好的银耳应该是没有酸臭味，如果能嗅到硫磺等漂白剂的刺激性味道，不宜购买。

适用人群与禁忌

- ☑ 一般人群均可食用。
- ☑ 老人肺燥干咳、喉咙干痒者适宜食用。
- ☑ 银耳中含有丰富的胶质，可促进养颜美容，补充中年女性皮肤的光泽和弹性。
- ☒ 体质虚寒、易腹泻者均不适宜食用。

~银耳其他品种~

【雪耳】品质上乘者称为雪耳，菌体雪白光滑，薄而略半透明状，质地脆滑，口感好。

【米黄色银耳】米黄色的银耳，肉质比较薄，部分带有斑点，形状不成朵，且不完整。

▶ 知识小专栏

① 白木耳有野生的，但现在大部分市售的都是栽培品种，一般可用于增强免疫力、整肠健胃、胃溃疡、高血压等症状。

② 白木耳富含多醣体，可增强细胞的吞噬能力。

③ 银耳是一种含有丰富胶质的菇类，有助于维持肠道有益菌群的生长，提高肺部组织的防御功能和身体的免疫力。

扫我看视频！

银耳的刀工　　银耳的清洗

藻菌

海带
kelp

海带是一种在低温海水中生长的海生褐藻植物，因其生长在海水里，柔韧似带而得名"海带"。海带营养丰富，味道可口，具有一定的药用价值，对降压降脂、提高免疫力、利尿消肿有一定的功效。

①海带叶片为宽带状，梢部渐渐变窄，一般长2～5米，通体为橄榄褐色，干燥后为深褐色或黑褐色。
②海带叶边缘较薄较软，呈波浪褶形。
③干海带表面一般由白色粉末附着，粉末为其含有的碘和甘露醇。

营养成分及热量表

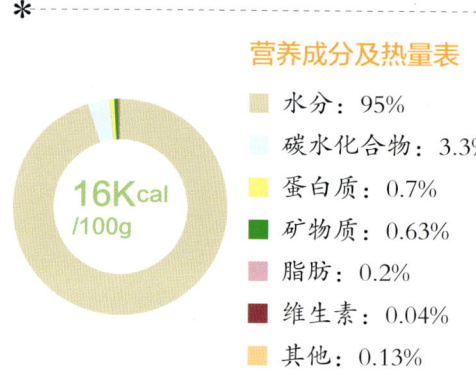

16Kcal /100g

- 水分：95%
- 碳水化合物：3.3%
- 蛋白质：0.7%
- 矿物质：0.63%
- 脂肪：0.2%
- 维生素：0.04%
- 其他：0.13%

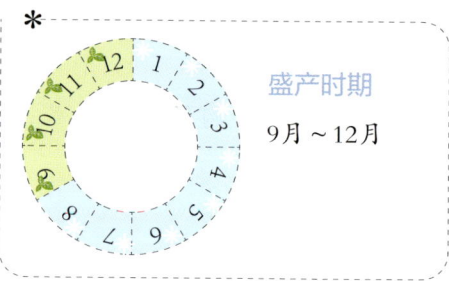

盛产时期
9月～12月

▶ 海带的营养价值

1. 海带含有大量的碘，可增强甲状腺的机能，促进热量消耗及新陈代谢，达到减重、控制体重的目的。海带也含有丰富的钾元素，可以消除身体浮肉，促使人体钠钾平衡，协助机体排出多余的水分，消除水肿，达到修身效果。

2. 海带含有丰富的不饱和脂肪酸和膳食纤维，能够协助清除血管壁上多余的胆固醇，刺激胃液分泌，促进肠道蠕动，帮助机体消化，能防治高血压、高血脂、动脉硬化等心血管疾病。

3. 海带含有的海带多糖，能够抑制免疫细胞凋亡，具有抗辐射作用，适合办公室工作群体、经常坐在电脑前的人群食用。

4. 海带很有丰富的维生素A、B族维生素和钙、铁、碘等元素，能够帮助女性恢复卵巢功能、降低乳腺增生的危险性。还可以强化骨骼、牙齿，防治骨质疏松。

▶ 挑选要领

1 生海带的挑选：选择形状宽长、肉质厚实、边缘为碎裂或黄化现象，闻起来没有异味的为佳。

2 看色泽：海带结合海带串应选择颜色深绿色的为佳，不宜选择有杂质、焦褐变色或周围有黄白色的海带。

3 干海带的挑选：好的海带表面会有一层白色的粉末，表明其碘和甘露醇含量高；挑选时可以将海带卷展开，观察海带是否完整、有无大面积的破损、是否有小洞；再者，如果海带颜色异常者也不适宜购买。

▶ 处理保存要领

1 对于生海带，购买后应该放置冰箱冷藏保存，并应尽快食用。

2 对于干海带，购买后注意干燥密封保存，避免干海带受潮发霉。

3 购买后的海带可以分装成一小袋进行冷藏保存，食用时不用整体反复解冻，破坏品质。

~海带其他品种~

【凤尾藻】蓝紫色至紫红色，藻体表面光滑，无凸起，富含氨基酸、钙、铜、铁等矿物质。

【海带芽】嫩绿色，富含食物纤维及钙、钾等矿物质，热量比较低。

【海带茸】富含提高肝机能和提高脂肪代谢的硫多糖体，能够调节人体酸碱质。

适用人群与禁忌（宜忌）

- ☑ 一般人群均可食用。
- ☑ 甲状腺肿大、缺碘、高血压、骨质疏松、营养不良性贫血、高血脂、动脉硬化、糖尿病患者适宜食用。
- ☒ 甲亢患者、脾胃虚寒者不宜食用，孕妇、乳母和沿海高碘地区人群不宜过多食用。

扫我看视频！

海带的清洗

藻菌
紫菜
nori

紫菜是在海中互生藻类的统称,生长在海中,附着在石头上,纯青色,取出晒干后变成紫色。紫菜多用于煮汤,香味浓郁,口感独特,具有清热利水、补肾养心、强化牙齿和骨骼、保护肝脏、促进排毒等功效。

① 市面上售卖的多为干紫菜,一般被压制成扁圆形状或方形状。
② 紫菜泡开后,为一层薄膜状,呈紫色或褐色,拿在手上有滑手感。

营养成分及热量表

229Kcal /100g

- 水分:15.6%
- 碳水化合物:40.5%
- 蛋白质:2.1%
- 矿物质:5.7%
- 脂肪:0.01%
- 维生素:0.04%
- 其他:36.05%

▶ 紫菜的营养价值

① 紫菜含有高含量的碘元素,能够防治甲状腺肿大症。
② 紫菜含有丰富的铁、维生素B_{12}等营养物质,对于缺铁性贫血、骨质疏松症具有一定的疗效。
③ 紫菜中的蛋白质、维生素等各种营养成分,由于易于被人体消化吸收利用,因此尤为适宜消化功能减退的老年人。
④ 紫菜味道鲜美,对于甲状腺肿、慢性支气管炎、脚气、高血压、水肿等疾病有一定的疗效。

▶ 处理保存要领

① 干紫菜用清水泡发后,再反复用清水冲洗以去除杂质。
② 干紫菜容易返潮变质,可将其装入黑色食品袋中,放置在室内干燥、通风、避光处存放,避免受潮,或者放置在冰箱中冷藏保存,可以保持其味道和营养。

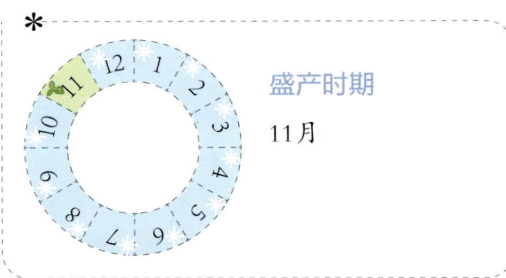

盛产时期
11月

▶ 挑选要领

① **优质**：优质新鲜的紫菜颜色为暗绿油亮，干紫菜有紫黑色光泽或紫红色、紫褐色，泡发后片薄，几乎不见杂质，叶子较整齐。

② **劣质**：劣质的紫菜表面光泽差，片状干紫菜厚薄不均匀，杂藻多，颜色为红色并夹杂着绿色，闻起来有一股腥臭味或霉味，泡发后变成绿色的，不宜选购。

适用人群与禁忌

- ☑ 一般人群均可食用。
- ☑ 甲状腺肿大、慢性支气管炎、高血压、心血管疾病、水肿、脚气病、咳嗽患者适宜食用。
- ☒ 脾胃虚寒、腹痛便溏、身体虚弱者不宜食用。

~紫菜其他品种~

【皱叶紫菜】外观呈圆形，色泽呈紫红色或暗红色，呈薄膜状，质地垂软，边缘稍有皱褶。

【长紫菜】外观呈长条形，色泽呈紫红色或暗褐色，呈薄膜状，质地垂软。

【荒紫菜】藻体较短，色泽有紫色、绿色，主要产于日本、韩国、中国，产量多且稳定。

▶ 烹饪小专栏

将少量紫菜用火烤一下，再撒入汤内，这样可以减少汤的油腻感。

▶ 知识小专栏

① 紫菜是藻类植物，在浅海岩石上，外表扁平状，有红紫色、绿紫色和黑紫色三种颜色。平常我们食用的多是干燥的紫菜。紫菜有"海苔"之称，紫菜含有粗蛋白、维生素A和B_2，多吃紫菜能使肠胃机能健全，加强身体抵抗力，增加皮肤弹性和光泽，其含有的铁质、钙质和磷质，可有助于女性的造血功能，有利于胎儿大脑发育成长。

② 紫菜富含蛋白质，适合素食者作为补品食用。其含有牛磺酸，十分有利于保护肝脏，维持排毒功能。

藻菌
香菇
mushroom

香菇是世界第二大的食用菌，也是我国特产之一，素有"山珍"之美誉。我们一般食用的是香菇子实体，鲜香菇脱水即为干香菇，不管是荤食还是素食中，香菇都是重要的原料之一。香菇具有防癌、抑制癌细胞病变的重要作用。

盛产时期

全年

① 菌盖为扁平状，表面为浅褐色、深褐色或深肉桂色。
② 菌柄白色，弯曲，带有绒毛。
③ 菌肉为白色，肥厚，具有浓郁香味。
④ 菌褶紧密，为白色，容易藏有污垢。

营养成分及热量表

40Kcal /100g

- 水分：88.9%
- 碳水化合物：7.47%
- 蛋白质：2.9%
- 矿物质：0.36%
- 脂肪：0.1%
- 维生素：0.01%
- 其他：0.26%

▶ **香菇的营养价值**

1. 香菇多糖能提高巨噬细胞的吞噬功能，增强T淋巴细胞的杀伤活性，增强人体抗病能力，提高机体免疫功能。
2. 香菇能降低血压、降低血脂、降低人体胆固醇。
3. 香菇还能防治糖尿病、肺结核、神经炎等，是素食主义者的重要营养来源。

▶ **处理保存要领**

新鲜的香菇应用袋子装好冷藏保存，干香菇只需放在室内干燥、通风、避光处存放即可。

▶ **挑选要领**

1. **生香菇**：生香菇菌伞肥厚，菌柄短，菌褶无斑点或裂痕，菌盖光滑有光泽的为佳。

2. **干香菇**：体型较大，香味浓郁、菌盖呈茶色的为佳。

~香菇其他品种~

【大杯香菇】 实体圆柱形，表面有绒毛，实心之松软，菌肉白色，略有气味。

【花菇】 菌盖有开裂状花纹，菌盖为淡黄色，而花纹为白色，品质最佳，风味独特。

藻菌

金针菇
flammulina velutipes

金针菇因其菌柄细长，似金针，故称为"金针菇"。金针菇既是一种美味的食品，也是一种很好的保健食品，可用于防治肝脏病、高血压等心脑血管疾病。金针菇含有多醣类成分，可促进免疫系统，提高人体免疫力。

盛产时期
全年

① 金针菇菌盖多为球形或扁半球形，菌盖表面有胶质薄层，呈黄白色。
② 菌褶为象牙白色，长短不一。
③ 菌柄为中空圆柱状，细长而弯曲，底部密生黑褐色短绒毛。

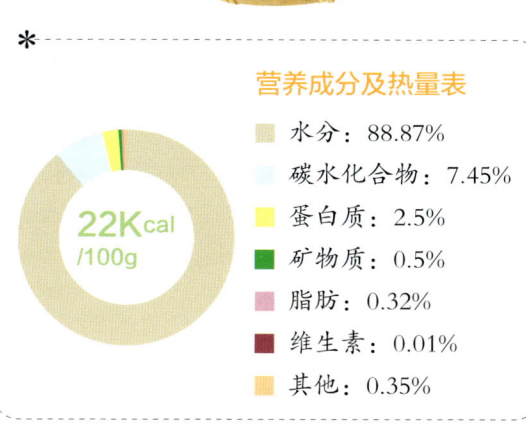

营养成分及热量表
22Kcal /100g
- 水分：88.87%
- 碳水化合物：7.45%
- 蛋白质：2.5%
- 矿物质：0.5%
- 脂肪：0.32%
- 维生素：0.01%
- 其他：0.35%

▶ **金针菇的营养价值**

① 金针菇中含有一种叫做朴菇素的物质，其能够增强机体抵御癌细胞的能力，常食金针菇能够降低血压、降低胆固醇，防治肝脏疾病、肠道溃疡、心脑血管疾病，增强体质。

② 金针菇富含蛋白质、钙、铁、镁、钾、维生素C、B族维生素、胡萝卜素、多糖、麦冬甾醇、牛磺酸等营养成分，可预防气喘、湿疹、鼻炎等多种过敏性症状。

③ 金针菇富含的膳食纤维，能够促进人体肠道蠕动，促进人体消化吸收，排出废弃物，促进体内新陈代谢。

④ 食用金针菇还能消除疲劳、抗菌消炎、抗肿瘤，协助清除重金属盐类物质。

▶ **处理保存要领**

① 金针菇不耐保存，因此应该在2～3天内食用完。

② 如需保存，可先将其洗涤干净，再沥干水分后装进保鲜盒内，放在冰箱冷藏。

▶ **挑选要领**

选择颜色均匀、淡黄色、菌盖完整、无刺激性气味的为佳。如果是包装好的金针菇，还应注意查看保质期。

藻菌
秀珍菇
pleurotus geesteranus

秀珍菇味道鲜美、鲜嫩清脆，营养价值高，相当于牛奶，蛋白质含量丰富，氨基酸种类较多，纤维含量少，广受消费者喜爱。秀珍菇因其分为独特，又被誉为"味精菇"。常吃秀珍菇有助于改变虚弱体质，抑制各种发炎症状。

盛产时期
全年

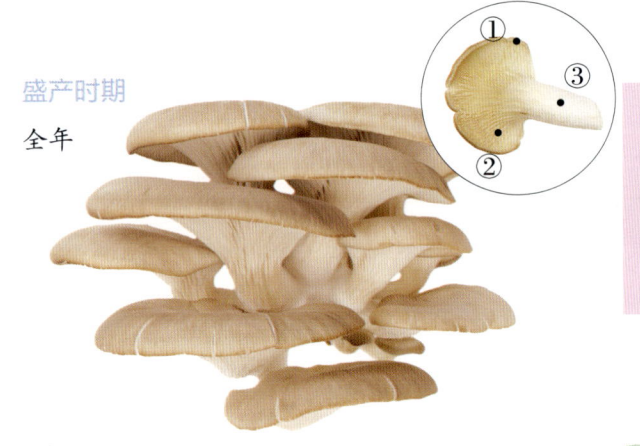

① 菌盖侧生长，为浅褐色或灰色，较小。
② 菌褶整齐排列，为米白色。
③ 菌柄为乳白色，长而柔软。

营养成分及热量表
- 水分：90.39%
- 碳水化合物：5.2%
- 蛋白质：3.67%
- 矿物质：0.36%
- 脂肪：0.08%
- 维生素：0.01%
- 其他：0.29%

25Kcal/100g

▶ 秀珍菇的营养价值

① 秀珍菇是一种高蛋白、低脂肪的营养食品，含有抗肿瘤的成分，能有效抑制癌细胞生长，增强人体免疫力。

② 常吃秀珍菇能够舒筋活络，改善手足麻痛、腿部疼痛症状，促进新陈代谢，改善虚弱体质，还能抗菌消炎，防治胃溃疡、十二指肠溃疡。

③ 秀珍菇具有高蛋白、低脂、低糖、低钠的特性，并含有丰富的维生素和矿物质，适宜减肥人士食用。

▶ 挑选要领

选择菌盖干爽干净、完整，呈浅褐色，菌柄较短的秀珍菇为佳。

▶ 处理保存要领

由于秀珍菇体型较小，容易干枯，因此应该尽量当天食用。如需保存，则应连同外包装袋放在冰箱内冷藏，并尽快食用。

适用人群与禁忌

☑ 一般人群均可食用。

藻菌

杏鲍菇
pleurotus eryngii

杏鲍菇因其具有杏仁的香味和菌肉肥厚如鲍鱼的口感而得名。杏鲍菇菌肉肥厚，质地脆嫩，菌柄组织致密结实，均可食用，口感独特，被称为"平菇王、干贝菇"。杏鲍菇有助于抑制病毒，是慢性病患者的健康食材。

盛产时期
全年

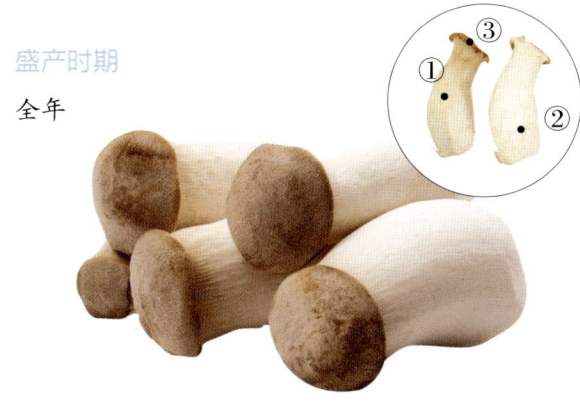

① 杏鲍菇外形呈保龄球形、棍棒形、短柄形，菇盖灰黑色形和鼓槌状形，前两种比较常见。
② 杏鲍菇菌肉肥厚，质地鲜嫩，菌柄为乳白色，组织致密，结实，可食用。
③ 菌盖呈灰黑色，口感鲜嫩、爽口。

营养成分及热量表

24Kcal/100g

- 水分：87.5%
- 碳水化合物：7.4%
- 蛋白质：2.5%
- 矿物质：0.02%
- 脂肪：2.5%
- 维生素：0.01%
- 其他：0.07%

▶ 杏鲍菇的营养价值

① 杏鲍菇含有多种维生素、膳食纤维和多种氨基酸，钙、镁、铜、锌等矿物质，常吃能增强人体免疫力，促进肠道蠕动，降低体内胆固醇含量。

② 杏鲍菇含有多醣体成分，能够增强人体免疫功能，具有抗癌防癌的重要功效。

③ 杏鲍菇含丰富的蛋白质，含有人体必需的8种氨基酸，脂肪低、热量低，营养丰富，具有很高的营养价值，适宜减肥人群食用。

▶ 挑选要领

① **看菌盖**：选择菌盖完整，表面光滑、干燥的为佳，菌盖为圆碟状，大小适中。

② **看菌褶**：优质杏鲍菇的菌褶应该是排列紧密、乳白色。

③ **看菌柄**：选择粗细适中、大小均匀、色泽乳白的为佳。菌柄过粗，纤维太老，口感不好；菌柄过细，纤维太嫩，没有嚼劲。

▶ 处理保存要领

购买后的杏鲍菇直接连同包装袋，放置冰箱冷藏保存，约可保存3~7天。

藻菌
猴头菇
hericium erinaceus

猴头菇由于外形似猴头而得名，素有"山珍猴头、海味鱼翅"之美誉，是中国传统的名贵菜肴。猴头菇菌伞表面长有毛茸状肉刺，菌肉肥厚，新鲜为白色，干后为浅黄色、浅褐色。猴头菇对癌细胞有明显的抑制作用，可改善新陈代谢。

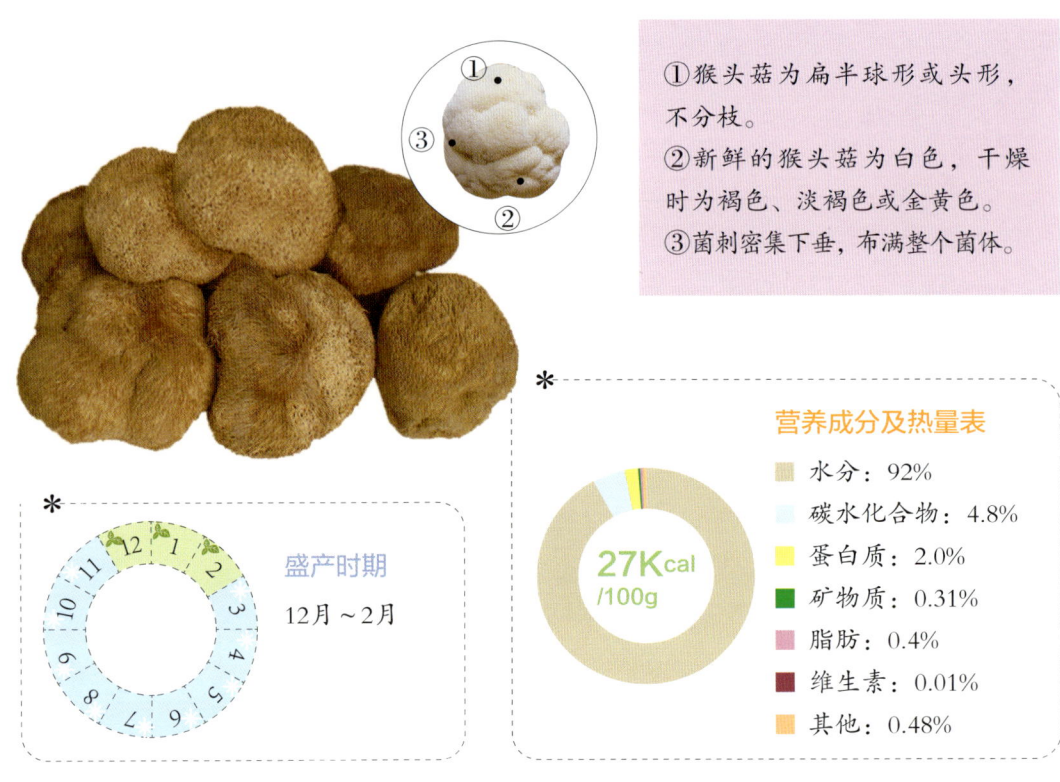

① 猴头菇为扁半球形或头形，不分枝。
② 新鲜的猴头菇为白色，干燥时为褐色、淡褐色或金黄色。
③ 菌刺密集下垂，布满整个菌体。

盛产时期
12月～2月

营养成分及热量表
27Kcal/100g
- 水分：92%
- 碳水化合物：4.8%
- 蛋白质：2.0%
- 矿物质：0.31%
- 脂肪：0.4%
- 维生素：0.01%
- 其他：0.48%

▶ **猴头菇的营养价值**

1. 猴头菇中含有丰富的不饱和脂肪酸、多醣体、多肽类物质和多种氨基酸，能够降低血液中胆固醇和甘油三酯含量，促进血液循环，防治心血管疾病，能够抑制癌细胞中遗传物质的粉尘，能够防治多种肿瘤、癌症，尤其是对胃癌、胃溃疡、十二指肠溃疡等消化道疾病有明显疗效。

2. 猴头菇具有高蛋白、低脂肪、富含矿物质和维生素的特点，适合减肥人群食用，是一种很好的营养食品。

3. 常食用猴头菇可以辅助治疗神经衰弱、食少便溏症状，具有健胃、助消化、补充营养、补肾益精的功效。年老虚弱的人群食用猴头菇还能起到滋补强身的作用。

4. 猴头菇含有神经细胞促生因子，可以促进脑神经细胞生长和再生，能够有效改善神经衰弱、失眠症状，能很好地防治老年痴呆症。

▶ 挑选要领

1. **看形状**：选择形状类似于圆形的，且无残缺伤痕、大小均匀的猴头菇为佳。

2. **看颜色**：优质的猴头菇为金黄色，如金丝猴的茸毛般，注意不要选择呈现出不正常的白色的猴头菇，因为这种猴头菇可能是用漂白剂漂白的产物。

3. **看菌丝**：优质的猴头菇，菌丝细长齐全，分布均匀，数量多且厚。

4. **看质量**：选择猴头菇时注意观察有无虫蛀、腐烂、残缺明显的。

5. **看湿度**：选择猴头菇时尽量选择干燥一点的菌体。

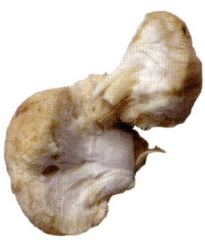

▶ 处理保存要领

猴头菇料理前需要先用冷水泡发15分钟左右，挤干水分后再进行烹饪。即需要经过洗涤、涨发、漂洗和烹煮四个过程，猴头菇才会软烂，营养成分才会释放出来。

▶ 知识小专栏

1. 猴头菇性平、味甘、利五脏、有助消化，对于食少便溏、食道癌、胃癌、十二指肠溃疡、肠癌、浅表性胃炎等均有一定的辅助作用。

2. 猴头菇对于增强人体免疫力方面有着突出的作用，长期食用有助于提高人体对流感等疾患的抵抗力，尤其对胃癌、抗肿瘤有着重要辅助作用。

3. 有研究提出：猴头菇对于治疗神经衰弱、失眠有特殊效用。

适用人群与禁忌

- ☑ 一般人群均可食用。
- ☑ 患有心血管疾病、消化道疾病者适宜食用。
- ☑ 猴头菇可治疗神经衰弱疾病，如果是轻度神经衰弱患者，食用猴头菇不失为较好的辅助治疗方法。
- ☒ 对菌类食物过敏者不宜食用。

猴头菇的清洗

扫我看视频！

Lesson 7
[Roots]

菜篮子课程之
——香辛篇——

香辛类食材具有刺激性香味，通常作为菜肴的增香增味的调味料，能够赋予食物以风味，增进食欲，帮助消化和吸收。常见的香辛类食材有辣椒、姜、葱、蒜、香菜、韭菜、红葱头等，大部分香辛食材都具有辛辣味，能够刺激神经系统，促进血液循环。此外，有的食材还具有很强的杀菌消炎的功效，如大蒜、生姜等。

香辛

葱
shallot

葱是一种很普遍的作调味用的蔬菜,可用于炒菜前与姜一同切碎下油锅进行炒至金黄,称为爆香,也可以在做好的汤面撒上切碎的葱末,可使菜肴更美观和增添香味。葱味辛性温,入肺经、胃经,可预防血液中不正常的凝固。

①根部有须根丛生,为乳白色,具有生长活性。
②茎部位为白色或浅绿色,又称为葱白。
③叶子呈中空状,越到尾端越尖,鲜绿色,有浓郁香味。

▶ 葱的营养价值

① 葱含有的含硫化合物、不饱和脂肪酸、烯丙基硫醚等成分,能有助于消化、刺激胃液分泌,增进食欲,刺激身体汗腺,起到发汗散热的效果。其含有的大蒜素,具有明显的抗菌消炎、抵御病毒细菌、抗癌的作用。

② 葱含有的果胶成分,能够降低胆固醇,减少结肠癌的发生。

③ 葱丝、葱末具有消除伤口瘀血、改善疼痛感的作用,其独特的香味能舒缓鼻塞、头痛症状,强化血液循环,调节脏腑神经系统。

营养成分及热量表
28Kcal /100g
- 水分:92%
- 碳水化合物:5.4%
- 蛋白质:1.51%
- 矿物质:0.85%
- 脂肪:0.2%
- 维生素:0.02%
- 其他:0.03%

▶ 处理保存要领

① 葱清洗前需要将烂掉的叶子拔掉,再将葱白上的膜撕去,将根部切去2~3厘米,再用清水清洗干净。

② 如需保存青葱,购买后应放置在阴凉、通风、避光、干燥处存放,但由于其容易枯萎,水分容易散失,应该尽快食用。

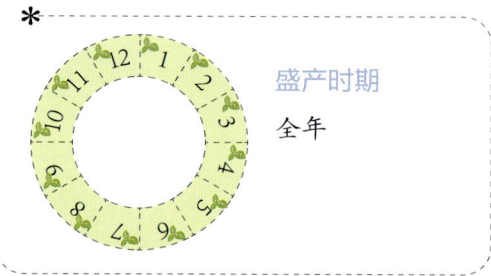

盛产时期:全年

▶ **挑选要领**

① **看根部**：新鲜的葱，根部饱满、须根多、乳白色。如果根部萎缩、须根萎焉的葱，一般是已经存放了较长的时间，不宜选购。

② **看葱白**：一般葱白所占比例较大，品质较好。

③ **看叶子**：叶子呈圆筒状，没有萎焉、发黄的较新鲜。

宜忌

适用人群与禁忌

☑ 一般人群均可食用。
☒ 表虚多汗者不宜食用。

▶ **知识小专栏**

初春之时，感冒发生率高、胃肠道疾病容易发作，而此时的葱是一年中最营养、最嫩、最好吃的时候，可多吃些葱防病。

~葱其他品种~

【地羊角葱】茎白色，叶片为绿色，叶厚，生食会很辣。

【老葱】最好的老葱为鸡腿葱，根部粗大，向上变细，皮白，香味浓郁，适宜做调料。

【胡葱】质地柔软，味淡，以食用葱叶为主，多在南方种植。

【小葱】根白而茎青，叶子青绿，生吃会有些许甜味。

【大葱】叶子为圆筒形，中空，脆弱易折，叶子呈青色。

【改良葱】用秋末的小葱秧栽后长出的，辣味较重，叶为深绿色，较长。

【水沟葱】条杆粗壮，茎白色，但叶子较老，不能食用。

【青葱】具有卵圆形的小鳞茎，叶子翠绿色。

香辛

大蒜
garlic

大蒜是料理中不可或缺的食品，性温，味辛平，具有浓烈的蒜臭味，但具有很强的杀菌功效，阴虚火旺、慢性胃炎溃疡病患者慎食。大蒜为扁球形，外有灰白色膜质鳞皮，内有白色、肥厚多汁的鳞片。

① 大蒜呈扁球形或短圆锥形，外裹着灰白色的膜质鳞皮。
② 底部为褐黄色，生有须根。
③ 剥去鳞叶，可看到数片蒜瓣，蒜瓣有白色透明薄膜包裹，肥厚多汁。

▶ 大蒜的营养价值

1 大蒜含丰富的含硫化合物，总称为大蒜精油、大蒜辣素、大蒜新素和蒜氨酸，具有很强的抗菌消炎作用，对多种真菌、杆菌、球菌和病毒均有抑制和杀灭作用，能预防感冒，缓解发烧、咳嗽、鼻塞等感冒症状。女性常食用大蒜还可以有效地预防霉菌性阴道炎的发生。

2 大蒜中含有丰富的硒和锗元素。有机锗与某些抗癌药物共同作用，能够抑制肿瘤转移和局部生长，激活巨噬细胞，对受损的免疫系统具有一定的修复作用；硒元素以谷胱甘肽过氧化酶的形式起到抗氧化作用，能够保护细胞膜，具有很强的抗癌功效。

3 大蒜丰富的维生素B_1和大蒜素结合，起到消除疲劳、恢复体力的作用。

营养成分及热量表

117Kcal /100g

- 水分：64.72%
- 碳水化合物：28.18%
- 蛋白质：6.03%
- 矿物质：0.58%
- 脂肪：0.01%
- 维生素：0.02%
- 其他：0.46%

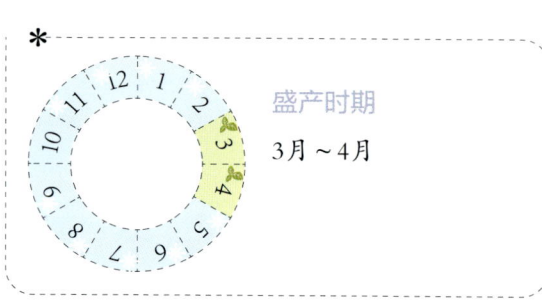

盛产时期
3月~4月

④ 大蒜能刺激胰岛素的分泌，促进细胞对葡萄糖的利用，起到降低血糖水平的效果。常吃大蒜还能促进血液循环，软化皮肤并增强其弹性，防晒美白等。

▶ 挑选要领

① **看颜色**：大蒜外皮为紫色的蒜辣味较重，且抗菌杀毒功能较强。

② **看外形**：扁的或有缺口的大蒜一般不宜选购，应选择圆球形的为好。

③ **看蒜瓣**：如果能明显看到蒜瓣间的弧度，蒜瓣粗细均匀，蒜瓣较为肥厚的较好。

④ **结实度**：用手摸一下大蒜，如有蒜瓣凹下去的说明此处的蒜瓣已经坏了，不宜选购。

▶ 处理保存要领

① 大蒜可生食，也可以作为配料进行炒制。

② 大蒜的清洗直接去外膜后，用清水冲洗即可进行料理。

③ 干燥未剥离表皮的大蒜可以放置在网状容器内，并放在室内阴凉、避光、干燥、通风处存放，一般可以保存1~2个月。

④ 大蒜也可以将其制作成蒜泥，放在密封容器内，放在冰箱冷藏，这样可以保存约两个星期。

常识

! 大蒜中的蒜氨酸和蒜酶在大蒜碾碎后会在空气中相遇，形成强杀菌作用的大蒜素。大蒜素是热敏物质，遇热很快就失去作用，因此，大蒜适宜生食。制作蒜泥应先放置10~15分钟，使蒜氨酸和蒜酶充分接触，形成大量大蒜素。

~大蒜其他品种~

【白皮蒜】个头大，皮白，肉质味道香，辣味适中，营养价值丰富。

【紫皮蒜】蒜瓣肥大，汁液多，辛辣气味浓郁。

大蒜的刀工

大蒜的清洗

扫我看视频！

香辛

姜
ginger

姜与葱、蒜并称为"三大作料",有鲜品、干品,可以作为调味品,经过泡制后也可以药用,也可以冲泡为草本茶,姜汁还可制作成甜食,口感独特。生姜味辛性温,具有发散风寒、化痰止咳、止呕的功效。

盛产时期

8月~12月,嫩姜盛产于5月~10月

① 形状不规则,表皮较薄粗糙,呈淡黄褐色。
② 生姜肉质肥厚,肉呈淡黄色或深黄色,有刺激性气味。
③ 在潮湿的环境会发芽,发芽后的生姜仍可使用。

营养成分及热量表

46Kcal /100g

- 水分:87.2%
- 碳水化合物:11.56%
- 蛋白质:0.39%
- 矿物质:0.35%
- 脂肪:0.25%
- 维生素:0.01%
- 其他:0.24%

▶ **姜的营养价值**

① 食用生姜能延缓衰老,去除老人斑,促进血液循环,促进肠道蠕动,杀灭口腔肠道的致病菌。

② 对于晕车晕船、恶心呕吐症状的人食用生姜也有明显效果。男性食用生姜,可起到助阳作用。

▶ **处理保存要领**

① 嫩姜用保鲜膜包好,冷藏保存。
② 老姜放室内阴凉干燥通风避光处。

▶ **挑选要领**

① **体型**:块头大,分支少。

② **老姜**:老姜表皮不皱缩干枯,没有腐烂,块茎结实者为佳。

③ **嫩姜**:洁白肥大,茎顶有粉红色鳞片叶,气味浓者为佳。

~姜其他品种~

【遵义大白姜】 根茎肥大,辛辣味适中,纤维少,富含水分。嫩姜适合食用,老姜是主要的调味品。

【莱芜大姜】 又名为大姜、黄姜,属于山东名产,块大皮薄,色泽光亮,纤维少,肉质细腻,辣味浓郁。

香辛

香菜
corainder

香菜的嫩茎和新鲜叶子均有特殊浓郁的香味，颜色翠绿，常用作调味和菜肴的点缀装饰。香菜性温味甘，具有健胃消食、利尿通便、祛风解毒、利尿通便等功效。用沸水冲泡香菜饮用，其排除油脂的功效可与柠檬汁和薄荷茶媲美。

盛产时期
11月~3月

① 根部为淡褐色，带有泥巴。
② 茎细长的纤维少，口感鲜嫩，较粗壮的纤维含量高，口感较硬。
③ 叶子为嫩绿色或深绿色，有浓郁香味，可食用。

营养成分及热量表

20Kcal/100g

- 水分：91.48%
- 碳水化合物：4.52%
- 蛋白质：2.26%
- 矿物质：0.44%
- 脂肪：0.29%
- 维生素：0.08%
- 其他：0.93%

▶ 香菜的营养价值

1. 香菜可祛除肉类的腥臊味，提味增香，刺激人体汗腺分泌，促进人体发汗透疹，开胃醒脾，治疗消化不良、食欲不振、麻疹初期透出不畅、食物积滞等症状。

2. 香菜具有一定的抗氧化作用，增强免疫力，延缓衰老，美化肌肤，促进血液循环、新陈代谢，帮助机体排出废弃物，具有很好的排出油脂、促进代谢的功效。

▶ 处理保存要领

带根的用牛皮纸包好，于室内阴凉干燥、避光通风处存放，但是应该在2~3天内食用完。

▶ 挑选要领

1. **看根部**：根部饱满，无虫蛀、腐烂现象，浅褐色带有泥巴的较好。

2. **看茎部**：选择分权4~7个左右的，茎部细长的口感较好，香味浓郁。

3. **看叶子**：嫩绿色叶子口感鲜嫩，深绿色的纤维多。

4. **看生气**：不要选择很多黄叶、腐烂叶子，无生气的。

香辛

辣椒
pepper

辣椒以果实、根和茎枝入药，按照外形可以分为樱桃类辣椒、圆锥椒类、簇生椒类、长椒类、甜柿椒类等。辣椒最大的功效就是行血、散寒、解除郁闷、健胃，适当食用辣椒可以促进唾液分泌、增强食欲。

① 辣椒常为圆锥形或长圆形，颜色鲜艳，有光泽。
② 辣椒表皮未成熟时为绿色，成熟后有红色、紫色或绿色，依品种不同而不同。
③ 辣椒果梗为深绿色，饱满而不可食用。
④ 辣角切开后可看到许多白色的籽，可以食用，香味刺鼻。

营养成分及热量表

60Kcal/100g

- 水分：77.26%
- 碳水化合物：17.31%
- 蛋白质：3.55%
- 矿物质：0.69%
- 脂肪：0.64%
- 维生素：0.18%
- 其他：0.37%

▶ 辣椒的营养价值

1. 辣椒含有辣椒碱，能够刺激肠道，促进唾液、胃液等消化液的分泌，促进肠道蠕动，能够增进食欲、促进消化。辣椒碱对枯草杆菌和蜡样芽胞杆菌均有明显的抑制作用，具有杀虫作用。

2. 辣椒中的辛辣物质能够促进血液循环，行气活血，驱寒，促进机体排出废弃物，促进体内脂肪燃烧，增加热量消耗，适宜减肥人群食用。

3. 辣椒中的维生素C、胡萝卜素、维生素B和钙、铁等矿物质含量均很高，食用辣椒也能起到杀菌、杀虫、促进消化、驱寒保暖的作用。

▶ 处理保存要领

购买后的辣椒不宜密封在塑料袋中，应该置于室内干燥、通风处存放，但其表皮容易因水分散失而皱缩，因此应该尽快食用。也可以将辣椒装好放在冰箱冷藏保存。

▶ **挑选要领**

挑选辣椒时，应该选择表皮光滑，颜色鲜艳有光泽，没有明显皱缩，辣椒结实饱满，尾端没有萎焉、腐烂的。

食用误区

! 由于辣椒的刺激性，在食用过程往往会促使人体大量出汗，也能够促进人体脂肪燃烧，但是过度食用辣椒，容易造成脏腑阴阳失调、咽喉干痛、鼻腔烘热、口干舌痛、牙痛、流鼻血等症状。

~辣椒其他品种~

【朝天椒】体型较小，呈红色或紫色，又称为小辣椒，辣度强。

【黄灯笼椒】海南特有品种，又名为皇帝椒、黄辣椒，世界上最辣的辣椒。表皮为鲜黄色，有光泽。

【巨无霸】世界上最大的辣椒，椒条美观，上下果大小一致。

【白色子弹】稀有的哈巴内罗品种，成熟时为柠檬黄白色，非常辣。

适用人群与禁忌

☑ 一般人群均可食用。
☒ 甲亢、肾炎、慢性胃肠病、皮炎、痔疮、慢性气管炎患者、阴虚体热体质者不宜食用。

盛产时期
全年

扫我看视频！

辣椒的刀工

辣椒的清洗

香辛

红葱头
shallot

红葱头是常用于中菜和泰国烹调中增加香气的食材之一,为紫红色鳞衣,肉质浅紫白色,与荤食共同蒸炒,口感更佳。红葱头含有前列腺素A,可以舒张血管,对预防心血管疾病有一定的功效。

盛产时期

全年

①根部:很多须根,料理前一般将根部切去。
②表皮:红头葱表皮为紫红色,一层一层包裹着葱肉。
③葱肉为浅紫白色,有刺激性气味。

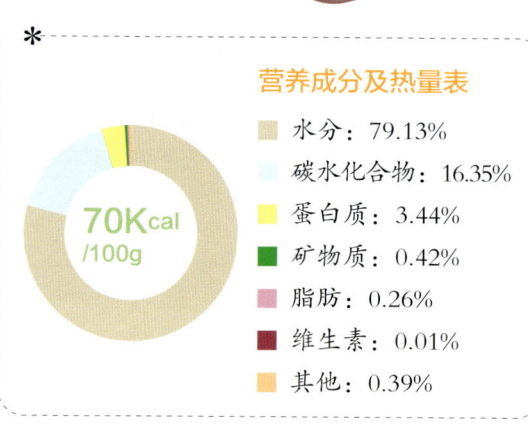

营养成分及热量表
- 水分:79.13%
- 碳水化合物:16.35%
- 蛋白质:3.44%
- 矿物质:0.42%
- 脂肪:0.26%
- 维生素:0.01%
- 其他:0.39%

70Kcal/100g

▶ 红葱头的营养价值

1. 红葱头一般用于炒菜前,先将其切碎爆香后,再加入蔬菜和肉类,可以增加香气,丰富菜肴的口感。
2. 红葱头还具有健脾开胃,调理高血压、高血脂、冠心病等心血管疾病的作用。
3. 红葱头与红皮洋葱一样,具有前列腺素A,可舒展血管,有助于心血管疾病的防治。
4. 红葱头的特殊风味能够刺激肠道蠕动,刺激胃液、肠液等消化液的分泌,有助于人体消化吸收,增进食欲,促进肠道蠕动,促进人体废物的排出,从而达到祛脂降压、消食的功效。
5. 红葱头葱味浓重,辛辣味浓而纯正,对于感冒、风寒、头痛、腹痛、小便不利、阴寒等病症有一定的治疗功效。

▶ 处理保存要领

1. 将根部切去更易剥皮,剥至浅紫红色那一层葱肉即可,清洗干净切碎即可进行爆香或调料。
2. 放于室内干燥通风、阴凉避光处可存放约1个月。

▶ 挑选要领

选择表皮紫红色,干燥且光滑的,没有虫蛀、裂痕或霉变干枯、发芽的红头葱。可以捏一下,如果有明显凹陷,则不宜选购,因为可能已经发霉腐烂。

香辛

韭菜
fragrant-flowered garlic

韭菜具有独特的香味，有助于纾解压力，具有抗菌消炎的功效，韭菜种子和叶子均可入药，具有健胃提神、补肾助阳、止汗固涩等功效。韭菜含有丰富的膳食纤维和多种维生素，有助于肠道蠕动、促进血液循环等。

盛产时期
全年

①韭菜茎为浅绿色或白色，可食用。
②韭菜叶子狭长，肥厚多汁，具有刺激的浓郁香味。

营养成分及热量表

18Kcal/100g

- 水分：93.46%
- 碳水化合物：3.72%
- 蛋白质：1.7%
- 矿物质：0.4%
- 脂肪：0.36%
- 维生素：0.02%
- 其他：0.34%

▶ 韭菜的营养价值

1. 丰富的膳食纤维，可促进肠道蠕动，增进食欲，减少对胆固醇的吸收，有助于防治心血管疾病。

2. 韭菜性温味辛，益肝健胃，有助于舒调肝气、行气理血、散瘀活血，对于跌打扭伤、反胃具有一定的缓解改善作用。

3. 韭菜含有丰富的维生素C、B_1、B_2及胡萝卜素、矿物质等营养成分，具有抗氧化作用，能增强人体免疫力。

▶ 处理保存要领

韭菜沥干水分用牛皮纸包裹好冷藏，大约可保存1~3天。

▶ 挑选要领

1. **看茎部**：选择茎部粗壮，切口平整的。

2. **看叶子**：选择韭菜叶鲜嫩翠绿色，叶子肥厚的。

~韭菜其他品种~

【宽叶韭】叶片宽且厚，纤维含量较低，品质柔嫩，香味较淡。

【窄叶韭】叶片窄而长，颜色较深，纤维含量高，口感较差，但香味浓郁。

Lesson 8
[Roots]

菜篮子课程之
豆制品篇

豆制品含有丰富的不饱和脂肪酸，零胆固醇，蛋白质含量高，对于延缓动脉粥样硬化、治疗高脂血症和预防冠心病和心肌梗塞等疾病具有重要作用。豆腐占据豆制品很大的地位，豆腐中丰富的大豆卵磷脂有益于神经、血管、大脑的生长发育，具有抗氧化的功效，老人、孕产妇均适宜食用，也是儿童生长发育的重要食物。

豆制品

豆腐
bean curd

豆腐是最常见的豆制品，是一种以黄豆为主要原料的食物，通常所说的豆腐就是指水豆腐，因其含水量多、又白又嫩而得名，是老幼皆宜的健康食品。豆腐含有浓郁的豆香味和丰富的蛋白质，是素食主义者补充蛋白质的重要来源。

①豆腐通常为近长方体或近正方体，一面为较厚的豆腐皮，呈淡黄色。
②除了一面较厚外，其他面都是又白又嫩、光滑的。
③豆腐切开后，质地细腻、光滑，豆香味浓郁。

营养成分及热量表

46Kcal /100g

- 水分：89.85%
- 碳水化合物：1.96%
- 蛋白质：4.93%
- 矿物质：0.32%
- 脂肪：2.65%
- 维生素：0.002%
- 其他：0.288%

▶ 豆腐的营养价值

① 豆腐是素食主义者的优质蛋白质的重要来源。对于骨质疏松症具有一定的协助作用。

② 豆腐含水量丰富，口感嫩滑，容易消化，特别适合老年人、消化功能较弱的人群食用。

③ 豆腐含有丰富的雌激素，女性常食用豆腐不仅可以很好地补充蛋白质，还能很好地补充雌激素，防治更年期综合征。

▶ 处理保存要领

新鲜的豆腐不适宜存放过夜，因此应该当天烹调食用完。

▶ 挑选要领

① **看颜色**：不要选择过分亮白的豆腐，可能会加入了漂白剂，应选择淡黄色的豆腐为佳。

② **闻味道**：新鲜的豆腐有浓郁的豆香味，而没有腐败味、馊味等异味。

~豆腐其他品种~

【传统豆腐】质地较硬，适合炒、煎、炸、煮等方式。

【嫩豆腐】质地比较软嫩，比较容易碎裂，适合蒸煮、凉拌方式。

豆制品

百叶豆腐
frozen tofu

百叶豆腐是素食新产品，长条状，和一般的豆腐相比，质地有弹性，具有很强的汤汁吸收能力，做法多样，可以煮、炒、煎、炸、蒸、烤、卤或火锅等。百叶豆腐由于制作过程的特殊性，使得其热量已破千，应控制食用量。

① 百叶豆腐常呈长条形，淡黄色。
② 百叶豆腐切面常有较多的小孔洞，质地有弹性，水分较水豆腐含量低。

营养成分及热量表

197Kcal /100g

- 水分：66.04%
- 碳水化合物：2.4%
- 蛋白质：13.38%
- 矿物质：0.61%
- 脂肪：16.97%
- 维生素：0.01%
- 其他：0.59%

▶ 百叶豆腐的营养价值

1. 百叶豆腐含有丰富的蛋白质、铁、镁、钾、钙、铜、烟酸、维生素B_1、蛋黄素、维生素B_6等营养成分，含有高氨基酸和蛋白质，是一种容易消化的营养补品。

2. 百叶豆腐由于制作过程中加入了沙拉油、砂糖、盐等成分，其热量比普通豆腐高很多，因此减肥人群还应注意摄入量。

3. 食用豆腐能够防治骨质疏松、补中益气、清热润燥，对骨骼、牙齿的生长发育具有协助作用。

▶ 处理保存要领

由于百叶豆腐是冷冻后出售的，因此不耐储存，应该当天食用。

▶ 百叶豆腐制作工艺

百叶豆腐是采用台湾的豆腐制作新工艺，以大豆粉及淀粉为主要材料精制，并加入沙拉油、砂糖与盐，搅拌八个小时多而制成，口感与一般豆腐不一样，口感Q弹有劲、爽脆。

▶ 挑选要领

1. **看颜色**：选择淡黄色的豆腐，颜色泛白的豆腐多是漂白产物。

2. **闻气味**：无霉变、腐败、馊味等异味的为佳。

3. **看表面**：不宜选购表面粘稠状的。

豆制品
油豆腐
fried bean curd

油豆腐一般指的是油炸豆腐泡及油炸臭豆腐，南方称之为油豆腐，北方称之为豆腐泡。油豆腐做法多样，蒸炒炖均适宜，可作为主菜，也可以作为各种肉食的配料，但油豆腐料理前应用滚水煮开，可去除表面附着的油。

①油豆腐是炸制豆腐品，色泽金黄色。
②油豆腐切开后，质地细致绵空，富有弹性。

▶ 油豆腐的营养价值

1. 油豆腐富含优质蛋白质、不饱和脂肪酸、铁钙等，是优质蛋白质的良好来源。
2. 油豆腐经油炸工序后，口感香又有弹性，有较多小孔洞，烹调易入味。
3. 将油豆腐挖空，塞肉或糯米等馅料，制作成酿豆腐，一来可延长豆腐的保存时间，二来也能丰富豆腐制品的口感，是一道色香味俱全的豆腐菜肴。

营养成分及热量表
125Kcal /100g
- 水分：75.57%
- 碳水化合物：1.48%
- 蛋白质：12.72%
- 矿物质：0.69%
- 脂肪：9.06%
- 维生素：0.03%
- 其他：0.45%

▶ 挑选要领

1. **看颜色**：选择色泽金黄的油豆腐，色泽暗黄的油豆腐则有可能是添加了大米等杂物。
2. **闻气味**：新鲜的油豆腐有一股炸豆腐块的香味，而腐败、馊味等异味是存放较久的油豆腐。
3. **看弹性**：用手捏一下油豆腐，富有弹性的为佳，而捏下去不能复原的多是掺杂了过多的杂质。

▶ 处理保存要领

油豆腐较水豆腐耐储存，可以放置冰箱冷藏保存。

▶ 油豆腐制作工艺

大豆磨浆煮熟后加入固形物、卤水、起泡剂搅拌均匀，待凝固后切分成小方块，油锅内进行压炸。

豆制品

豆干
dried tofu

豆干又叫做豆腐干，是一种历史悠久的汉族民间小吃，是将大豆掺和其他原料做成的风味小吃，便于携带、食用，适合佐酒、零食、凉拌食用。豆干常见的品种有普宁豆干、黄皮豆干、羊角豆干等。

①豆干为扁平块状，表皮为白色或焦糖色，表皮粗糙。
②豆干水分含量较低，口感有嚼劲，烹调更易入味。

▶ 豆干的营养价值

营养成分及热量表
140Kcal /100g
- 水分：6.29%
- 碳水化合物：3.51%
- 蛋白质：17.4%
- 矿物质：1.28%
- 脂肪：8.6%
- 维生素：0.01%
- 其他：62.91%

1. 豆干富含卵磷脂，可以有效协助除去血管壁上的胆固醇，防治血管硬化、心血管疾病，保护心脏的功能。
2. 豆干中含有丰富的蛋白质和多种氨基酸，属于优质蛋白质的良好来源。
3. 豆干含有钙、铁等多种矿物质，食用能够促进骨骼、牙齿生长发育，防治骨质疏松。
4. 豆干含有丰富的赖氨酸、不饱和酸、淀粉、蔗糖、矿物质和多种维生素，营养价值丰富。

▶ 处理保存要领

豆干应该放在冰箱中冷藏保存，应该在1～2天内食用完。

▶ 挑选要领

1. **标签**：真空袋保存的豆干，注意观察标签是否齐全、生产日期、保质期，真空袋是否密封，有无漏气现象等。
2. **味道**：传统市场售卖的豆干，注意有无异味、弹性，表面黏稠状的不宜购买。

▶ 豆干制作工艺

豆干的制作前期是和制作豆腐的流程相同，只是后期需要压块、脱水。焦糖色的豆干还需要经过加入焦糖染色的过程。具体制作工序：磨浆、除渣、煮浆、配膏、试粉、掺膏粉、定卤、包块、压块、煮熟。

Lesson 9
[Roots]

菜篮子课程之
蛋类篇

蛋类主要是由蛋壳、蛋清和蛋黄构成，蛋黄和蛋清均可食用，且蛋类的蛋白质中的氨基酸组成比例非常适合人体食用，利用吸收率高，是天然食物中最理想的优质蛋白质来源之一。人们经常食用的蛋类有鸡蛋、鸭蛋、鹌鹑蛋等，以及蛋类制品如皮蛋（松花蛋）、咸蛋等，都是风味独特的佐餐佳品。

蛋类
鸡蛋
egg

鸡蛋是母鸡所产的卵，营养价值高，其蛋白质的氨基酸比例与人体蛋白质氨基酸比例相近，属于优质蛋白质，易于被人体吸收利用。鸡蛋做法多样，可做成水煮蛋、荷包蛋、蒸水蛋等，是人体补充优质蛋白质的重要来源。

①鸡蛋为椭圆形，外壳坚硬，一头大一头小，有橙黄色、白色、红色等。
②壳膜：包裹在鸡蛋蛋白外的一层纤维质膜，分为内壳膜和外壳膜。
③蛋白：占据全蛋的57%～58.5%，主要是卵白蛋白。
④蛋黄：具有蛋白的中央，占据全蛋的30%～32%，主要成分为卵黄磷蛋白。

营养成分及热量表
144Kcal /100g
- 水分：73.8%
- 糖类：1.3%
- 蛋白质：12.8%
- 矿物质：0.05%
- 脂肪：11.1%
- 维生素：0.19%
- 其他：0.76%

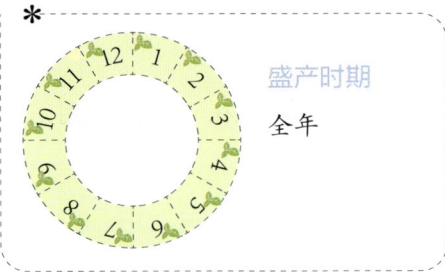

盛产时期 全年

▶ 鸡蛋的营养价值

① 鸡蛋中的蛋白质含量高，且其蛋白质主要是卵白蛋白和卵球蛋白，含有人体必需的8种氨基酸，与人体蛋白质氨基酸模式相近，属于优质蛋白质，吸收率高。

② 鸡蛋中含有丰富的卵磷脂、固醇类等营养成分，能够对于大脑发育有重要作用，有助于增进记忆和健脑。丰富的卵磷脂和胆固醇同在的鸡蛋，食用时丰富的卵磷脂能使胆固醇和脂肪的颗粒变小，阻止胆固醇和脂肪在血管壁沉积。

③ 鸡蛋含有丰富的维生素A、D、B族维生素和钙、磷、铁等矿物质，摄入这些营养成分有助于增强机体免疫力，增进神经系统的功能，参与机体生长发育和新陈代谢，具有健脑功效。

④ 鸡蛋中含有丰富的蛋氨酸，与谷类和豆类搭配食用，能够很好地弥补后者两种食物缺乏蛋氨酸的氨基酸模式。

▶ 挑选要领

① 看蛋壳：选择蛋壳光滑的，如果有沙眼的鸡蛋不宜选购。

② 听声音：晃动鸡蛋如果感到明显振动和内部有水声的，就不是那么新鲜的。

③ 透光看：在光亮处观察新鲜鸡蛋内部空隙较少，反之内部会有大面积空隙或者发黑的部分，不宜购买。

④ 将鸡蛋放在装有清水的容器里，如果鸡蛋能立刻下沉，那么鸡蛋就是新鲜的。

▶ 处理保存要领

① 鸡蛋既可以直接水煮食用，也可以做成蒸水蛋、煎鸡蛋或者打散鸡蛋做成汤、蛋糕等。

② 鸡蛋应该放置在冰箱中冷藏保存，并应该在一个月内食用完。

适用人群与禁忌

☑ 一般人群均可食用。

扫我看视频！

鸡蛋的刀工　　鸡蛋的清洗

~鸡蛋其他品种~

【土鸡蛋】 又称为山鸡蛋、草鸡蛋、柴鸡蛋，特指山区丘陵地带或者平原地带的，以高粱、玉米、瓜果、水稻等粗杂粮喂养的土鸡所产的蛋，几乎是无污染、纯天然的鸡蛋。

【绿壳鸡蛋】 又称为乌鸡蛋，是乌鸡所产的蛋，蛋壳为天然的青绿色或翡翠绿色，营养价值高。

【白壳鸡蛋】 蛋壳为白色，蛋黄为浅黄色。

蛋类

鸭蛋
duck egg

鸭蛋是鸭子所产的卵，由于鸭子是以水生动物和植物为主要食物来源的，所以鸭蛋有腥味，一般用作制作松花蛋和咸鸭蛋。新鲜的鸭蛋蛋香味浓郁而富有弹性，性凉味甘，具有滋阴清肺的作用，营养价值丰富。

鸭蛋较鸡蛋体型大，为长椭圆形，外壳为浅蓝白色。

▶ 鸭蛋的营养价值

① 鸭蛋的蛋白质含量与鸡蛋相近，但矿物质含量远远高于鸡蛋，其铁、钙含量极其丰富，能预防缺铁性贫血，促进骨骼、牙齿的生长发育，防治骨质疏松症，促进血液循环。

② 鸭蛋中含有丰富的维生素B_2，能防治口腔生殖综合征，能协助维生素B_6和烟酸的代谢，是补充B族维生素的理想食品。

③ 食用鸭蛋具有润肺美容、养血滋阴的功效，也能刺激食欲，中和胃酸，协助消化吸收。

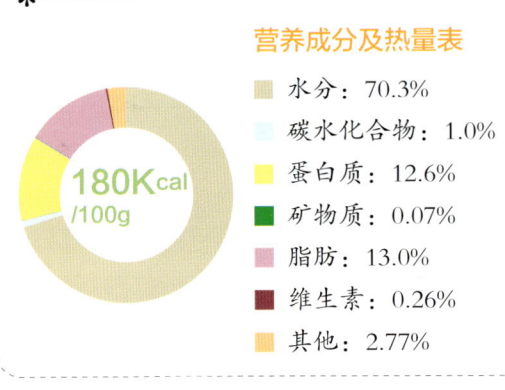

营养成分及热量表
180Kcal /100g
- 水分：70.3%
- 碳水化合物：1.0%
- 蛋白质：12.6%
- 矿物质：0.07%
- 脂肪：13.0%
- 维生素：0.26%
- 其他：2.77%

▶ 挑选要领

① **看外壳**：新鲜的真鸭蛋外壳颜色较暗，而假鸭蛋外壳则较亮。

② **听声音**：拿起鸭蛋晃一晃，如果有感受到明显的振动和有响声者不宜购买。

③ **看蛋黄**：打开鸭蛋后或煎蛋的时候，蛋黄没有搅拌就自然散开，蛋黄和蛋清自然融合在一起的，则很可能是假蛋。

④ **看蛋白**：水煮后的鸭蛋，蛋白是蓝色，蛋黄是橘红色的，表明这还比较新鲜。

适用人群与禁忌
- ☑ 一般人群均可食用。
- ☑ 肺热咳嗽、咽喉痛者适宜食用。
- ☒ 动脉硬化、高血压病者不宜。

▶ 处理保存要领

新鲜的鸭蛋应该放置冰箱冷藏保存，并尽快食用。

蛋类
皮蛋
preserved egg

皮蛋又称为松花蛋、变蛋等，是中国的一种特有的食品，具有特殊的风味，能够促进食欲。皮蛋性寒凉，具有特殊的风味，能够促进食欲。皮蛋不仅可以作为佳肴，也可供药用，但寒湿、肝肾疾病患者不宜多食。

①皮蛋是由鸭蛋制作而成的，外表跟鸭蛋相差无几，壳呈青缸色。
②皮蛋蛋白：为红褐色或黑褐色，带有松花状且有弹性，半透明状。
③皮蛋蛋黄：墨绿或橙红色。

营养成分及热量表
- 水分：68.4%
- 碳水化合物：4.5%
- 蛋白质：14.2%
- 矿物质：0.97%
- 脂肪：10.7%
- 维生素：0.003%
- 其他：1.227%

171Kcal /100g

▶ 皮蛋的营养价值

1. 皮蛋经过强碱的腌渍作用，蛋白质和脂质被分解，变得更容易被人体吸收，其胆固醇的含量也较低。

2. 皮蛋含有丰富的铁质，能够防治缺铁性贫血，富含维生素E能增强机体抵抗力，延缓机体老化，美容养颜。

3. 皮蛋是通过混合纯碱、石灰、盐和氧化铅将鸭蛋包裹而腌渍成的，当中会含铅，经常食用会导致失眠、注意力分散、思维缓慢、贫血和造成缺钙现象。

▶ 处理保存要领

皮蛋可以放置在室内通风、干燥、阴凉、避光处存放。

▶ 挑选要领

1. **看表面**：包装袋有无发霉，蛋壳有无破裂，蛋壳为青缸色为佳。

2. **听声音**：拿起皮蛋晃一晃，如果听到撞击声或水声的则不宜选购。

3. **透光看**：亮光处蛋内大部分为黑色或深褐色，小部分为黄色或浅红色的为优质蛋。

▶ 皮蛋的制作工艺

泥巴中加入碱性物质与氨基酸生成氨基酸盐，结晶形成松花。经强碱作用和浸渍液中配料香味，皮蛋就会具有其独特的香味了。

蛋类
咸鸭蛋
salted duck egg

咸鸭蛋主要是以新鲜鸭蛋为原料腌渍而成的食物。咸鸭蛋性寒凉、味甘，具有滋阴清肺、美容养颜、美化肌肤、降火除热等功效。咸鸭蛋是一种风味独特的佐餐佳品。咸鸭蛋盐分高、胆固醇含量也高，因此要注意控制食用量。

盛产时期
全年

① 咸鸭蛋外形与鸭蛋基本一致，蛋壳为青色，外观光滑，故又名为青蛋。
② 咸鸭蛋蛋白为白色或淡蓝色，咸味十足。
③ 蛋黄为橙红色，质地如细沙，黄油状，口感油多味美。

营养成分及热量表
190Kcal /100g
- 水分：61.3%
- 碳水化合物：6.3%
- 蛋白质：12.7%
- 矿物质：3.27%
- 脂肪：12.7%
- 维生素：0.006%
- 其他：3.724%

▶ 咸鸭蛋的营养价值

1. 咸鸭蛋味甘，性凉，具有滋阴清肺、丰肌润肤、除热的功效。
2. 咸鸭蛋中的咸蛋黄油具有明目养眼，也可治疗小儿积食。

▶ 处理保存要领

咸鸭蛋可在室内阴凉、避光、干燥处存放5～7天，放置在冰箱内冷藏保存可以存放较长时间。

▶ 咸鸭蛋的制作工艺

咸鸭蛋是将鸭蛋放在盐水中腌渍而成，再将其蒸熟后就是市面上常见的咸鸭蛋。

▶ 挑选要领

1. **看外壳**：咸鸭蛋外壳光滑圆润、干净，外壳没有裂缝、呈青色的为佳，而外壳灰暗，有白色或黑色斑点的咸鸭蛋易裂且保质期短。
2. **摇晃感**：拿起咸鸭蛋晃一晃，如有轻微颤动感的较好，有异响则不宜购买。
3. **看蛋白**：打开咸鸭蛋，如果蛋黄、蛋白分明，蛋白洁白，蛋黄油多味美，中间无硬心的口感佳，而质量较差的咸鸭蛋蛋白较烂、咸味重的不宜购买食用。

宜忌
适用人群与禁忌
- ☑ 一般人群均可食用。
- ☒ 孕妇、高血压、糖尿病、心血管性、肝肾疾病患者不宜食用。

蛋类

鹌鹑蛋
quail egg

鹌鹑蛋被誉为"动物中的人参"、"卵中佳品",鹌鹑蛋性平、味甘,具有强身健脑、润泽肌肤、补益气血等功效,是一种常见的滋补食疗品,体型小而适口,对于贫血、月经不调的女性尤为有效。

盛产时期

全年

①鹌鹑蛋外壳为灰白色,还有红褐色和紫褐色的斑纹。
②鹌鹑蛋体型较小,蛋白为白色,蛋黄呈深黄色。

▶ 鹌鹑蛋的营养价值

1. 鹌鹑蛋含有丰富的蛋白质、卵磷脂、脑磷脂、赖氨酸、胱氨酸等,具有补气益血、强筋壮骨、健脑、增进记忆力的功效,还具有防治老年痴呆症的作用。

2. 鹌鹑蛋含有丰富的维生素A、B_1、B_2和铁、钙、磷等营养成分,具有保护视力、保护机体免受自由基的侵害、延缓衰老、促进伤口愈合的作用。

3. 鹌鹑蛋含有丰富的铁元素,对于缺铁性贫血、月经不调的妇女具有很好的调理改善作用。

营养成分及热量表

160Kcal/100g

- 水分:73.0%
- 碳水化合物:2.1%
- 蛋白质:12.8%
- 矿物质:0.48%
- 脂肪:11.1%
- 维生素:0.003%
- 其他:0.517%

▶ 挑选要领

1. **看颜色**:好的鹌鹑蛋外壳应该是灰白色的,并带有红褐色和紫褐色的斑纹,色泽鲜艳。

2. **看外壳**:购买鹌鹑蛋的时候要注意观察有无破裂,应该选择壳硬的为好。

3. **看蛋黄**:新鲜的鹌鹑蛋蛋黄为深黄色,蛋白呈粘稠状,香味浓郁。

适用人群与禁忌 (宜忌)

- ☑ 一般人群均可食用。
- ☑ 婴幼儿、老人、病人及身体虚弱者适宜食用。
- ☒ 脑血管病人、肺结核、神经衰弱者、胃气不足者不宜食用。

蛋类

鹅蛋
goose egg

鹅蛋就是家禽鹅所产下的卵，含有丰富的营养成分，也是常食用的蛋类。鹅蛋性平，具有降压的功效，含有多种矿物质和维生素，但腥味比较重，因此必须烹煮彻底食用，或加工制成蛋制品食用。

盛产时期

全年

① 鹅蛋个体较大，呈椭圆形。
② 鹅蛋表面较光滑，呈白色。

▶ 鹅蛋的营养价值

1. 鹅蛋和其他蛋类一样，含有丰富的蛋白质，是优质蛋白质的来源，易于被人体吸收利用。

2. 鹅蛋中的脂肪多分布于蛋黄内，含有较多的磷脂，对于人体脑部及神经组织生长发育具有重要的作用。

3. 鹅蛋含丰富的铁、钙、磷等矿物质，维生素含量也很丰富，蛋黄中含有丰富的维生素A、D、E及核黄素、硫胺素等，有助于补充人体所需的维生素和矿物质。

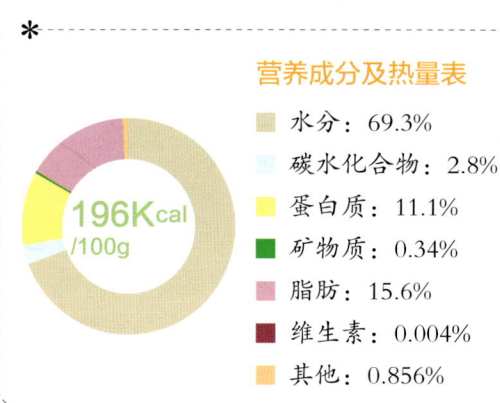

营养成分及热量表 196Kcal/100g
- 水分：69.3%
- 碳水化合物：2.8%
- 蛋白质：11.1%
- 矿物质：0.34%
- 脂肪：15.6%
- 维生素：0.004%
- 其他：0.856%

▶ 挑选要领

1. **看外壳**：新鲜的真鹅蛋外壳颜色呈白色，较光滑。

2. **听声音**：拿起鹅蛋晃一晃，如果有感受到明显的振动和有响声者不宜购买。

宜忌

适用人群与禁忌

☑ 一般人群均可食用。
☑ 老年人、儿童、贫血、体虚者适宜食用。
☒ 内脏损伤患者不宜食用。

▶ 知识小专栏

鹅蛋性平，富含蛋白质和人体所需的各种氨基酸，且含量均高于鸡蛋和鸭蛋，其富含各种维生素A、B_1、B_2和矿物质等，对于防治高血压具有一定的疗效。